O Rio de Janeiro
dos Viajantes

Luciana de Lima Martins

O Rio de Janeiro dos Viajantes

O olhar britânico (1800-1850)

Jorge Zahar Editor
Rio de Janeiro

Copyright © 2001 desta edição:
Jorge Zahar Editor Ltda.
rua México 31 sobreloja
20031-144 Rio de Janeiro, RJ
tel.: (21) 240-0226 / fax: (21) 262-5123
e-mail: jze@zahar.com.br
site: www.zahar.com.br

Capa: Carol Sá e Sérgio Campante

Ilustrações da capa:
New and Most Correct Chart of the Entrance and Harbour of Rio de Janeiro, British Library

View from the Summit of the Cacavada [sic] *Mountains, near Rio*, aquarela de Augustus Earle, c.1822, National Library of Australia

CIP-Brasil. Catalogação-na-fonte
Sindicato Nacional dos Editores de Livros, RJ.

M344r

Martins, Luciana de Lima
O Rio de Janeiro dos viajantes: o olhar britânico (1800-1850)/Luciana de Lima Martins. — Rio de Janeiro: Jorge Zahar Ed., 2001
: il.

Inclui bibliografia
ISBN 85-7110-582-0

1. Viajantes britânicos — Rio de Janeiro (RJ) — História — Século XIX. 2. Arte — Rio de Janeiro (RJ) — História. 3. Rio de Janeiro (RJ) na arte. 4. Rio de Janeiro (RJ) — Descrições e viagens. I. Título.

CDD 918.531
CDU 918.531

00-1580

SUMÁRIO

CRÉDITOS DAS PRANCHAS E FIGURAS

Pranchas a cor (entre p.96-7 e 112-3)

I. *A Group of Plantains from Nature*, William Burchell. Lápis e aquarela, 236 x 233mm, 20.2.1807, St Helena Plants (49). RBG Kew Archives

II. *Hermit Crab*, William Burchell. Lápis e aquarela, 242 x 145mm, sem data, St Helena Plants (52). RBG Kew Archives

III. *Slave Market*, Augustus Earle. Lápis e aquarela, 264 x 183mm, sem data. British Museum

IV. *Estudo do Porto do Rio de Janeiro*, Diário de Bordo do *Dick*, John Septimus Roe. Aquarela e nanquim, jun 1817. J.S. Battye Library, Acc 301A/1/p.44, 49 e 50

V. *Plan of the Bay and Harbour of Rio-Janeiro on the Coast of Brazil*. In: *The African Pilot*, 1794, p.146. British Library, maps 188.0.2.(17)

VI. *On the Coromandel Coast, South India*, William Havell. Óleo sobre tela, 560 x 686mm, 1821. Reading Museum and Art Gallery

VII. *The Braganza Shore, Rio de Janeiro*, William Havell. Óleo sobre cartão, 76 x 115mm, 1816. Reading Museum and Art Gallery

VIII. *Garden Scene on the Braganza Shore, Rio de Janeiro*, William Havell. Guache sobre tela, 345 x 510mm, 1827. Victoria and Albert Museum

IX. *View from the Summit of the Cacavada [sic] Mountains, near Rio*, Augustus Earle. Aquarela, 203 x 338mm, c.1822. Rex Nan Kivell Collection, National Library of Australia

Figuras

1. *Helicônia*, Maria Graham. Lápis e aquarela, 175 x 261mm, 23.10.1824, Portfolio Rio de Janeiro. RBG Kew Archives
2. *Cupid Inspiring the Plants with Love*, Philip Reinagle. Gravura colorida, retocada a mão, 514 x 422mm, 1805. In: Robert J. Thornton. *The Temple of Flora* (1807), Cambridge University Library, Cambridge
3. *The Aqueduct at Rio de Janeiro*, William Alexander. Lápis e aquarela, 15.12.1792. British Library, Add MS 33,931(21)
4. *The Aqueduct at Rio de Janeiro*, William Alexander. Gravura colorida a mão. In: John Barrow. *A Voyage to Cochinchina* (1806). British Library, Add MS 33,931(22)
5. *Slave Market at Rio Janeiro*, des. Augustus Earle, grav. Edward Finden. Gravura. In: Maria Graham. *Journal of a Voyage to Brazil*, 1824 (frontispício)
6. *The Sugar-Loaf Mountain*, Rio de Janeiro. Litogravura, 237 x 150mm. *The Illustrated London News*, 18.2.1865, p.153
7. *Coast of Brazil*. In: *The Brazil Pilot*, 1809. British Library, maps 59.e.30

8. *The Atlantic and Ethiopic Oceans.* In: *The African Pilot,* 1806. Prancha 2. Royal Geographical Society, 14.c.128
9. *New and Most Correct Chart of the Entrance and Harbour of Rio de Janeiro,* by order of the Portuguese Government. Board of the Admiralty, 12.8.1821. British Library, SEC.IX.(541)
10. *Rota do Alceste*
11. *Aqueduct – Rio Janeiro,* C.W. Browne. Lápis e aguada, 117 x 177mm, 1818, NMM Archives [PAF 8530]
12. *Rio Janeiro,* C.W. Browne. Lápis e aguada, 96 x 143mm, 1818, NMM Archives [PAF 8531]
13. *Loo-Choo Chief and His Two Sons,* des. C.W. Browne, grav. William Havell, 1º.1.1818. In: Hall, *Voyage of Discovery to the West Coast of Corea,* 1818, face à p.97. Royal Geographical Society
14. *View from Lake of Mountain,* C.W. Browne. Lápis, 290 x 210mm, sem data. RGS Archives, Anexo (JOZI, LBR. MS. 407)
15. *Corcovado and Gloria Church,* C.W. Browne. Lápis, 210 x 290mm, sem data. RGS Archives, Anexo (JOZI, LBR. MS. 407)
16. *Vista da Gávea e do Pão de Açúcar,* detalhe da Fig.9
17. *Near Rio de Janeiro,* William Havell. Aquarela e guache branco sobre cartão, 173 x 260mm, 1816. British Museum
18. *Near Rio de Janeiro,* William Havell. Aquarela, 172 x 260mm, 1816. British Museum
19. *Towered Cities Pleased us Then* [citação do poema "L'Allegro", de Milton], William Havell. Lápis e aguada sobre cartão, 302 x 440mm, sem data. Victoria and Albert Museum, E.1513-1939
20. *The Source of the Arveiron: Mont Blanc in the Background,* Francis Towne. Aquarela, 425 x 311mm, 1781. Victoria and Albert Museum, P. 20-1921
21. *Sugar Loaf at Rio Janeiro,* Conrad Martens. Lápis, 150 x 220mm, sem data. Cambridge University Library, Cambridge, Add 7983
22. *Islands of Rio Harbour,* Conrad Martens. Lápis e aquarela, 150 x 220mm, 18.7.1833. Cambridge University Library, Add 7983

INTRODUÇÃO

Este é um livro sobre viajantes, ou melhor, sobre o viajar. Em se tratando de viajantes oitocentistas, no entanto, devo acrescentar que é um livro sobre modos de ver, sobre olhares que legaram testemunhos da paisagem carioca em óleo sobre tela, aquarelas, croquis, palavras, assim como nas coleções de espécies da fauna e flora brasileiras. Desta última, muitas brotam, até os dias de hoje, nas estufas européias. Porque foi na virada do século XIX que o olhar ocidental para a natureza começou a profissionalizar-se, almejando legitimidade e precisão científicas, e, ao mesmo tempo, proporcionou deleite, alimentando a curiosidade européia por cenas exóticas. Este estudo, todavia, restringe-se aos olhares britânicos. Britânicos, ao invés de ingleses, porque também eu, como os protagonistas deste trabalho, viajei. E foi tentando explicar, na Inglaterra, o assunto sobre o qual minha pesquisa versava — e a razão de minha viagem —, que experimentei quão real a geografia imaginativa realmente é. Palavras que no *Aurélio* são sinônimas, "britânico" e "inglês" têm significados muito diferentes na língua inglesa. Na verdade, dizer que um estudo restringe-se aos viajantes ingleses, na Grã-Bretanha, significa excluir galeses, escoceses e irlandeses. Considerar "inglês" como "britânico" é erro.

Mais do que anedótico, o motivo pelo qual me refiro à diferença de significado de uma simples palavra — "inglês" — diz respeito à idéia de representação. Para nós, brasileiros, pouco importa se "inglês" refere-se à soma dos habitantes da Grã-Bretanha ou somente aos cidadãos provenientes da Inglaterra. Ingleses são os habitantes de uma certa porção da Europa e isto basta para situarmos geograficamente esse "povo". Para o inglês ser inglês é ser cidadão nascido na Inglaterra, embora seu passaporte seja britânico. Ao adotar "britânico", no entanto, não pretendo afirmar o estereótipo, na procura de características nacionais, mas trabalhar a partir da complexa rede de interações entre a sociedade e os indivíduos na Grã-Bretanha do século XIX. Entre o que nós somos e como os outros nos vêem há um hiato inevitável. Este trabalho situa-se nesse hiato. A paisagem brasileira foi representada pelos britânicos através de uma série de imagens, umas mais outras menos aderentes ao referente, mas sobretudo de modo a se fazer entender pelas diferentes comunidades européias. Não é minha intenção desvelar quão precisas tais representações são, mas navegar nas diferenças, na multiplicidade de sentidos que emana dessas imagens.

Mas devo voltar à minha viagem. Olhar a paisagem da Grã-Bretanha revelou-se imprescindível para começar a entender as representações britânicas da paisagem brasileira, paisagem aqui abrangendo não apenas bosques, jardins pitorescos e campos verdejantes, como também os grandes centros urbanos. Ver "o outro", ao revés. Aproximar-me. Apesar da distância temporal, entrar nas instituições que promoveram as expedições científicas — Royal Society, Royal Geographical Society, Kew Gardens, dentre outras —, tocar com as mãos os documentos produzidos pelos viajantes, constatar que as coleções continuam a ser preservadas e expostas, todas essas ações são indícios de que o processo de expansão e afirmação do império britânico não importa apenas historicamente, mas tem papel a desempenhar ainda hoje na sociedade britânica contemporânea. Testemunhar que, ainda hoje, nos leilões das grandes casas como Christie's e Sotheby's, as paisagens de lugares distantes produzidas pelos viajantes oitocentistas são leiloadas não como obras de arte, mas classificadas como "exploração e viagem", juntamente com as botas dos exploradores, cartas e outros souvenirs. Não foi sem surpresa que, recém-chegada a Londres, em 1996, visitando a versão abreviada da exposição "O Brasil dos Viajantes" na Christie's,* deparei-me com uma enorme mesa de frutos tropicais "ambientando" as paisagens brasileiras. Posteriormente, essa imagem veio a fazer parte do meu entendimento das visões britânicas dos trópicos. Mas só fui capaz de atri-

* A exposição "O Brasil dos Viajantes" foi exibida no Museu de Arte de São Paulo Assis Chateaubriand (Masp), de outubro a dezembro de 1994, e no Centro Cultural de Belém, em Lisboa, de janeiro a março de 1995. Em Londres, a versão abreviada *"Brazil through European Eyes"*, organizada pela embaixada brasileira, foi exibida na Christie's, em janeiro de 1996.

buir-lhe sentido após várias passagens, reais ou imaginárias, do Rio para Londres, de Londres para o Rio, em que meus itinerários foram constantemente reconfigurados à medida que minhas expectativas foram sendo realizadas ou frustradas.

Essa asserção me leva a refletir sobre a natureza "etnográfica" do arquivo visual, na medida em que os materiais que examino no decorrer deste livro — como a aquarela de Augustus Earle e a carta náutica ilustradas na capa — são todos artefatos culturais, relíquias do passado, cuja preservação é um ato cultural. Como observa o historiador Greg Dening, "as relíquias do passado vêm diretamente do passado, mas elas são reconstituídas em seus sentidos por todos os sistemas culturais que lhes conferem sentido. Elas adquirem sentido a partir de cada momento social em que sobrevivem".[1] Por outro lado, estou convencida de que, mesmo considerando a diferença histórico-temporal, os viajantes que deixaram a Inglaterra para virem ao Brasil no início do século XIX partilhavam pelo menos uma coisa comigo: em seus projetos pessoais, eles foram movidos por intenções e expectativas, algumas vezes realizadas, outras frustradas, mas que foram constantemente reconfiguradas no curso de seus passos, como as minhas o foram. Em minha pesquisa, eu considero as representações do Rio de Janeiro como fragmentos de memória: ao invés de uma linha reta, esses artefatos apresentam sinais de trilhas mais sinuosas. No processo de dar sentido às paisagens desconhecidas, os viajantes negociaram bifurcações, desvios, atrasos e avanços; na tentativa de entendê-las, os viajantes também tinham de se fazer entendidos. Minha intenção ao escavar os fragmentos de memórias, sentidos e desejos que assombram essas imagens do Rio é desvendar alguns traços dessas rotas. Eu vejo representação como parte de um processo contingente e problemático de dar sentido ao que é experienciado, de produção do saber.

Apesar de limitados ao início do século XIX, espero que os processos revelados no decorrer deste estudo contribuam para iluminar questões mais abrangentes referentes à formação dos olhares contemporâneos sobre as paisagens em geral, e as paisagens brasileiras em particular. Mais do que proferir a palavra final sobre a paisagem do Rio de Janeiro produzida pelo olhar britânico oitocentista, minha intenção aqui é demonstrar a validade de um método, ou melhor, quero provar que imagens gráficas, se lidas e compreendidas como instrumentos de trabalho, como ferramentas do olhar, como linguagem, abrem um campo de pesquisa ainda bastante inexplorado na academia brasileira. Interrogar essas imagens, confrontá-las com o sabido, com o visto, com o *taken for granted*, traz à tona uma série de perplexidades, dúvidas e contradições que tendem a ficar silenciosas quando as mesmas imagens são consideradas apenas como o registro mais ou menos fiel do que foi visto. Meu trabalho, assim, é uma tentativa de entender um determinado processo de produção de imagens da paisagem do Rio de Janeiro, considerando-o como um processo cognitivo; na distância entre intenção e gesto, entre o pincel e a tela, as inúmeras negociações e mediações feitas pelos viajantes britânicos no encontro com a paisagem carioca talvez tenham se perdido para sempre. Ficaram os vestígios, rascunhos nos *sketch-books*, gravuras, quadros, cartas náuticas, fragmentos que, se olhados com a devida atenção, contam histórias não tão coerentes como as consagradas, não tão acabadas, e, talvez, por isso mesmo, mais humanas.

Se o objetivo geral deste trabalho é de natureza metodológica, tal objetivo não se traduz na busca de um método *per se*. Acredito que, ao retirarmos a iconografia oitocentista carioca do clichê do "Rio Antigo", essas imagens adquirem eloqüência; elas testemunham não uma geografia estática do passado, mas uma geografia imaginativa em formação, onde, no registro material das paisagens dos lugares, vislumbram-se, nebulosas, as paisagens das idéias.[2]

O Rio de Janeiro e os viajantes britânicos

Este livro nasce de uma insatisfação. A América do Sul começou a ser "descoberta" pelos viajantes europeus não-ibéricos nas primeiras décadas do século XIX. No Brasil, à exceção dos 24 anos de ocupação holandesa no Recife, no século XVII, as representações paisagísticas afloraram principalmente depois da abertura dos portos em 1810, produzidas por viajantes estrangeiros das mais diversas nacionalidades: britânicos, alemães, franceses, russos, italianos. Nessas expedições, interesses comerciais, científicos e colonialistas entrelaçavam-se com motivações teológicas, morais e estéticas. Mas seria equivocado considerar esses viajantes como cientistas profissionais *stricto sensu*: uma grande variedade de artistas amadores, colecionadores e naturalistas autofinanciados fornecia a matéria-prima para as visões européias dos trópicos.

Nos primeiros anos do século XIX, a cidade do Rio de Janeiro contava com aproximadamente 50.000 habitantes.[3] Em 1808, escoltada por um esquadrão britânico, a família real portuguesa aportou no Rio, a fim de escapar à conquista francesa. A elevação do Brasil a Reino Unido ao de Portugal e Algarves, em

1815, foi passo importante para a obtenção da independência política, que chegaria em 1822. Sede da corte, o Rio transformou-se nesse período em uma "cidade imperial" nas colônias. Como Mary Karasch aponta, tratava-se de uma situação ímpar, pois o Rio viria a ser a única cidade colonial a confrontar seus governantes metropolitanos com a realidade desconfortável de três séculos de domínio colonial.

O Rio era uma cidade de contrastes: emoldurada por imponentes montanhas cobertas de mata tropical, localizada à margem de uma extensa e abrigada Baía, limitada a oeste por um vasto manguezal, a cidade, em sua compacticidade, contrastava vivamente com seu amplo entorno.[4] Os contrastes, entretanto, se acentuavam quando o viajante desembarcava; à grandiosidade da natureza circundante, contrapunha-se um quadro urbano acanhado e confuso.[*] Segundo Manolo Florentino, tratava-se sobretudo de uma cidade viabilizada por escravos, oriundos, na grande maioria, da África Central Atlântica. Não foram poucos os viajantes que compararam a chegada ao Rio com o desembarque em costas africanas. As ruas tornavam-se, de vez em vez, palco para a encenação de cortejos públicos, exibindo a rígida ordem hierárquica do Ancien Régime português. As procissões religiosas também disputavam o espaço público; o calendário de festividades era muito movimentado. Além do mais, cada aniversário de membro da família real, cada funeral de cortesão notável era razão para a decretação de feriados, cuja profusão exasperava os comerciantes e industriais britânicos devido à interrupção que causavam na rotina dos negócios. Como sugere Mauricio Abreu, a vida social e econômica do Rio no início do século XIX era governada por vários códigos sociais freqüentemente contraditórios, cada qual associado a uma temporalidade distinta: a do antigo regime colonial, a do Ancien Régime português, e a do capitalismo industrial britânico.[5] Paralelamente, a cidade portuária apresentava vestígios e promessas de diversas conexões além-mar: nela entrecruzavam-se as rotas do tráfico de escravos, as rotas comerciais do império português e as rotas de viagens de exploração e colonização européias.

Era nessa cidade contraditória que os viajantes europeus aportavam, seus olhos sedentos por novidades, dirigidos sobretudo a uma natureza selvagem

---

* A jovem Harriet King, por exemplo, que em 1817 aportou no Rio a caminho da Austrália, relatou para sua mãe a dificuldade de expressar verbalmente a confusão nas ruas da cidade, que deixara sua mente "saltitante"; cf. Marsden Horden, *King of the Australian Coast*, p.31.

cada vez mais rara na cultivada Europa. Situação nova também para o Brasil pois, até então, para a grande maioria dos colonizadores, a cor verde significava perigo,* como observa Nicolau Sevcenko:

> É do verde que emergem índios hostis, animais selvagens, insetos e doenças. É o verde que previne o olho de encontrar riquezas fáceis para saquear. É o verde que preenche o sítio reservado para as plantações de cana-de-açúcar. É o verde que esconde e protege as populações cujo destino é servir. O alívio vem na forma do sinal vermelho: fogo nas florestas, para abrir um horizonte tão distante quanto a visão pode alcançar e, uma vez alcançado, fogo novamente.[6]

Para que a paisagem nativa pudesse ser olhada não com medo, desespero, ojeriza, mas sim com admiração, para que outras tintas — além do verde e do vermelho — iluminassem a paleta do colonizador, era necessária a existência, assim, de uma relação de produção com a terra de outra natureza. Numa época em que a navegação à vela era o único meio de transporte para viagens além-mar, a escala no Rio de Janeiro fazia-se quase que obrigatória. De passagem ou com a intenção de permanecer por algum tempo, os viajantes europeus lançaram sobre a paisagem carioca um olhar de natureza diversa daquele do colonizador. Eles nos legaram um considerável acervo iconográfico da paisagem carioca. Minha insatisfação diz respeito ao aparente silêncio a que essas imagens têm sido relegadas. Se, por um lado, esta pesquisa foi realizada graças à existência de ricas obras compiladas por colecionadores de arte, intriga-me a relativa pouca importância acadêmica dada a tais imagens.[7]

Recentemente, no Brasil, estudiosos vêm analisando a influência, na construção da identidade nacional, das representações européias do território e povo brasileiros nos âmbitos geográfico, histórico, etnográfico e literário.[8] Esses estudos iluminam os modos segundo os quais idéias originadas na Europa, como, por exemplo, as infindáveis riquezas naturais brasileiras, a "tropicalida-

---

* Como assinala Ana Maria Belluzzo, exceções incluem a expedição filosófica encabeçada por Alexandre Rodrigues Ferreira nas capitanias de Grão-Pará, Rio Negro, Mato Grosso e Cuiabá, de 1783 a 1793; a expedição do frei mineiro José Mariano da Conceição Veloso, em companhia do frei Francisco Solano Benjamin, pelo interior do Rio de Janeiro, que documentou a vegetação da Mata Atlântica, de 1779 a 1790; e as expedições do frei Manuel de Arruda da Câmara, em Pernambuco e Piauí (1794-95), Paraíba e Ceará (1797-99) e Maranhão (1799-1800).

de", os "espaços vazios", e as doutrinas da superioridade racial baseadas nos escritos de Le Play e Spencer, foram assimiladas pela elite intelectual e moldadas aos interesses nacionais. Ainda que seminais, todavia, a maioria das pesquisas nessa área privilegiam as fontes literárias. A iconografia brasileira permanece pouco explorada. Nos últimos anos, no entanto, esforços têm sido feitos para preencher essa lacuna, como é o caso, por exemplo, da abrangente obra em três volumes *O Brasil dos viajantes*, de Ana Maria Belluzzo. Meu trabalho, assim, contribui para esse movimento de releitura da iconografia brasileira.[9]

Ao invés de um olhar horizontal, panorâmico, para a "paisagem brasileira dos viajantes europeus", no entanto, meu olhar aproxima-se daquele do cientista de laboratório: concentra-se na paisagem do Rio de Janeiro, pontual, e no material produzido por viajantes britânicos. Além do pragmatismo aparente de tal escolha — uma vez que fui buscar suporte teórico e metodológico na Universidade de Londres, tendo acesso, portanto, aos museus e arquivos britânicos —, há razões intelectuais na delimitação do meu campo de estudo. A primeira delas diz respeito à cidade do Rio de Janeiro em si. Não apenas por ter sido sede da monarquia, como mencionado anteriormente, mas principalmente pela exuberância de sua natureza tropical, aliada à configuração da cidade e à implantação da arquitetura em território irregular e montanhoso, o Rio de Janeiro causava admiração quase unânime nos viajantes.[10] Além disso, a dramaticidade da entrada da Baía de Guanabara fornecia aos navegantes o palco necessário para a encenação dos rituais de poder; o capitão Fitzroy, navegante e *surveyor*[*] disciplinar, chegou a retardar a ancoragem do *Beagle* no porto para gozar o espetáculo da entrada na Baía em plena luz do dia, como relatou Charles Darwin, 100 milhas a leste do Rio, à sua irmã Caroline:

> Permanecemos fundeados a noite passada, pois o Capitão determinou que deveríamos *ver* o porto do Rio *e sermos vistos* em plena luz do dia. — A vista é magnífica e melhorará com o conhecimento; no momento, é cedo demais para contemplar montanhas tão irregulares como aquelas do País de Gales, cobertas

---

* Enquanto o termo *survey* pode ser traduzido satisfatoriamente em português por "levantamento", *surveyor*, por sua vez, quando traduzido por "topógrafo" ou "hidrógrafo", perde sua importante relação com a visão — que como esclarece Renzo Dubbini, se encontra na origem da expressão latina *super-videre* —, fundamental para a compreensão do observador oitocentista.

> por uma vegetação sempre-verde, cujos topos são ornamentados pela leve forma da palmeira. — A cidade, chamativa com suas torres e catedrais, é situada na base dessas colinas, comanda a vasta Baía, salpicada de navios de guerra, cujas bandeiras indicam cada nação [O grifo é meu].[11]

Portanto, qual é a natureza desse olhar? Se o sítio do Rio de Janeiro constitui-se de montanha e mar, e a cidade, de pedra, tijolo e cal, o que transforma essa cena em *paisagem* é o observador, que emoldura a vista, que seleciona, ilumina ou sombreia os elementos que a compõem, conferindo-lhe sentido. Para analisar esse olhar em detalhe, tive de limitar também a origem dos viajantes estudados. O momento de "abertura" da América do Sul coincidiu com dois momentos essenciais da fundação da modernidade européia: em primeiro lugar, a revolução nas tecnologias visuais e de observação que acompanhou o que Michel Foucault, Jonathan Crary e outros identificaram como a emergência de um "observador moderno" ou, como prefiro, um "observador-em-trânsito";[12] em segundo, o surgimento de um novo discurso sobre a paisagem baseado na medição, no mapeamento e em ciências em formação como a geologia, a geografia e a botânica, que Susan Cannon denominou "ciência humboldtiana". Esse novo modo de ver a natureza, na Europa, foi simultâneo ao interesse artístico pela paisagem; dependendo do contexto sociocultural que o fermentou, o olhar europeu adquiriu diferentes formas. A partir desse ponto de vista, a Grã-Bretanha me interessa particularmente, pois lá, durante as primeiras décadas do século XIX, arte e ciência aproximaram-se de uma maneira peculiar, produzindo uma pintura paisagística de caráter acentuadamente naturalista.

Minha intenção, ao fornecer este estudo histórico detalhado de um determinado modo de ver, é romper com as grandes dicotomias explicativas, segundo as quais o olhar para a natureza como paisagem, por evocar arte e sentimento, é classificado de "romântico", enquanto o olhar que mede, que compara, que mapeia, é classificado de "racionalista" ou "neoclássico", como duas esferas contrapostas.[13] A mera classificação, originada dos cânones clássicos da história da arte e literatura, não explica por que a paisagem carioca era "bela" aos olhos britânicos, fossem eles "artistas" ou "cientistas". Há algo mais na constituição de geografias imaginativas que deve ser entendido. A "geografia" a que me refiro aqui não se limita à disciplina institucional, mas é principalmente a que resulta de uma série de práticas envolvidas no processo de produção iconográfica através do globo; práticas como viajar, ver, coletar, traduzir, publicar e exibir. Na verdade, o viajante oitocentista, fosse ele *surveyor* marítimo, naturalista ou artista, era também, como hoje, indivíduo que pertencia a uma determinada classe social, a uma determinada família, rede de relações, religião. Na viagem, no entanto, essas distinções tornavam-se fluidas. No bem e no mal, eles eram estrangeiros encontrando ambientes e culturas diversos daqueles da terra natal, o que conferia a esses indivíduos uma identidade comum dificilmente presente na metrópole. O encontro com "o outro" e as viagens (de ida e vinda), assim, informaram as paisagens produzidas pelos viajantes. O resultado dessas viagens é sabido, o Império Britânico cresceu e se afirmou enquanto tal, sua influência foi marcante não apenas nas colônias sob seu domínio direto, como também em países dependentes economicamente, como o Brasil. Mas para aproximar-me do "como foi feito", e não apenas do resultado, é preciso ir além das generalizações. A iconografia do Rio de Janeiro produzida pelos viajantes britânicos adquire sentido, portanto, se analisada em conjunto com cartas, diários de bordo, efemérides, reportagens, livros, que deixam transparecer dúvidas e ambigüidades, indicando que a construção da paisagem do Rio de Janeiro como beleza exótica, apesar de ter se cristalizado como tal há aproximadamente dois séculos, não era inevitável.

Em síntese, este estudo iconográfico histórico busca demonstrar a natureza inextricavelmente cultural da paisagem, em que o sujeito observador e o objeto observado constituem-se mutuamente. "Cultura" aqui entendida não apenas como os produtos das atividades humanas, que dão forma às diferentes partes do globo terrestre, mas como os processos cotidianos de atribuir sentido à situação humana propriamente dita; situação essa, como indica Jack Goody, de seres humanos em constante diálogo com seus pares e consigo mesmos. A inescapável ambivalência da representação geográfica, que nunca é apenas a cópia fiel do que está sendo representado, é a abertura para esta investigação iconográfica, aqui explorada sob o enfoque cognitivo.

Por último, uma palavra sobre a delimitação temporal. O período em foco, de 1800 a 1850, serve apenas como balizamento. O material analisado aqui compreende algumas imagens anteriores a esse período, outras posteriores. Meu interesse, porém, reside no entendimento do processo de representação da paisagem carioca pelo olhar britânico (sobretudo antes do advento e da popularização da fotografia), e foi nessa época que os viajantes começaram a aportar aqui em maior número, trazendo e levando, juntamente com seus navios, mercadorias e interesses diplomáticos, vistas e visões deste porto tropical.

Um breve roteiro

A pesquisa sobre viajantes, assim, fez-me viajar (metafórica e literalmente) por campos do saber previamente desconhecidos por mim, resultando em encontros com outras disciplinas, com outros modos de ver, com outras paisagens que, por vezes, reiteraram algumas certezas, por outras, fizeram-me repensar ou abandonar antigas convicções, abrindo novos horizontes. Após esta breve introdução, os capítulos que se seguem foram organizados de modo a orientar o leitor nesse percurso. No capítulo 1 situo meu trabalho no campo teórico, com especial ênfase (mas não exclusivamente) na produção acadêmica anglo-americana. Assim, inicio abordando os conceitos de "geografia imaginativa" e "transculturação", fundamentais para este estudo. Concluo com uma breve reflexão sobre o tema do "encontro cultural".

Começo, então, a distanciar-me no tempo, apresentando, no capítulo 2, uma visão abrangente das questões relativas ao contexto da modernidade, da formação do Império Britânico e da economia industrial da Grã-Bretanha nas primeiras décadas do século XIX. Discuto, assim, a transformação epistemológica do observador na modernidade, em que a visão muda de natureza; não é mais exclusivamente a mediação entre o observador distante e o mundo das coisas, mas ela mesma torna-se objeto de conhecimento. No período de transformação, emergem questões relativas à distância e à legitimidade científica do observador, cujas respostas aqui estudadas são específicas do projeto colonizador ou imperialista britânico. Mas não apenas. Como analiso subseqüentemente, o componente estético — que não pode ser desvinculado das transformações econômicas, como discutirei — também está presente na apreciação e na observação da natureza, e as idéias do "pitoresco" e a de uma pintura paisagística "naturalista" vão se desenvolver em solo britânico, influenciando sensivelmente as publicações geográficas da época.

Com a idéia do conjunto, parto para navegar nas diferenças, nas especificidades, iniciando com o olhar costeiro dos *surveyors* marítimos, que constitui o capítulo 3. Para dar sentido às paisagens liminares dos navegadores britânicos, considero o papel delas na ampliação do conhecimento geográfico do Almirantado. Enfocando o trabalho de um navegador em particular, Charles William Browne, situo suas vistas costeiras cariocas no contexto mais amplo de produção e circulação de imagens icônicas de paisagens "tropicais" híbridas. Especializadas, como a visão dos navegadores deveria ser, elas buscavam descrever perfis e marcos litorâneos com precisão, para torná-los reconhecíveis por seus pares. As imagens por eles produzidas, dessa forma, necessariamente partilhavam, com as práticas da pintura e o desenho, uma série de códigos pertinente à cultura visual da Europa do início do século XIX.

Desembarcando em terra firme, acompanho, no capítulo 4, os herborizadores e naturalistas, para quem a iconografia da "tropicalidade" era uma preocupação fundamental. Fossem eles jardineiros enviados para o Brasil por Joseph Banks, o diretor de Kew Gardens, ou naturalistas autofinanciados inspirados pelas descrições humboldtianas da natureza tropical, como William Burchell e Charles Darwin, esses viajantes quedaram-se estupefatos ante a total novidade da flora e da fauna tropicais. Tal visão, somada à experiência no campo, resultou na criação de paisagens como que "emaranhadas" — para o olhar europeu, a natureza desconhecida, "selvagem", não se deixava apreender. As diferentes experiências e reações dos naturalistas-viajantes perante a natureza carioca perfazem o capítulo 4.

No capítulo 5, volto-me para os pintores paisagistas, examinando a produção *in loco* desses viajantes, bem como a receptividade das imagens tropicais na metrópole britânica. Acima de tudo, investigo como os paisagistas negociaram as convenções pictóricas acadêmicas no encontro com a paisagem tropical, além de suas tentativas de conciliar suas obras com as demandas de audiências científicas e artísticas metropolitanas. A tendência à pintura paisagística "naturalista" na virada do século XIX, principalmente na Inglaterra, identificada amiúde por historiadores da arte, no entanto, não explica a produção relativamente diminuta de paisagens acabadas do Rio de Janeiro em exposição nas galerias de arte metropolitanas. Em sua maioria, as paisagens cariocas permaneceram, veladas, nos *sketch-books* dos artistas. Essa aparente contradição é investigada no decorrer desse capítulo. Como sugiro, o brilho e a atmosfera dos trópicos iluminaram, indiretamente, as telas dos paisagistas britânicos.

Finalmente, a conclusão é dedicada a uma avaliação da minha aprendizagem durante esse percurso, apontando possíveis desenvolvimentos para viagens futuras, através de uma breve recapitulação dos diferentes olhares, e de como a iconografia do Rio de Janeiro, produzida pelos viajantes britânicos, informou e foi informada pelas experiências deles antes, durante, e depois das viagens marítimas, as quais lhes permitiram circular através de diversas áreas tropicais do globo.

CAPÍTULO 1

As vicissitudes do olhar

Comecemos pela imagem do *Beagle* no dia 3 de abril de 1832. Segundo Darwin, sob o comando do capitão Fitzroy, o brigue teve de aguardar para entrar na Baía de Guanabara em plena luz do dia para que a tripulação pudesse ver a paisagem e ser vista. O naturalista descreve a Baía como um cenário, antecipando o impacto da entrada do *Beagle* em suas águas não apenas sobre a população local, mas principalmente sobre as tripulações das diversas nações cujos navios de guerra "salpicavam" a vasta Baía. Mais adiante, Darwin nos fala da ansiedade da tripulação por aportar, para obter notícias da terra natal e gozar do alívio de pisar em terra firme. Podemos imaginar, na orla, a agitação tanto das autoridades locais, preparando-se para fiscalizar a embarcação que se aproxima, como da comunidade britânica, organizando-se para receber seus conterrâneos, ou ainda a expectativa dos escravos, prontificando-se aos mais diversos trabalhos na esperança de obter alguns trocados. Esse jogo de olhares, entre os dos viajantes que se aproximam e aqueles dos transeuntes da orla, define um espaço de tensão que vai ser intensificada ou amenizada no momento particular do encontro.

O que estimulou minha imaginação para visualizar essa cena foram as expressões empregadas por Darwin — "ver... e sermos vistos". Essa consciência do olhar de outrem me conduz a uma reflexão sobre a natureza teatral das representações, na qual tanto atores como audiências têm papéis específicos a desempenhar, seja no momento histórico em que as imagens estão sendo produzidas (imaginemos Darwin a bordo, ele mesmo ansioso, relatando a cena em uma carta para sua irmã Caroline; a provável autoridade que o ato e a introspecção da escrita na cabine do *Beagle* conferiam ao jovem naturalista), seja a cada momento e circunstância em que essas representações foram e vão sendo reativadas (a carta de Darwin sendo lida por Caroline e, quem sabe, por alguns outros parentes e amigos; nas décadas posteriores, por arquivistas, acadêmicos, curiosos; uma vez publicadas, pelas mais diversas audiências).

Refletindo sobre as práticas de navegação européia no Pacífico na segunda metade do século XVIII, Greg Dening emprega o termo *theatrum mundi* para descrever o conjunto de atos simbólicos executados pelas nações expansionistas como a Inglaterra, a França e a Espanha, para auferir soberania sobre as novas terras "descobertas": "era uma época de teatralidade intensiva do civilizado para o nativo, mas sobretudo de teatralidade ainda mais intensa do civilizado em relação a seus pares".[1] A encenação do *Beagle* na entrada da Baía de Guanabara, orquestrada pelo capitão Fitzroy, revela a vastidão do palco desse *theatrum mundi*. O que é importante nesse exemplo, do ponto de vista teórico, é a ênfase no caráter processual, teatral e interativo das representações.

O esforço de tentar imaginar uma cena possível a partir dos fragmentos legados por Darwin, onde a ação é privilegiada, visa desestabilizar a tendência de algumas correntes teóricas contemporâneas a igualar o "olhar europeu" àquele da figura do observador transcendente, o "monarca de tudo o que é comensurado" [*monarch of all I survey*]. A expressão "olhar imperial" refere-se ao olhar do viajante europeu que, no ato mesmo de mapear e descrever as paisagens das terras exploradas, vigia e controla simbolicamente esses territórios.[2] Apesar de iluminar alguns aspectos importantes relativos ao desejo de dominar subjacente aos discursos da ciência, cultura e arte européias, principalmente no que tange ao desequilíbrio de poder entre aquele que observa e aquele que é observado, essa corrente crítica, em geral, tende a desconsiderar as diferentes formas que o aparato do colonialismo e da modernidade adquiriu em localidades específicas.[3] Como Leonard Bell enfatiza:

> Ao invés de serem constituintes não-problemáticos dos projetos de dominação ou da vontade de dominar, as imagens produzidas [por europeus] podem ser, por fim, múltiplas em seus sentidos e modos de atuação, ou até mesmo cindidas por dúvidas ou questões sobre os projetos em que os artistas podem tanto ser participantes ou observadores ... as construções totalizadoras como a do "olhar imperial" parecem insuficientes para abordar as complexidades e as imponderabilidades

das trocas e das relações transculturais em particulares contextos do período colonial.[4]

Neste capítulo, portanto, situo teoricamente meu trabalho em relação aos desenvolvimentos recentes da geografia cultural e aos campos relacionados da cultura visual, literatura e etnografia. Primeiramente, trato do conceito de "geografia imaginativa", um termo derivado da obra de Edward Said, que tem tido especial influência na geografia cultural anglo-americana contemporânea. Volto-me, então, na segunda seção, para o trabalho recente sobre o tema relacionado às narrativas de viagens, examinando as maneiras pelas quais o ato de descrever (em palavras ou imagens gráficas) pode ser, ele próprio, entendido como um processo de transculturação, e não, meramente, uma tradução de experiências no campo. Essa discussão leva à seção final, que trata do papel do trabalho de campo na construção do conhecimento científico. Enquanto o foco nas narrativas de viagem encoraja a concentração nos textos, um foco no trabalho de campo conduz à questão da viagem propriamente dita no, ou mais do que isso, através do espaço. Esses elementos — o texto e o campo — são fundamentais para qualquer estudo que procure entender como as geografias imaginativas foram e são construídas.

Geografias imaginativas

No seu poema *The Seasons*, publicado em 1730, James Thomson fornece o seguinte retrato de um verão na "zona tórrida":

> From these the prospect varies. Plains immense
> Lie stretched below, interminable meads
> And vast savannas, where the wandering eye,
> Unfixt, is in a verdant ocean lost.
> Another Flora there, of bolder hues
> And richer sweets beyond our garden's pride,
> Plays o'er the fields, and showers with sudden hand
> Exuberant spring — for oft these valleys shift
> Their green-embroidered robe to fiery brown,
> And swift to green again, as scorching suns
> Or streaming dews and torrent rains prevail.
> Along these lonely regions, where, retired
> From little scenes of art, great Nature dwells

In awful solitude, and naught is seen
But the wild herds that own no master's stall,
Prodigious rivers roll their fattening seas;
On whose luxuriant herbage, half-concealed,
Like a fallen cedar, far diffused his train,
Cased in green scales, the crocodile extends.*

O olhar de Thomson está "inquieto". Ele se imagina olhando, do alto, uma vasta pradaria. Embora incapaz de organizar a vista numa paisagem composta, ele não abandona a tarefa da descrição, construindo seu retrato da zona tórrida como uma espécie de contraponto para o clima e civilização de paisagens mais familiares. Embora uma figura da mitologia pagã clássica faça uma aparição, trata-se de "outra" Flora, suas flores são mais brilhantemente coloridas e mais perfumadas do que aquelas da Inglaterra, ou Europa. O clima é quente e úmido; os rios mais do que rios — "mares abundantes" para alimentar a fauna silvestre e a vegetação luxuriante. A "Natureza grandiosa" dos trópicos recusa-se a ser domada.

Essa passagem foi retirada da obra *The Idea of Landscape, 1730-1840*, escrita pelo historiador cultural John Barrell, cujo trabalho muito contribuiu para minha compreensão das relações entre literatura, gosto artístico e sociedade no contexto específico da idéia de paisagem. Uma das maiores preocupações de Barrell nesse livro é compreender como uma descrição em palavras pode ser *equivalente* a uma representação pictórica. Seu método é analisar a composição e sintaxe da poesia paisagística: "era uma estrutura que imitava a resposta do *olhar* à paisagem que ele contemplava: é... apenas a impressão visual da paisagem que Thomson preocupa-se, normalmente, em descrever".

* Daqui a vista se transforma. Imensos planos/ Estendem-se abaixo, veredas intermináveis/ E vastas savanas, onde o olhar errante,/ Solto, perde-se no oceano verdejante./ Lá, outra Flora, com matizes mais intensos/ E aromas mais ricos, para além do orgulho de nossos jardins,/ Brinca nos campos, e banha com mão súbita/ A exuberante primavera — pois esses vales amiúde transformam/ Seu robe rendado de verde em marrom incandescente,/ Verdejando-se novamente, à medida que sóis flamejantes/ Ou orvalhos correntes e chuvas torrenciais prevalecem./ Ao longo dessas regiões solitárias, onde, retirada/ Das diminutas cenas da arte, a Natureza grandiosa habita/ Em terrível solidão, e nada é visto/ Senão os rebanhos selvagens sem nenhuma cocheira do senhor,/ Rios prodigiosos rolam seus mares abundantes;/ Sobre cuja erva, semi-oculto,/ Estende-se o crocodilo, envolto em escamas verdes,/ Como um cedro caído, que longe dispersa seu rasto.

Barrell habilmente conecta os rígidos procedimentos da escola paisagística de Claude Lorrain com os valores morais articulados na atitude ambivalente de Thomson em relação à natureza. Por um lado, natureza deveria ser entendida em harmonia com o homem; por outro, natureza era alguma coisa a ser conquistada, ou ao menos "domada" e explotada, de acordo com a ideologia mercantilista da Inglaterra do século XVIII. O que me interessa nesse contexto é até que ponto o discurso de Thomson está mergulhado em uma geografia imaginativa dos "trópicos", estabelecendo a idéia de natureza tropical como uma "outra" em relação a uma paisagem doméstica temperada européia.*

Essa noção de uma "geografia imaginativa" advém da obra de Edward Said. Partindo do princípio segundo o qual entidades geográficas, tais como o "Oriente" e o "Ocidente", são historicamente construídas e não naturais ou eternas, o livro mais conhecido de Said, *Orientalismo*, procura mapear discursos que definem "o Oriente" como uma zona do mundo racial, geográfica e culturalmente unificada; como "uma palavra que mais tarde acumulou uma ampla gama de significados, associações e conotações, [as quais] não necessariamente se referem ao Oriente real mas ao significado que rodeava a palavra".[5] Said salienta o papel de textos acadêmicos, administrativos e literários na caracterização do Oriente — o "outro" — através de estereótipos culturais e políticos, expressando simultaneamente a diferença e a inferioridade deste em relação ao Ocidente.

O Orientalismo de Said tem tido grande influência dentro da academia anglo-americana,[6] e inspirou muitas obras a respeito da construção literária da "alteridade" no encontro entre a Europa (ou o Ocidente) e o resto do mundo.[7] Foi o trabalho pioneiro de Bernard Smith — *European Vision and the South Pacific* (publicado pela primeira vez em 1960) —, no entanto, que pesquisou o papel das imagens gráficas nesse processo. Essa obra seminal explora o impacto da região do Pacífico — como um novo campo de experiência desafiador — no desenvolvimento de teorias científicas européias e da arte paisagística no período entre as viagens de capitão Cook e as de Charles Darwin (aproximadamente o mesmo período abrangido pela minha pesquisa). Utilizando um vasto arquivo de imagens visuais como fonte primária, Smith considera seriamente a

* James Sambrook comenta que a coleção de livros de história e geografia presente na biblioteca pessoal de Thomson à época de sua morte era voluminosa, citando a declaração de Murdoch de que "entretenimentos em suas horas de lazer eram histórias civil e natural, viagens e os relatos de viajantes, os mais autênticos que ele pudesse encontrar".

dificuldade que os europeus tiveram em "reunir palavras, imagens, símbolos e idéias apropriados para descrever com precisão" um ambiente desconhecido. Embora reconheça que tais representações freqüentemente foram utilizadas como instrumentos para o controle, dominação e mesmo extermínio de povos nativos, Smith, não obstante, permanece atento às ambigüidades, contradições e sutilezas do processo de representação. Sua sensibilidade à natureza específica do visual, sua ênfase nas conexões entre produzir imagens e viajar, e mesmo seus relatos sobre os trabalhos de determinados artistas, influenciaram profundamente meu próprio enfoque sobre o material aqui analisado.

Voltando ao poema de Thomson, observamos como os "trópicos" são representados como mais do que uma zona geográfica; o termo é um instrumento para diferenciar natureza e sociedades. Aqui, a Europa, o jardim, as cocheiras do senhor (em outras palavras, cultura); lá, um oceano verdejante e ilimitado, povoado somente por feras selvagens (em outras palavras, a natureza pristina). Se o poema faz sentido, é porque ele consegue condensar um conjunto de imagens associadas à idéia convencional de uma natureza não-européia, que, simultaneamente, define a natureza européia. Podemos notar, neste ponto, que o uso de oposições binárias, como os lingüistas nos ensinam, pode ser fundamental para todos os sistemas lingüísticos e simbólicos e, sem dúvida, para a produção do próprio significado. Apesar disso, como enfatiza Stuart Hall, o processo de incorporar uma determinada zona ao imaginário geográfico ocidental, no qual mundos distintos tornam-se elementos relacionados no mesmo discurso, "conjuntamente atrelados no mesmo arcabouço histórico temporal" é mais do que uma questão de "palavras" ou "idéias". A distinção entre regiões temperadas e tropicais torna-se um discurso popular e influente, ajudando a formar as percepções geográficas e atitudes públicas até o presente.[8]

O que estava latente no poema de Thomson de 1730 materializou-se em algumas décadas, quando os herborizadores e os botânicos britânicos transplantaram-se para a zona tropical e estabeleceram uma rede de jardins botânicos. Esses jardins eram laboratórios naturais nos quais o horizonte era controlado, a natureza domada e desvelada. Ao mesmo tempo, o exótico foi gradualmente "aclimatizado" ao solo britânico,* um processo que culminou

* É interessante notar que para o verbete *acclimatize*, o *Oxford Advanced Learner's Dictionary* inclui o seguinte exemplo no seu uso: "It takes many months to acclimatize/become acclimatized to life in a tropical climate".

com a "recriação de florestas tropicais" com a construção da maior estufa do mundo, em Kew, Londres, em 1849. Esse desenvolvimento foi o resultado de um complexo conjunto de negociações na metrópole e no exterior, um processo que examinarei em detalhe no capítulo 4. Por enquanto, minha preocupação concentra-se em que medida uma geografia imaginativa distintivamente britânica ajudou a moldar as emergentes paisagens dos trópicos. Embora esse processo certamente tenha envolvido uma rede européia abrangente de atores e interesses, o extenso alcance global (em 1815, proeminente) de seu império imprimiu um caráter particular à visão britânica de "tropicalidade". Como Felix Driver aponta na sua crítica ao *Orientalismo*:

> Precisamos ser mais sensíveis aos aspectos específicos de regimes discursivos em períodos e lugares diferentes... Embora seja verdade, como afirma Said, que a própria existência do Orientalismo é inseparável da relação desigual (colonial) entre Europa e Oriente (razão pela qual o Orientalismo não é acompanhado por um discurso igualmente poderoso de Ocidentalismo), isto não significa que todos os orientalistas compartilhavam as mesmas visões e ideais.[9]

Se este ponto se aplica ao *Orientalismo*, então o mesmo pode ser dito para autoridades em "tropicalidade": as geografias imaginativas dos trópicos estavam, em um sentido significativo, longe de ser homogêneas.

A explicação de Said, em si, para a metodologia do *Orientalismo*, tem algumas implicações adicionais para meu próprio estudo. De início Said admite abertamente a dificuldade inerente de reconciliar um amplo enfoque teórico-discursivo (inspirado em grande parte por Foucault) com atenção para as contingências de autores específicos; como ele coloca, "ninguém mostrou convincentemente que o esforço individual não é, em algum nível profundamente intratável, ao mesmo tempo excêntrico e... original; a despeito da existência de sistemas de pensamento, discursos e hegemonias (embora nenhum deles seja de fato inconsútil, perfeito, ou inevitável)". Em vez de escolher entre anti-humanismo e humanismo, Said constrói sua análise precisamente no âmbito deste campo de tensão, o qual ele considera como um aspecto inevitável das ciências humanas modernas como um todo. Além disso, ele também deseja abrir espaço para a heterogeneidade do *Orientalismo*. Mais do que procurar por seus fundamentos manifestos, Said diz que é preferível estudá-lo precisamente devido a sua variabilidade e imprevisibilidade: "o que tentei preservar na minha análise do *Orientalismo* foi sua combinação de consistência *e* inconsistência, seu jogo, por assim dizer, que só pode ser traduzido reservando para si próprio, como escritor e crítico, o direito de ser comovido, irritado, surpreendido e mesmo deleitado".[10]

Trata-se, na verdade, de um projeto ambicioso, e talvez seja significativo que relativamente poucos dentre os que foram influenciados pelo trabalho de Said (especialmente críticos literários) tenham mostrado a mesma confiança em seus apelos à criatividade de autores individuais ou à perspectiva de humanismo, de uma forma mais geral. Isso está particularmente claro em registros recentes da representação visual de paisagens e povos não-europeus, nos quais a visão tem sido freqüentemente associada, como mencionado anteriormente, à figura do "monarca de tudo o que é comensurado". Aqui encontramos uma tendência de tratar o indivíduo simplesmente como um portador de discursos mais amplos, suprimindo qualquer centelha de criatividade individual humana no processo de enunciação. Além disso, essa abordagem tende a equiparar textos a imagens, evadindo as diferenças existentes entre ambos os meios de expressão. Como Deborah Poole observa, "é quase fácil demais destinar toda imagem à tarefa de reproduzir (ou talvez mesmo produzir) ideologias imperialistas, raciais e sexuais. A tarefa mais desafiadora é pensar a respeito das maneiras pelas quais a estética e o *código aberto* das imagens visuais ocasionalmente rompem o domínio poderoso que o discurso imperialista tem sobre a imaginação."[11] No meu estudo, procuro permanecer atenta às diferenças, às dobras, às resistências individuais que permeiam as obras singulares, bem como ao que delas emanam como discurso ideológico. Com esses pontos em mente, podemos então considerar o valor do conceito de "geografia imaginativa" de Said como tem sido adotado na interpretação de viagens e narrativas de viagens.

Sobre o viajar e as narrativas de viagens

No livro *The Road to Botany Bay* (publicado pela primeira vez em 1987), Paul Carter considera o olhar cartográfico do explorador ou colonizador não somente como aquele que conquista novas terras, mas como um meio de dar-lhes vida; os aspectos geográficos vão sendo definidos no próprio ato de descrever. A *spatial history* de Carter preocupa-se, acima de tudo, com "a névoa que precede claros contornos". Nesse contexto, diários de exploradores, por exemplo, são lidos como representações simbólicas do ato de trilhar a terra e não como descrições precisas do terreno. Como afirma Carter,

> A inconsutibilidade dos diários é uma ilusão literária. Infelizmente, no entanto, ela tem sido tomada, muito freqüentemente, em seu sentido literário, daí resultando que a atitude *reflexiva,* que a literatura do explorador e colonizador expressa, tem sido esquecida. Em vez disso, a experiência histórica que ela registra foi submetida a um *eu vim, eu vi, eu conquistei* mitificador, como se os exploradores não houvessem entrecruzado suas próprias trilhas uma centena de vezes, não houvessem cavalgado em círculos elaborados, levando horas e muitas vezes dias para retornar ao ponto de onde haviam partido. E não apenas os retrocessos implícitos nessas experiências espaciais foram apagados, mas sua *ordem* foi linearizada, submetida a uma cronologia imperialista de um só sentido.[12]

Carter mantém-se atento à *diferença* dos textos históricos com os quais ele lida, e principalmente ao fato de que "ler agora não é o mesmo que escrever então, nem viajar tampouco."[13] A narrativa de viagem é analisada como uma importante etapa no processo de viajar, tanto para o viajante que, no ato da escrita, adquire autoridade sobre sua própria experiência no campo, quanto para o leitor sedentário, que reanima, com sua imaginação, as imagens grafadas no papel.

Essas reflexões fornecem uma base para a leitura crítica da metodologia de Mary Louise Pratt em *Os olhos do Império: relatos de viagem e transculturação,* tendo como ponto de referência a discussão de Pratt sobre Alexander von Humboldt e a reinvenção da América como natureza. Referindo-se a uma carta escrita por Humboldt a um amigo em Salzburgo, na qual ele sugere que mais do que coletar plantas e fósseis, ou fazer observações astronômicas, o objetivo mais importante de suas viagens era observar "a influência da criação inanimada no mundo animado de animais e plantas", Pratt sumariamente conclui que "certamente Humboldt estava procurando o que ele achou no novo continente, e achou o que estava procurando. Seu objetivo como um cientista tornou-se seu objetivo como um escritor". Mais do que situar o trabalho de Humboldt dentro do contexto dos debates científicos europeus ("como muitos escritores já fizeram"), Pratt deseja enfocar seus escritos "de um ângulo completamente diferente, considerando suas dimensões ideológicas e suas relações com a literatura de viagens". Ela começa analisando passagens selecionadas de *Ansichten der Natur* (*Quadros da natureza,* a partir daqui), e conclui (a despeito das repetidas referências de Humboldt aos termos visuais, tais como olhar, espetáculo, panorama, ou mesmo os "quadros" ou "vistas" do título) que "Humboldt evoca aqui não um sistema da natureza ancorado no visível, mas uma expansão e contração intermináveis de forças invisíveis". Pratt prossegue:

> Como todos os seus críticos notaram, a ênfase de Humboldt nas harmonias e forças ocultas alinha-o com as estéticas espiritualistas do Romantismo. Ela, contudo, também alinha-o com o industrialismo e a era da máquina, e com os desenvolvimentos das ciências que estavam produzindo e sendo produzidas naquela era.[14]

Isso bem poderia assim ser, embora, certamente, "as estéticas espiritualistas do Romantismo" estão, elas mesmas, intimamente relacionadas ao "industrialismo e à era da máquina", como muitos críticos das pinturas de Turner, por exemplo, sugeriram. O que não está presente na análise de Pratt é a complexidade da relação paradoxal entre visibilidade e invisibilidade nos *Quadros da natureza* de Humboldt.[15]

Pratt prossegue comparando *Quadros da natureza* com "a escrita estritamente científica", ou "narrativa de viagem científica", identificando similaridades e diferenças com aquela classe de literatura em relação a noções de autoria e autoridade. Entretanto, dá pouca atenção ao fato de que, no início do século XIX, "escrita estritamente científica" era um gênero em construção; a distinção entre trabalhos não-especializados e tratados científicos é dela (escrevendo nos anos de 1990), ao invés de Humboldt.* Pratt afirma:

> *Quadros da natureza* era um livro muito popular, e um que parece ter sido muito importante para Humboldt. Muito depois de ele haver abandonado sua *Personal Narrative*, ele revisou e ampliou *Quadros da natureza* duas vezes, em 1826 e, novamente, em 1849. Ele estava certo em importar-se com ele. Do *Quadros da natureza* de Humboldt e de sua continuação *Views of the Cordilleras*, os públicos europeus e sul-americanos selecionaram o repertório básico de imagens que veio a significar "América do Sul" durante o importante período de 1810-1850.[16]

Segundo Pratt, as revisões feitas por Humboldt em *Quadros da natureza* faziam parte de um projeto editorial de reinventar o imaginário popular da América. Ao tratar o trabalho de Humboldt em termos tão pragmáticos, entretanto, Pratt ignora dois aspectos: o significado do ato da escrita para o próprio Humboldt, e a complexidade do relacionamento entre produção e recepção no

* Vale a pena notar que, no início do século XIX, o status social e intelectual de "ciência" e de "cientistas" ainda era controverso. Segundo Richard Yeo, foi somente nas últimas décadas do século XIX que o termo "cientista", primeiramente cunhado por William Whewell em 1833, foi amplamente adotado na Inglaterra.

discurso da narrativa de viagem.[17] O que parece estar faltando em sua leitura de Humboldt é um elemento de surpresa; tudo é previsível, não há ruptura. O trabalho de Humboldt situa-se dentro de um movimento contínuo, a reinvenção da América como natureza, remontando ao século XVI, um argumento que Pratt sustenta ao citar a famosa carta de Colombo aos monarcas espanhóis em 1493. Ao meu ver, parece implausível considerar as revisões de *Quadros da natureza* como uma simples resposta à demanda do mercado editorial. Como Claudio Greppi aponta,

> Nenhum dos trabalhos de Humboldt é definitivo, nenhum está completo: esse é o primeiro elemento de dificuldade, mas também de surpresa. Se as próprias viagens de Humboldt foram concluídas com seu retorno da Filadélfia em 1804, suas narrativas de viagem duram uma vida inteira, outros quarenta e cinco anos, na busca de novas idéias que brotaram do confronto com suas próprias experiências de viagem, sua formação cultural no Iluminismo alemão [*Aufklärung*], e a consulta e combinação de textos antigos e modernos. A linha de conexão é a da descoberta: podem-se observar textos com um estado de espírito comparável àquele com que locais são observados, com o mesmo fascínio pela novidade e a surpresa.[18]

Para Greppi, a reescrita de *Quadros da natureza* foi o resultado de um longo processo de reflexão sobre como integrar as descrições naturalistas às reconstruções históricas e filológicas, harmoniosamente mesclando viagens através de terras com viagens através de livros. Como ele aponta, "a fim de ler os textos volumosos de Humboldt, precisa-se de paciência para chegar até o mecanismo da escrita, propriamente dito, que não está aparente à primeira vista".[19] As implicações metodológicas desse argumento para meu próprio estudo estão claras. Ao ler os textos de Humboldt como uma extensão de suas viagens, Greppi amplia a eloqüência de seu trabalho. Em contraste, o enfoque de Pratt, que fixa a figura de Humboldt no tropo do "homem que vê" ("um rótulo assumidamente inamistoso para o sujeito masculino europeu do discurso paisagístico — ele, cujo olhos imperialistas passivamente observam e possuem"), retira todo o sentido de fluxo, do próprio tédio de viajar (transformado em volumosos e intermináveis relatos de viagens) ao processo de "reinventar a América do Sul".[20] Em uma interpretação mais produtiva de Humboldt, Deborah Poole recentemente sugeriu que "seu trabalho sobre a América do Sul deve ser entendido como parte de uma nova economia de visão na qual os princípios da percepção do mundo concêntrico e táctil de Buffon seriam substituídos por um discurso tipológico ou fisiognômico da experiência visual",[21] um processo discutido mais adiante, no próximo capítulo.[22] Há um aspecto adicional na metodologia de Pratt que me interessa neste contexto: é sua interpretação da idéia de "transculturação". Na sua discussão sobre os encontros de Humboldt e Bonpland com os intelectuais hispano-americanos, Pratt escreve:

> Em um perfeito exemplo da dança do espelho do fazer-sentido colonial, Humboldt transculturou para a Europa conhecimentos produzidos por americanos em um processo de se autodefinirem como separados da Europa. A partir da independência, as elites euro-americanas reimportariam esse conhecimento como *conhecimento europeu* cuja autoridade legitimaria o jugo euro-americano.[23]

Nessa passagem, "transculturou" pode ser igualmente lido como "transportou" e "importou", uma equivalência que diminui o poder epistemológico do termo, que pretende referir-se não somente à adaptação ou transporte, mas também às maneiras pelas quais sujeitos são transformados por seus encontros. Ao longo do relato de Pratt, de fato, o sujeito europeu é sempre o mesmo, imutável, teleguiado por seus olhos imperialistas. Isso lhe permite concluir seu relato da expansão da história natural como uma consciência planetária européia, por exemplo, com a alegação de que "herborizadores estavam tão felizes no interior da Escócia ou no sul da França quanto no Amazonas ou no sul da África".[24] Como veremos no capítulo 4, a experiência dos herborizadores em solo não-europeu não era sempre tão alegre como Pratt insinua. E o que não dizer de Humboldt, cujos pernoites nos solos úmidos dos trópicos legaram-lhe um reumatismo crônico? Ao retornar da Europa, seu metabolismo havia se adaptado de tal maneira às demandas do continente americano que ele manteve seus apartamentos em Paris e Berlim aquecidos a temperaturas tropicais. Como enfatiza Dorinda Outram em "On being Perseus", não eram apenas as cicatrizes externas que auferiam aos viajantes do Iluminismo credibilidade; o ambiente exótico também era *interiorizado*, mental e metabolicamente. Assim, voltando a Pratt, embora ela reconheça que a transculturação é um processo de mão dupla, como a maioria dos teóricos da transculturação o fazem,[25] ela, não obstante, falha ao se preocupar com como os europeus *mudaram* no encontro com a América. Talvez Pratt, como o sujeito europeu que ela descreve, estivesse procurando o que achou no trabalho de Humboldt, e achou o que estava procurando.[26]

O conceito de *transculturação*, no entanto, inspira diversas questões chave: até que ponto o encontro com os trópicos influenciou a construção européia dos trópicos? Que desafios ele lançou aos cânones existentes, como a própria experiência de viagens foi colocada em palavras e imagens? Em outras palavras, a questão fundamental aqui é como os viajantes "transculturaram" suas viagens aos trópicos. Utilizando transculturação como um verbo transitivo e intransitivo, eu sigo a alegação de Silvia Spitta, segundo a qual:

> no contínuo toma-lá-dá-cá do contato com a cultura, indivíduos são transformados e transformam-se, a si mesmos bem como ao mundo circundante. O sujeito transculturado, então, é alguém que ... está consciente e inconscientemente situado entre pelo menos duas culturas, dois mundos, duas línguas, e duas definições de subjetividade, e que constantemente medeia entre todos eles — ou, para dizer de outra forma, cujo "aqui" é problemático e talvez indefinível.[27]

A fim de remeter à natureza dual do conhecimento, do "eu" e do "outro", precisamos considerar seriamente o espaço do "encontro cultural". Nesse sentido, há ainda um outro ponto que eu gostaria de levantar: enquanto, por exemplo, o mapeamento de rotas viáveis e portos era o objetivo principal das viagens de levantamento, podemos de fato presumir que oficiais, marinheiros, artistas e naturalistas que tomavam parte em tais expedições tinham os mesmos planos e projetos em vista? Mesmo nos relatos oficiais das expedições científicas, como Gillian Beer observa, "o fascínio com o desconhecido, o medo e a aversão, o anseio por sistemas de comunicação estáveis, a doença, o fervor religioso, e os prazeres físicos da exploração, tudo se entrecruzava tornando-se parte da indagação e deixando seus traços nos escritos".[28] A seguir, portanto, examino alguns aspectos metodológicos fornecidos por trabalhos recentes sobre o tema dos encontros culturais, na história cultural do conhecimento científico.

Encontrar, ver e conhecer

> Porque a linguagem é, em todos os casos,
> não só comunicação do comunicável
> mas também, ao mesmo tempo,
> um símbolo do incomunicável.
> Walter Benjamin,
> *On Language as Such and on the Language of Man*

A preocupação com a função instrumental das representações gráficas que se encontra em *Os olhos do Império* ecoa os escritos dos sociólogos da ciência, preeminentemente aqueles de Bruno Latour. O foco de Latour é na tecnologia das inscrições (móbiles imutáveis), que progressivamente possibilitou "a aceleração do deslocamento sem transformação".[29] Segundo ele:

> As características essenciais das inscrições não podem ser definidas em termos de visualização, impressão e escrita. Em outras palavras, não é a *percepção* que está em jogo neste problema de visualização e cognição. Novas inscrições, bem como novas maneiras de percebê-las, são os resultados de algo mais profundo. Se você quiser sair de *seu* caminho e voltar fortemente equipado de modo a obrigar outros a saírem de *seus* caminhos, o maior problema a resolver é o de *mobilização*. Em suma, você tem de inventar objetos que tenham as propriedades de serem *móveis* mas também *imutáveis*, *apresentáveis*, *confiáveis* e *combináveis* uns com os outros.[30]

Dentre uma série de exemplos que Latour usa para sustentar seu argumento, o da viagem de La Pérouse é particularmente adequado ao presente contexto. Segundo Latour, La Pérouse é enviado para o Pacífico por Luís XVI com a missão de descobrir se um determinado acidente geográfico na costa chinesa, denominado Sakhalin pelos franceses, tratava-se de uma ilha ou península. Ao aportar em seu destino, o navegador francês interroga um chinês idoso sobre a geografia daquele lugar; o nativo prontamente oferece-lhe a resposta, traçando o contorno da ilha na areia. Com a ameaça de uma onda, um jovem que se encontra por perto rapidamente toma emprestado o *sketch-book* de La Pérouse, reproduzindo o esboço no papel. Em linhas muito gerais, Latour enfatiza que a diferença entre a etnogeografia e a geografia européia encontra-se não na maior ou menor capacidade de representação gráfica da ilha, mas sim no fato de que, uma vez representada no *sketch-book*, diferentemente dos riscos efêmeros na areia, a "ilha" pode ser transportada para a metrópole. Lá, no "centro de cálculo", a imagem é processada e, então, passa a fazer parte de um conhecimento acumulado que habilitará futuros navegadores a realizarem suas expedições com menor risco. O que antes era uma relação assimétrica, vantajosa para os nativos, que conheciam como ninguém seu próprio lugar, gradativamente inverte-se, à medida que, a cada nova viagem, mais fácil torna-se para os europeus apropriarem-se direta ou indiretamente dos territórios distantes. Como expressa Greg Dening, uma vez colocados nos mapas de outrem, os ilhéus tornam-se portos de escala para viajantes que nunca navegaram.

A análise de Latour é hábil, e bem mais complexa do que as poucas linhas acima deixam entrever. Entretanto, se Latour lança alguma luz sobre as estratégias imperialistas do conhecimento científico — e da razão em particular —, sua visão totalizadora deixa pouco espaço para o entendimento de interações complexas entre as diferentes ações de encontrar, ver e reconhecer. Sem querer entrar em discussões de âmbito etnográfico, pois Latour sumariamente infere que os chineses, diferentemente dos europeus, "não estão absolutamente interessados em mapas e inscrições"[31] — afirmação um pouco imprudente, dada a longevidade da tradição cartográfica chinesa —,[32] interessam-me as mediações, *como* o conhecimento foi produzido; a assunção de Latour de que os traços na areia eram equivalentes aos impressos nas cartas náuticas européias evade uma série de questões de ordem cultural e cognitiva que perfazem minhas indagações neste estudo, na medida em que dizem respeito ao entendimento humano do mundo.

Por exemplo, o que levou La Pérouse a confiar no esboço feito pelos chineses, quais foram as evidências de credibilidade? Se entendermos a inscrição gráfica como linguagem, devemos considerar, de acordo com Jack Goody, que a linguagem é ambivalente, ela "explicitamente re-presenta uma imagem do futuro, assim como o passado e o presente, e em cada um desses tempos ela pode, igualmente, na verdade, deturpá-la [*misrepresent*]".[33] Além disso, como Michael Bravo demonstra em sua análise etnográfica da mesma passagem de La Pérouse, "o episódio das inscrições grafadas na areia pelos nativos, por importante que tenha sido, nunca foi, por si só, decisivo". Ele deve ser inserido no conjunto de conversações, disputas e gesticulações transculturais que ocorreram nas areias e águas do Pacífico, no decorrer de sete semanas, através das quais as inscrições adquiriram sentido. Como Bravo esclarece:

> Estabelecer distâncias e escalas é o aspecto do encontro que, quando bem-sucedido, assemelha-se tanto à tradução como à etnografia. O estabelecimento de comensurabilidade com o intuito de mostrar a distância entre a ilha e o continente... foi requerido em termos do uso de gestos corporais para fazer comparações.[34]

A eficiência das inscrições na areia e, posteriormente, nos mapas europeus, destarte, deve ser relativizada, pois, para que esses artefatos adquiram sentido, seus signos devem ser constantemente reinterpretados no momento em que são utilizados.

Em seu trabalho sobre encontros ocidentais com as Ilhas Marquesas no Pacífico, Dening apresenta uma interessante distinção entre o significado metafórico de ilhas e praias. Enquanto "praias" são vistas como fronteiras culturais, feitas de coisas materiais — sejam elas o salmão trocado por peças de ferro na ilha chinesa, como no relato de Latour, ou o cheiro de óleo de coco rançoso nas orlas das Marquesas — "ilhas" são mundos culturais peculiares feitos de símbolos que expressam instituições e papéis sociais, de um modo extremamente particular. Assim, um simples prego tomado do capitão Cook por um nativo causou-lhe a vida, pois a intransigência de Cook e de sua tripulação, ao lançarem fogo no nativo, deveu-se mais ao valor simbólico (implícito) do que ao valor real do prego, na medida em que este

> representava a ciência e a tecnologia acumuladas durante séculos, os sistemas educativos que deram àquela ciência e tecnologia continuidade, o trabalho e o capital que o produziram e o reconhecimento de que o ato de sua apropriação era [de acordo com as diferentes abordagens] mendicância, empréstimo, compra ou roubo.[35]

Na "praia", local-limite onde se dá a jornada da terra para o mar, e do mar para a terra, o viajante é sempre um estrangeiro, incessantemente negociando suas diferenças culturais: olhando do mar para a terra, "há o que o olhar da mente vê, romântico, clássico, selvagem, mas sempre incontrolável"; os gestos, os sinais, os códigos que tornam ordenado o próprio mundo do viajante não ordenam automaticamente o mundo "lá fora". Assim, há uma brecha notável entre intenções oficiais e o que é realmente produzido após uma viagem, pois os viajantes nem sempre estão sob controle; suas descrições, na verdade suas identidades, são formadas pelo seu encontro com o outro, através da oscilação dos estados subjetivos que eles impõem ao mundo e o mundo impõe a eles.[36] É esta brecha que me intriga: como são expressas essas diferenças e como elas são materializadas?

Em anos recentes, o relato latouriano sobre o poder dos sistemas europeus de conhecimento tem dado lugar a uma crescente literatura que reconhece que o valor instrumental de representações como "móbiles imutáveis" é apenas parte do enredo da imaginação visual na história da ciência.[37] As noções de centro, império e ciência estão tão estreitamente vinculadas na estrutura de Latour, como Michael Dettelbach aponta, "que é difícil invocar uma nova imagem de império. Poderia um tipo diferente de viagem voltar com um tipo diferente de império, e um tipo diferente de espaço sobre e através do qual este império é exercido?"[38] Em outras palavras, até que ponto é válido adotar essa estrutura singular para dar sentido simultaneamente às viagens de, digamos, um Cook ou um Humboldt? Tomando o *Florilegium* de Joseph Banks (a história natural da viagem do *Endeavour* em quatorze volumes folio, não publicada até 1980) como um exemplo, Martin Kemp afirma que ele "não está preparado para acreditar que a força propulsora por trás de sua aventura possa ser explicada simplesmente como uma série agregada de imperativos sociais". A fim de questionar a produção e o consumo de imagens visuais, Kemp coloca, é necessário considerarmos um amplo âmbito de questões relativas aos "climas emocionais, intelectuais, religiosos e sociais nos quais os botânicos e ilustradores praticavam seu ofício, bem como às questões técnicas sobre a natureza da representação visual como uma ferramenta de comunicação".[39]

Uma parte vital da prática da botânica — assim como de levantamentos e da arte de viajar — é, naturalmente, o trabalho de campo, o processo pelo qual observações, notas, esboços e coleções feitas *in loco* fornecem a matéria-prima para estudos posteriores. Trabalho de campo implica encontros com o desconhecido, com o selvagem; como demonstra Anthony Pagden em seu trabalho *European Encounters with the New World*, dar forma ao desconhecido não é simplesmente um ato de apropriação. Embora possamos reconhecer que viajantes para novas terras freqüentemente interpretavam-nas através de conceitos embebidos nas maneiras européias convencionais de escrever e ver, há momentos em que essas convenções não podem explicar completamente o que foi experimentado.[40] Essa questão — a insuficiência de ferramentas para descrever — é ao que alude a epígrafe a esta seção; Benjamin levanta o problema da linguagem e sua inefabilidade. Em outras palavras, "não há descrições perfeitas porque a arte de representar já pressupõe que palavras e coisas pertencem a ordens diferentes".[41] Como Beer indica, ainda há muitas perguntas importantes a serem feitas:

> Como o encontro humano, real ou imaginado, influi na produção da teoria? Como as pessoas alcançam novas idéias no âmbito da linguagem, que está tão carregada de passados comuns? Juntas, essas questões acarretam outras: sobre escrita científica e a profundidade com que é imbuída de experiência cultural; sobre a capacidade dos seres humanos de responderem a conhecimentos recém-adquiridos através da experiência. E todo o conjunto de questões sugere modos pelos quais conhecimento-como-experiência e experiência-como-conhecimento transformam-se à medida que se movem através, para além, e de trás para frente de campo para campo para campo.[42]

Essas são questões fundamentais, e longe de serem fáceis de responder. Neste trabalho, minha hipótese é de que, ao situarmos a imagem visual dentro de uma variedade de contextos naturais, sociais e textuais, é possível fornecer uma maneira de delinear a complexidade da experiência humana e da percepção de um encontro com um mundo desconhecido — neste caso, a iconografia britânica do Rio de Janeiro. Meu foco em anotações de campo, *sketch-books* e cartas, somando-se a gravuras e textos impressos, pretende aproximar-nos do intrincado conhecimento dos viajantes oitocentistas. Como pinturas acabadas, cartas náuticas impressas e relatos literários oficiais destinam-se a públicos particulares; freqüentemente eles nos dizem mais a respeito desses públicos do que sobre o trabalho despendido para produzi-los. Não que anotações e imagens inacabadas estejam livres de convenções — longe disso —; simplesmente são trabalhos menos polidos, mais abertos. Elas também dão voz a diferentes tipos de pessoas, não somente à elite social ou científica. Ao observarmos com atenção a variada iconografia do Rio de Janeiro produzida por viajantes britânicos oitocentistas, começamos a vislumbrar a complexidade do processo de formação da geografia imaginativa britânica dos trópicos. Por outro lado, essa iconografia carioca deixa entrever quão mutáveis os "móbiles imutáveis" de Latour podem ser.

Capítulo 2

O olhar britânico oitocentista: exploração, ciência e arte

Na virada do século XIX, a tarefa de registrar graficamente a paisagem de lugares distantes não era tão simples e neutra como pode parecer inicialmente. Num período em que exploração, ciência e arte encontravam-se intimamente relacionadas, os viajantes — fossem eles navegantes, naturalistas, ou artistas — tinham de lidar com uma série de questões que iam além do estrito ofício para o qual estavam treinados. Distância era um primeiro obstáculo a ser transposto. Nesse sentido, emergem questões relativas à patronagem, ou melhor, à proveniência dos recursos necessários para que os viajantes dispusessem de tempo e meios para percorrer e documentar paisagens longínquas. Como legitimar cientificamente o conhecimento adquirido — visto e experienciado — durante a viagem era outra ansiedade comum aos viajantes. Relacionado a essa ansiedade, encontrava-se o problema da "descoberta". No caso da paisagem brasileira e, mais precisamente, do Rio de Janeiro, o período de "descobrimento" parece ter sido relativamente curto, como atesta o naturalista William Swainson. Justificando em seu relato sua ida para a capital, após andar por Recife e subir o rio São Francisco, Swainson explicava: "No mês de abril [de 1817] embarquei para o Rio de Janeiro, mais com o intuito de comparar o sul com as regiões equinociais do Brasil do que de aumentar minhas coleções em uma parte já bem explorada."[1] No entanto, precisamos considerar que Swainson, no esforço de distinguir-se dos demais viajantes da época, utiliza-se de um elemento retórico. A exploração a que ele se refere não se traduz necessariamente por produção de conhecimento sobre a paisagem, mas sim pelo colecionamento compulsivo de espécimens. Ainda assim, além de serem poucos os espécimens da flora e fauna tropicais que resistiam às extremas variações de clima, aos efeitos da vaporização da água salgada, e à falta de cuidado e de atenção durante as longas viagens marítimas,[2] seu cultivo e sobrevivência em solos europeus era problemático.[3] No caso das plantas, por exemplo, apesar de existirem exemplares de estufas aquecidas, na Europa, que datam do século XVIII, foi somente com o desenvolvimento da siderurgia na Inglaterra e na França que se tornou possível a construção de edificações totalmente envidraçadas, fazendo com que as plantas gozassem de uma luminosidade como que ao ar livre.[4]

Novas formas, cores e atmosfera traduziram-se em obstáculos também do ponto de vista estético, que, por sua vez, informava a produção técnico-científica. Como admirar e compreender uma natureza tão diversa da européia, a partir de que lentes? Além dos requisitos de habilidade técnica e artística, destreza e agilidade manual, o que selecionar, como compor as imagens, como e onde reproduzi-las e com que recursos — todas essas questões estavam presentes, consciente ou inconscientemente, nas mentes dos viajantes, e informaram a produção gráfica por eles originada. Além disso, numa sociedade onde o conhecimento científico e os preceitos religiosos alimentavam-se mutuamente, era preciso ter cautela na divulgação de imagens que pudessem contrariar os dogmas estabelecidos.[5] Finalmente, coloca-se o papel das audiências: em que medida o material produzido pelos viajantes moldou-se com o intuito de atender à curiosidade e aos interesses das elites, ou responder a uma crescente demanda popular pelo exótico?

Ainda que essas questões digam respeito aos viajantes europeus em geral, no final do século XVIII observa-se uma crescente tensão entre o cosmopolitismo científico propalado pelos ideais iluministas e os nacionalismos emergentes, que pode ser identificada nos procedimentos práticos das expedições científicas.[6] As implicações militares e mercantis das grandes expedições marítimas deixam entrever as rivalidades entre as potências coloniais. Mesmo em expedições que se pretendiam estritamente científicas, como a do *Endeavour*, patrocinada pelo Almirantado com apoio da Royal Society, para a observação do trânsito de Vênus, por exemplo, em que houve a mobilização de uma comunidade científica cosmopolita, os interesses militares e comerciais estavam presentes. Partindo para o Pacífico em 1768, o capitão Cook levava consigo instruções oficiais que justificavam o patrocínio concedido:

> Realizar descobertas de terras até agora desconhecidas e alcançar o conhecimento de partes distantes que, apesar de descobertas anteriormente, encontram-se ainda imperfeitamente exploradas, [são objetivos que] redundarão muitíssimo na honra desta nação como uma potência marítima ... e tenderão imensamente ao avanço do comércio ou da navegação.[7]

Pode-se falar, assim, da combinação de elementos científicos cosmopolitas e nacionalistas no âmbito das expedições científicas européias. No entanto, como adverte Sverker Sörlin, há limitações para o emprego do termo "cosmopolita" no contexto do final do século XVIII. Primeiramente, porque eram poucas as "nações" que participavam da dinâmica internacionalista nesse período. Além disso, essas nações limitavam-se a determinados centros de excelência europeus. É no decorrer do século XIX que as potências coloniais estabelecem instituições científicas na América do Sul, Ásia, África e Austrália. Ainda assim, identifica-se uma hierarquia dos centros científicos; enquanto Londres e Paris exerciam influência na Europa, outros, como Copenhague e Uppsala, influíam no âmbito nacional. Essa hierarquia variava também de acordo com a especialização científica. Enfim, as qualidades de centro e periferia "não eram primordialmente uma questão de localização geográfica, mas o resultado da combinação de relações sociais, científicas e, não menos importantes, relações de poder".[8] Ainda que os homens de ciência, como os demais cidadãos, fossem indivíduos, suas atividades diárias eram exercidas através de uma ampla rede de instituições, agendas, oportunidades profissionais, línguas, suporte financeiro e sistemas de patronagem, rede esta com características progressivamente nacionalistas. É nesse contexto que devemos entender o lamento do jovem Charles Darwin quando escreve ao botânico John Henslow, em 1832: "um colecionador francês [Alcide d'Orbigny] esteve no rio Negro, e provavelmente já deve *ter tirado a melhor parte*".[9]

Dessa forma, podemos falar, de modo geral, de um olhar britânico, ainda que, como sugiro adiante, mais que um único olhar, os diversos olhares britânicos não perfazem um modo de ver homogêneo e coerente; os sucessos, assim como os fracassos das tentativas de dar sentido à paisagem brasileira nos fornecem indícios das limitações e dos incentivos proporcionados pela intrincada teia de convenções, crenças, interesses e inovações tecnológicas que se encontraria no cerne da produção artística e científica britânica oitocentista. Alguns olhares, como os dos marinheiros e navegantes, especializaram-se em paisagens liminares. Os coletores de plantas mantiveram seus olhares fixados no chão, enquanto os naturalistas elevaram seus olhos para horizontes mais longínquos, abrangendo o conjunto dos elementos naturais, na tentativa de decifrar a história da terra e, por conseguinte, do homem. Os artistas, por sua vez, buscaram captar a luz, as cores e a atmosfera locais, na ambivalente posição de produzir imagens cientificamente precisas e esteticamente agradáveis; em alguns casos, artistas-viajantes como William Havell, por exemplo, se viram impelidos a desafiar as convenções artísticas da época. Uma vez embarcando na mesma expedição, entretanto, esses olhares entrecruzaram-se, influenciaram-se mutuamente, como veremos nos capítulos que se seguem. As imagens gráficas produzidas pelos viajantes britânicos são analisadas aqui como resultados da interface entre esforço individual e social, durante a viagem e no retorno à metrópole, de acordo com a maior ou menor capacidade de inserção nas redes econômicas e políticas que motivaram as expedições científicas e até certo ponto determinaram, nem sempre sutilmente, os itinerários das viagens e vidas desses viajantes.

Este capítulo, assim, aborda genericamente as principais questões relativas ao contexto da modernidade, da formação do Império Britânico e da economia industrial que definiu os propósitos e rotas pelas quais os viajantes vieram ao Brasil. Na primeira seção, examino o sentido de "descoberta" e sua relação com visualidade e representações gráficas nas primeiras décadas do século XIX. Em seguida, trato da mudança nas estratégias de legitimidade científica e sua relação com o testemunho ocular do observador *in loco*. Subseqüentemente, forneço um breve esboço da filosofia subjacente ao julgamento estético da paisagem a partir dos valores culturais e morais britânicos. A seção final deste capítulo é dedicada à mostra da natureza brasileira, exótica, nos livros britânicos. Busco, assim, fornecer uma idéia geral do arcabouço epistemológico, institucional, científico, filosófico e artístico através do qual os viajantes britânicos oitocentistas tiveram de negociar suas experiências em terras brasileiras.

Visão e descoberta

> *Seeing is in some respect an art which must be learnt.*
> William Herschel[10]

"Aprender a ver" era a recomendação daquele que produziu muitos dos telescópios utilizados nas expedições marítimas do final do século XVIII. John Herschel, filho de William, seguiu os passos do pai, mapeando o firmamento do hemisfério sul, e, mais tarde, sendo um dos pioneiros no desenvolvimento da fotografia.[11] Como assinala Jonathan Crary, nesse período ocorre, na Europa, uma tangível mudança nas "técnicas do observador". A tese sustentada por Crary é de que entre a fotografia, invenção do século XIX, e a câmara escura, do século XVII, há mais diferenças do que similitudes, ou, em outras palavras, não se trata de um desenvolvimento linear, mas sim de uma ruptura de modelo epistemológico de observador. Em linhas gerais, segundo Crary, "o que acontece com o observador no século XIX é um processo de modernização; ele ou ela torna-se adequado a uma constelação de novos eventos, forças e instituições que, no conjunto, são, aproximadamente e, talvez tautologicamente, definíveis como *modernidade*".[12]

É importante sublinhar que o "observador" a que Crary se refere não é apenas aquele que examina minuciosamente, que olha com atenção, mas também — e principalmente — aquele que respeita normas, que cumpre preceitos. Apesar de ser obviamente aquele que vê, o observador é sobretudo aquele que vê a partir de uma série preestabelecida de possibilidades, encontrando-se imerso em um sistema de convenções e limitações. Esse sistema, por sua vez, seguindo o arcabouço teórico foucaultiano, deve ser entendido não apenas como o conjunto das práticas de representação, mas como um "sistema irredutivelmente heterogêneo de relações discursivas, sociais, tecnológicas e institucionais".[13] Diferentemente da interpretação da relação entre ciência e arte nos relatos de viagem dos séculos XVIII e XIX, proposta por Barbara Maria Stafford em *Voyage into Substance*, que traça uma linha progressiva contínua do programa empiricista, personificado em Bacon, seguido pelos tratados de história natural e relatos de viagem setecentistas, culminando com a estética "realista" oitocentista, Crary identifica, na virada do século XIX, uma ruptura epistemológica no campo visual. Essa ruptura merece esclarecimento.

Crary constrói seu argumento partindo da idéia da câmara escura como técnica e metáfora da *epistémê* dos séculos XVII e XVIII. O observador, sujeito isolado, imóvel e invisível, espreita o mundo exterior através da vigia, ou através da reflexão invertida daquele mundo projetada por uma lente no interior da câmara escura. Materializa-se, dessa forma, a distinção cartesiana entre sujeito e objeto de conhecimento; a imagem pura, objetiva do mundo exterior pode ser analisada sem a interferência das incertezas dos sentidos, da visão em particular. A objetividade da câmara escura é garantida pelas "leis da natureza", ou melhor, pela óptica geométrica, que fornece ao observador uma posição estratégica infalível: "a vigia corresponde a um ponto singular, matematicamente definível, a partir do qual o mundo poderia ser logicamente deduzido e representado".[14] Assim, da mesma forma que o naturalista setecentista expunha as coisas em "quadro", a câmara escura transformava o mundo exterior em um campo ordenado, observável a partir de uma posição fixa, preestabelecida e estável.

No início do século XIX, entretanto, o confinamento simbólico da câmara escura — sua rigidez, seu sistema linear óptico, a distinção categórica entre exterior e interior, sua identificação com objetividade — não atende às novas demandas de um observador mais móvel, útil, produtivo, que precisa se adequar às novas disciplinas do corpo e à vasta proliferação de signos e imagens igualmente móveis e permutáveis. Como diz Crary, "a modernização implicou a decodificação e desterritorialização da visão",[15] ou melhor, a visão tornou-se desarraigada de qualquer lugar fixo ou referente. A nova ciência da fisiologia óptica, por exemplo, vai "descobrir" que o conhecimento é condicionado pelo funcionamento físico e anatômico do corpo ou, mais precisamente, dos olhos.

Essa descoberta é importante no presente contexto porque tem repercussões na prática da observação e, por conseguinte, na legitimidade do conhecimento científico propriamente dito. A visão, ao invés de uma forma privilegiada do saber, se torna ela mesma objeto do conhecimento, de observação. O observador não é mais o sujeito cerrado entre as quatro paredes da câmara escura, distanciado do mundo exterior, mas sim aquele que experiencia o mundo, seu próprio corpo torna-se o *locus* da verdade e do poder. Crary, no entanto, provocando seus colegas historiadores da arte, contesta a afirmação de que "um observador sempre deixa rastros visíveis, isto é, pode ser identificável em termos de imagens",[16] sugerindo que não é através do estudo de pinturas ou gravuras que esse novo observador pode ser mapeado, mas sim em discursos e práticas um pouco mais nebulosos, cujo imenso legado vão ser as indústrias da imagem e do espetáculo do século XX.

Ciente da propriedade da posição de Crary, acredito que, se entendermos pinturas, desenhos e gravuras como parte dos discursos e práticas, e não como entidades distintas, essas imagens podem, sim, revelar facetas do observador. Quando o naturalista William Burchell encontra-se na Ilha de Santa Helena, por exemplo, e, por distração ou intencionalmente, deixa cair pingos de sumo da bananeira que está tentando representar anotando, em seu desenho (Prancha I), que não se trata de sangue, mas sim sumo, essa imagem gráfica adquire caráter de testemunho do observador em ação, de alguém que interage com o mundo exterior. A atitude mesma de transformar um aparente acidente em informação é evidência de que um novo observador está surgindo, para o qual a experiência *in loco* é tão ou mais importante do que a reflexão no gabinete. Cumpre assinalar, no entanto, que se trata de um momento de transição, período limítrofe em que formas de olhar obsoletas coexistem com novas formas. Além disso, devemos ter cautela em não generalizar: porque o olhar de Burchell é moderno não implica concluir que o indivíduo Burchell seja moderno. Na verdade, como veremos no capítulo 4, onde analiso a obra de Burchell mais detalhadamente, essa transição do olhar mostra-se conflituosa. O que os olhos vêem contradiz a ordem das coisas; não por acaso a surpresa do botânico Joseph Hooker, quando Burchell (por volta de 1850) lhe disse que nunca ouvira falar de fotografia, essa invenção de 1839 que fascinava o mundo moderno.[17]

A fotografia e as novas técnicas do observador oitocentista, como o panorama e o diorama, no entanto, atraíram a atenção de Alexander von Humboldt. Em sua obra *Kosmos*, ele afirma que acreditava ser possível, através delas, reproduzir na metrópole o "efeito mágico" daquelas regiões "onde a Natureza é abundante na exuberância selvagem e plenitude de vida". Humboldt, ecoando os ensinamentos de Goethe em sua obra *Viagem à Itália*, participou ativamente da construção de um observador-em-trânsito, em que a viagem é ocasião igualmente para reflexão sobre os pontos de vista e sobre a própria capacidade de observação do observador, dando novo sentido àquilo que constituiria tanto o conhecimento como o domínio do campo visual.[18] De acordo com Deborah Poole,

> o método fisionômico de Humboldt requeria um observador móvel e sensual e, conseqüentemente, uma ruptura significativa com a divisão propiciada pela câmara escura entre o sujeito-observador-interior e o mundo exterior. Humboldt também introduziu a noção de experiência e da visão centrada no sujeito como a nova moeda visual segundo a qual o conhecimento das Américas seria acumulado, arquivado, trocado e comparado. Como os europeus começaram a viajar com mais freqüência para as Américas no início do século XIX, o conhecimento da América do Sul e de suas repúblicas recém-independentes foi moldado por esse discurso tipológico e espacializante em que a experiência do Novo Mundo era estruturada (e comunicada) como uma série de imagens visuais discretas — à qual Humboldt referir-se-ia como *fisionomia natural* da paisagem.[*19]

---

* Nota em relação à tradução: enquanto em português há distinção entre fisiognomonia (arte de conhecer o caráter das pessoas pelos traços fisionômicos) e fisionomia propriamente dita, a palavra inglesa *physiognomy* se aplica para ambos os casos.

As paisagens do Rio de Janeiro e, mais genericamente, da América do Sul produzidas pelos viajantes europeus nas primeiras décadas do século XIX devem, assim, ser entendidas a partir dessa nova "economia visual". O Brasil que é "descoberto" pelos viajantes europeus não-ibéricos, além de um novo mercado, é também um vasto laboratório para as ciências e artes européias. Esses viajantes, observando a paisagem tropical nesse novo regime visual, lançam sobre a natureza um olhar de origem diversa daquele dos descobridores da conquista. O que não significa dizer que se tratava de um olhar desinteressado. Como esclarece Beer,

> apesar de não serem piráticas, de não fazerem parte daquela predação indiferente que séculos anteriores justificavam como exploração ou descoberta, as viagens oitocentistas que partiram da Inglaterra para mapear mares e costas ao redor do mundo eram, todavia, a expressão da vontade de controlar, categorizar, ocupar e trazer para casa amostras e informação estratégica como prêmio. História natural e futuro nacional estavam intimamente entrelaçados. E a história natural era normalmente um subgênero no programa do empreendimento, subordinada à procura de passagens marítimas ou ao mapeamento de rotas viáveis e portos.[20]

Mas trata-se apenas de um protocolo de intenções, pois, na prática, as atividades listadas acima, tais como "controlar, categorizar, ocupar e trazer para casa amostras e informação estratégica", não eram tão simples e diretas como soam à primeira vista. Uma primeira dificuldade diz respeito à distância, assunto que é tema da seção a seguir.

Distância, conhecimento e legitimidade científica

Se o observador agora é aquele que se move através das paisagens, a legitimidade de suas observações, no entanto, não é desprovida de ambigüidade. Por um lado, reminiscências da metáfora da câmara escura persistem; o pesquisador sedentário, distante do mundo dos acontecimentos, ainda é aquele que é capaz de abstrair e, por conseguinte, descobrir as leis da natureza: "o viajante pode viajar apenas por uma estrada; é somente no gabinete que se pode vagar livremente através do universo", dizia o naturalista francês Georges Cuvier ao analisar a obra de Humboldt.[21] Cuvier estava propalando uma liberdade que permitiria ao observador olhar e ao mesmo tempo controlar a natureza, ao invés de ser surpreendido por ela. Por outro lado, a narrativa de viagem, necessária como ato de afirmação do viajante no retorno à sua própria cultura, deve sua retórica às viagens fantásticas que povoavam a imaginação ocidental, da *Odisséia* às *Viagens de Gulliver*. Entretanto, como esclarece Gillian Beer, ao mesmo tempo em que essa retórica possibilitava a receptividade da narrativa, pois as descrições detalhadas das aventuras vividas pelo viajante faziam parte desse gênero literário específico, tais descrições facilmente corriam o risco de diluírem-se em fantasias, podendo ser recebidas como exageros jocosos, ao invés de observações rigorosas. Dessa forma,

> diários, anotações, amostras e espécimens, toda evidência local e imediata do encontro e da categorização, tornaram-se particularmente importantes para garantir a objetividade do registro. Mas, ao mesmo tempo, o momento fenomenológico, pessoal, o registro daquilo que é cheirado, tocado, saboreado, visto e ouvido pelo sujeito, oferecia outras provas escritas convincentes da autenticidade do relato. Também traduzia-se como prazer, um dos registros mais persuasivos que a escrita pode alcançar.[22]

A autoridade da narrativa vai depender, assim, do talento do narrador em produzir um relato ao mesmo tempo motivante e confiável, objetivo, daquilo que foi vivenciado durante a viagem. Ciente da relevância de assegurar a publicação precisa de seus diários de viagem, por exemplo, La Pérouse enviou cópias dos diários para a França a meio caminho de sua expedição, em 1788, com instruções para que não fossem editados por um "homem de letras". Como esclarece Greg Dening em sua coletânea *Readings/Writings*, o capitão francês considerava um editor versado nas ciências matemáticas mais apto a respeitar a linguagem econômica e precisa dos marinheiros, uma vez que um homem de letras tenderia a sacrificar a objetividade da narrativa em favor de um belo romance. Homem do mar, La Pérouse via na linguagem simples daqueles que navegavam a possibilidade de descrição fatual de suas observações. Mas, nas metrópoles européias, a preocupação com a resposta do público fazia-se mais urgente. Como formalizou o secretário do Almirantado John Barrow (posteriormente presidente da Royal Geographical Society, de 1835 a 1837), no prefácio da obra *A Voyage to Cochinchina, in the Years 1792 and 1793*, "os mesmos objetos [que se mostram ao viajante atento] são capazes de provocar maior ou menor interesse de acordo com a maneira segundo a qual eles são vistos e representados, e com o colorido que lhes é conferido". Como veremos nos capítulos a seguir, a suposta insuficiência de palavras para descrever as novas cenas ante os próprios olhos, presente amiúde nos relatos dos viajantes, deve ser compreendida, até certo ponto, também como recurso retórico.[23] Por outro lado, como aponta Outram, é no limiar entre as possibilidades e os limites de descrever a novidade das experiências do viajante em terras desconhecidas que se encontra o cerne do conceito de exploração no Iluminismo, à medida que essa reflexão estabelece o *novo* como uma categoria da experiência.

Nesse sentido, Alexander von Humboldt foi inigualável, tornando-se ponto de referência freqüente para aqueles que viajaram nos trópicos, como Charles Darwin, por exemplo.[24] Confirmar com os próprios olhos as cenas descritas por Humboldt foi fonte de inesgotável prazer para Darwin durante sua viagem a bordo do *Beagle*, ainda que as rotas de ambos tenham sido muito diferentes. Nas Américas, Humboldt viajou através do Caribe, Venezuela, Colômbia, Equador, Peru e México; Darwin, por sua vez, aportou no Brasil, no Uruguai, na Argentina, no Chile e no Peru. A visão dos trópicos de Darwin será discutida mais detalhadamente no capítulo 4.

A autoridade científica, no entanto, era freqüentemente reiterada pela institucional. Na próspera economia industrial, *expertise* e conhecimento tornavam-se cada vez mais valorizados.[25] Os títulos de nobreza pessoais, presentes nas folhas de rosto das narrativas de viagem, eram substituídos pelas (ou, às vezes, somavam-se às) credenciais das instituições que patrocinaram a expedição, ou daquelas a que os viajantes estavam vinculados, instituições essas que proliferavam no decorrer do século XIX. Na Inglaterra, além das tradicionais Marinha Real Britânica, Almirantado e Royal Society (fundada em 1662), encontram-se com freqüência referências à Linnean Society (fundada em 1788), Horticultural Society (fundada em 1805), Geological Society (fundada em 1807), Zoological Society (fundada em 1826) e Royal Geographical Society (fundada em 1830).[26] Cumpre salientar que as experiências dos viajantes eram difundidas não apenas através de livros publicados, como também através de relatórios oficiais, palestras para sociedades científicas, missionárias ou filantrópicas, jornais e revistas.[27] Nesse sentido, a autoridade daquele que falava ou escrevia mesclava-se ao projeto colonizador ou imperialista; a legitimidade do discurso era garantida pelo papel civilizador do autor, fosse ele missionário relatando seus atos de conversão de culturas primitivas, hidrógrafo mapeando águas pouco navegadas, naturalista dando ordem a uma natureza indomada, ou artista compondo paisagens exóticas.[28] Além disso, à medida que as expedições de exploração iam se tornando mercadorias para o consumo de um público em expansão, as narrativas de viagem eram cada vez mais "retocadas", especialmente quando reputações institucionais estavam em jogo. Para o público de viajantes sedentários a que esses livros dirigiam-se, a narrativa só adquiriria interesse dependendo do caráter do viajante, preferivelmente "um *gentleman* autorizado, urbano, versado, talvez até *admirável*".[29]

Assim, o interesse crescente pela história natural, por outras culturas e terras distantes deve ser entendido no contexto da Inglaterra que se industrializa a passos largos. Como enfatiza Jane Camerini,

> muitas das práticas associadas à história natural *lato sensu* na Inglaterra — clubes de jardinagem, sociedades provinciais, institutos mecânicos, palestras científicas públicas, gabinetes de história natural para a classe média e o crescente comércio de espécimens de história natural — podem ser entendidas como entretenimento tornado possível pelos números crescentes das classes operária e média, que dispunham de algum tempo livre e tinham acesso às novas estradas de ferro, aos serviços postais e às imprensas populares, que, por sua vez, permitiam participação no colecionamento de história natural e na troca de informações e espécimens. Da mesma maneira, mudanças sociais e institucionais a longo prazo criaram oportunidades para expedições vitorianas ao exterior, através de atividades associadas ao colonialismo, especialmente aquelas da Marinha Real Britânica.[30]

A partir desse contexto, podemos entender não apenas a viagem do jovem Charles Darwin, *gentleman* educado em Cambridge, como também a de jardineiros a serviço de Kew Gardens ou da Horticultural Society, como Allan Cunningham e John Forbes, ou mesmo os olhos treinados do tenente Charles William Browne, viajantes que nos legaram o material analisado nos capítulos que se seguem. Levando em consideração o contexto socioeconômico mais amplo, que possibilitou às demais camadas da população, e não apenas à elite, o acesso aos meios de difusão culturais e científicos, podemos começar a entender *como* o conhecimento foi produzido, quantas mãos estiveram envolvidas nas inúmeras atividades que concernem às expedições científicas. Assim, a análise do viajante singular, genial, é deslocada para a dos demais membros de uma sociedade que, em conjunto, tornaram possível a produção de um determinado modo de olhar a natureza.

Mas há outros aspectos a serem considerados. Tomemos como exemplo o caso da escritora e artista amadora Maria Graham. Em 1824, preparando-se para retornar ao Rio de Janeiro, ela ofereceu seus serviços a William Hooker, então diretor de Kew Gardens: "Em geral, eu não desenho plantas, mas posso fazê-lo — como também qualquer forma peculiar de semente etc. — Basta apenas dizer-me como poderei ser útil e eu tentarei sê-lo".[31] Um portfolio com cem desenhos retratando a flora brasileira, que ela produziu de 1824 a 1825, encontra-se hoje arquivado em Kew Gardens. Na primeira página, uma nota do diretor de Kew datada de 1933 (quando o portfolio foi consignado a Kew), diz o seguinte: "Os desenhos são certamente de valor. A sra. Graham evidentemente possuía conhecimento botânico suficiente para habilitá-la a fazer o que parecem ser ilustrações precisas de plantas, e ela claramente contava com uma considerável aptidão artística."[32] Uma dessas pranchas particularmente captou minha atenção, a da helicônia (Figura 1): a figura imponente, elegante, vivamente colorida da planta no primeiro plano contrasta com a pálida vista da Lagoa e do Corcovado como pano de fundo, paisagem que a artista nos faz espreitar de um ponto de vista rasteiro, como que agachados, reverenciando a natureza. Nessa imagem, está presente uma sensibilidade que não é apenas científica (se entendermos ciência nos termos de hoje). É uma sensibilidade que deve tanto aos manuais "profissionais" de botânica da época como às ilustrações da obra *The Temple of Flora*, de Robert Thornton (Figura 2), onde gravuras dos espécimens exóticos são acompanhadas por explicações botânicas e mitológicas, além de poesias. Como lembra David Allen, a história natural "não é, nem nunca foi, uma ocupação puramente intelectual. Ela também tem um considerável componente estético, com intensidade variável em diferentes períodos e diferentes indivíduos".[33] Como o desenho de Maria Graham indica, esse componente estético encontra-se presente tanto no olhar profissional quanto no amador, e faz parte da cultura visual de uma determinada sociedade, numa determinada época.[34] No contexto da cultura visual da Inglaterra das primeiras décadas do século XIX, concomitante ao interesse pela história natural, ocorreu uma particular valorização da representação pictórica de paisagens "naturalistas". A natureza desse olhar será estudada na próxima seção.

A natureza emoldurada

É como fenômeno urbano, de uma sociedade industrial, e não rural, que se dissemina o interesse por paisagens naturalistas na Inglaterra. Mas, antes de discutir esse tema, gostaria de esclarecer o sentido que atribuo aqui ao termo "naturalista". De acordo com a distinção apresentada por Andrew He-

1. Durante sua segunda estadia no Rio de Janeiro, a escritora e artista amadora Maria Graham documentou, com sensibilidade, espécimens da flora carioca. *Helicônia*, lápis e aquarela, 1824. RBG Kew Archives

2. A exuberância tropical proporciona o cenário ideal para a dramatização mitológica do "amor" das plantas, onde Cupido aponta a flecha para a flor-da-rainha, ou *Strelitzia reginae*, assim denominada por Joseph Banks em homenagem à rainha Charlotte. Philip Reinagle, *Cupid Inspiring the Plants with Love*, gravura colorida, retocada a mão, 1805. Cambridge University Library

mingway em *Landscape Imagery & Urban Culture in Early Nineteenth-Century Britain*, o termo "naturalista", freqüentemente utilizado no campo da história da arte, pode ser empregado de duas maneiras, não completamente excludentes. Na primeira delas, o termo é utilizado em um sentido geral, referindo-se ao paradigma "mimético dominante de representação na arte ocidental, presente principalmente na Grécia e Roma antigas, assim como no tipo de arte que vai do Renascimento até o final do século XIX". Na segunda, naturalismo refere-se a um estilo pictórico específico da arte européia nas primeiras décadas do século XIX.

O primeiro sentido é desenvolvido pelo historiador da arte Ernst Gombrich, principalmente em sua obra *Arte e ilusão*.[35] Naturalismo, para Gombrich, refere-se a qualquer arte que vise a ilusão da realidade, podendo ser estudado como um experimento secular na teoria da percepção. Utilizando-se de um modelo semelhante ao do progresso científico adotado por Karl Popper, em conjunto com a psicologia da percepção, Gombrich procura mostrar de que forma a invenção de efeitos pictóricos "foi estimulada pela insatisfação de certos períodos da civilização ocidental com imagens que não chegavam a ser convincentes".[36] Um dos temas principais que constitui o trabalho de Gombrich é a modificação gradual das convenções tradicionais de esquematização da construção da imagem sob a pressão de novas exigências. Como aponta Hemingway, trata-se de uma teoria ainda válida para explicar o desenvolvimento de determinados códigos de representação em certos períodos, mas que, por apoiar-se numa teoria do conhecimento atualmente disputada, juntamente com a defesa de valores humanistas eurocêntricos e, em certa medida, anistóricos, tem sido alvo de considerável crítica.[37]

A outra maneira em que o termo "naturalista" é utilizado na história da arte, em resposta à interpretação de Gombrich, considera pintura como "uma arte de signos visuais, governada por uma estrutura cambiante de regras, que constitui ambas as convenções da denotação e a retórica da conotação",[38] ou seja, trata-se de uma abordagem semiótica. Hemingway, assim, em seu estudo das imagens paisagísticas e da cultura urbana na Inglaterra, vai adotar uma abordagem em que a expressão pintura "naturalista" da paisagem refere-se a um estilo pictórico desenvolvido na Inglaterra das primeiras décadas do século XIX, sem deixar de reconhecer, todavia, seguindo a abordagem de Gombrich, que uma nova ênfase na observação direta do natural contribuiu para a inovação formal na pintura de paisagens. A pintura paisagística naturalista, portanto, inclui aqueles tipos de pintura tanto em óleo como em aquarela, que eram tidos como representações precisas de lugares reais em sua aparência contemporânea, como observados em determinadas horas do dia, em específicos momentos sazonais, em específicas condições atmosféricas. Crucial a essa pintura naturalista era a nova importância atribuída à topografia em suas diferentes formas, a qual era, ela mesma, considerada como *ciência* nesse período, e as crenças sobre o significado da paisagem britânica, derivadas de discursos tais como a estética associacionista e a poesia da natureza.[39]

Essa concisa definição de Hemingway deve ser desenvolvida. Primeiramente, vamos entender o que significa a nova importância atribuída à topografia. Por demandar que o artista se ativesse aos detalhes da paisagem como esta se lhe apresentasse aos olhos, a topografia era vista como uma arte inferior; segundo os cânones da Royal Academy, tratava-se de uma atividade que deixava pouco espaço para que o gênio artístico se manifestasse (ver capítulo 5). Se, por um lado, os críticos acadêmicos repudiavam as vistas topográficas na pintura, o mercado para gravuras estava em expansão, garantindo o ganha-pão de muitos artistas da época.[40] Nicholas Alfrey associa o crescente interesse por paisagens topográficas ao projeto simultâneo de mapeamento do território britânico, levado a cabo pela Board of Ordnance, uma comissão militar engajada no ambicioso projeto de produzir o mapa definitivo da Inglaterra e do País de Gales.* Como aponta Alfrey, "os anos que viram a emergência de uma escola britânica de pintura paisagística foram os mesmos que viram o advento do que tem sido caracterizado por Estilo Nacional Britânico de desenho e cartografia militares".[41] E viram também o expansionismo britânico além-mar, vale acrescentar.

O mapeamento do terreno, que à primeira vista pode parecer simples atividade técnica, não era completamente isento de considerações estéticas. Para transformar uma paisagem tridimensional inteligível quando transposta para a superfície plana do mapa, o desenhista tinha de, necessariamente, ter habilidades artísticas, e não apenas técnico-científicas. O elemento ilusionista dos mapas — paisagens vistas de um ponto de vista imaginário, sombreadas vertical ou obliquamente para realçar o relevo — exigia uma visão espacial que só po-

---

* Os primeiros levantamentos conduzidos pela Board of Ordnance realizaram-se durante a guerra contra a França, na vulnerável costa meridional da Inglaterra, com objetivos claramente militares. Entretanto, a idéia de um Levantamento Nacional originou-se num período de paz, como atividade científica sob os auspícios da Royal Society.

deria ser alcançada através da imaginação artística. Duas atividades distintas compunham o mapeamento conduzido pela Board of Ordnance. Por um lado, como esclarece Alfrey, havia o processo de triangulação, a construção de uma estrutura matemática como arcabouço para a descrição do país; por outro, havia o levantamento topográfico propriamente dito, "o preenchimento dos triângulos com detalhes locais".

Se a influência artística no desenvolvimento cartográfico militar pode ser claramente identificada, o impacto desses novos mapas na percepção da paisagem é mais difícil de se delinear, no mínimo porque a Board of Ordnance não se mostrou muito eficiente na distribuição e comercialização de seus produtos. O conceito de mapeamento, no entanto, provou ser seminal para a representação e o entendimento da paisagem: "o mapa era o modelo visual mais apto para acomodar sistematicamente a informação coletada, e apresentá-la de modo a revelar padrões de significado subjacentes".[42] Disciplinas como geologia e arqueologia, assim, beneficiaram-se sensivelmente do "impulso mapeador". Esse impulso, por sua vez, moldou um novo olhar para a paisagem, que agora a interroga, seja para descobrir seu caráter, sua fisionomia, sua história ou seu potencial econômico e estratégico. O olhar naturalista para a paisagem não pode ser dissociado, assim, do mapeamento da paisagem que estava em andamento nas primeiras décadas do século XIX, seja por terra ou mar, como veremos no capítulo 3. Entretanto, cumpre lembrar que o impulso mapeador vinha se desenvolvendo não apenas na Inglaterra, mas na Europa de um modo geral.[43] O que confere particularidade ao olhar britânico é a associação desse impulso com os discursos sobre a paisagem, tais como a estética associacionista e a poesia da natureza (a que Hemingway se refere na citação acima), os quais discutirei nos parágrafos a seguir.

O surgimento do naturalismo, no contexto discursivo, pode ser entendido parcialmente como uma crítica à categoria do "pitoresco", uma crítica articulada através tanto da teoria como da prática. A literatura sobre a estética do pitoresco é imensa, e não cabe aqui entrarmos em minúcias.[44] Em linhas gerais, na Inglaterra do final do século XVIII, havia duas correntes principais que se vinculavam à idéia do pitoresco. A primeira, difundida por William Gilpin, era orientada sobretudo à experiência do artista amador, "turista" que viajava à procura de cenas supostamente selvagens e abruptas da natureza, cenas que suscitassem os mais impressionantes efeitos na imaginação. No entanto, Gilpin advogava que não cabia ao artista copiar a natureza, mas sim selecionar os elementos, compô-la, observando os exemplos de pintura paisagística consagrados, como as obras de Salvator Rosa e Claude Lorrain, por exemplo. A outra corrente, disseminada por Uvedale Price e Richard Payne Knight por volta de 1790, orientava-se principalmente para o *gentleman* empreendedor, na medida em que proporcionava um modelo para a transformação de uma propriedade rural em um lugar aprazível para as horas de lazer.

A obra de William Gilpin, *Observations on the River Wye* (1782), teve sucesso imediato, ocasionando um grande afluxo de visitantes para o vale do Wye. Descendo confortavelmente o rio, pranchetas em punho, esses *outsiders* urbanos viam desfilar perante seus olhos a sucessão de cenas descritas por Gilpin e pelos subseqüentes guias turísticos por ele inspirados. Como apontam Daniels e Watkins, o baixo Wye estava sendo promovido como um espetáculo turístico. Mas a indústria turística não era a única na região que se destacava pela mineração e pelo comércio fluvial, compondo cenas igualmente admiradas por Gilpin; nessas atividades, não menos que no turismo, "havia sinais de uma economia que se alimentava de um sistema de circulação mais amplo". Ainda segundo Daniels e Watkins,

> os tipos de cenas e associações econômicas a que Gilpin objetava não eram industriais, mas sim agrícolas. Se cenas de mineração, metalúrgicas, numa região dramaticamente lapidosa, eram satisfatoriamente teatrais, confirmando a urbanidade do espectador, cenas agrícolas, especialmente na planície, provocavam uma corrente de associações e códigos de representação mais identificáveis com as condições locais.[45]

Não que as atividades agrícolas não inspirassem a composição de paisagens altamente sofisticadas, mas elas atraíam um público diferente, a de proprietários de terras. É a esse público que a estética do "pitoresco" de Uvedale Price e Richard Payne Knight vai se dirigir, considerando-se as devidas nuanças entre ambos. Nos diferentes discursos do pitoresco, identifica-se uma distinção de classes. Se a codificação do baixo Wye propiciada por Gilpin atraiu e, de certo modo, ajudou a formar o gosto pela paisagem de uma classe média emergente, móvel, a do médio Wye, elaborada por Price e Knight, vai corresponder aos interesses conservadores de uma classe senhorial.

Uvedale Price publicou seu *Essay on the Picturesque* em 1794. Nessa obra, Price define o pitoresco como um "caráter aprazível", que se distingue do "belo" pela aparente "rugosidade" da cena. Diferentemente da cena selvagem da visão turística de Gilpin, pitoresco para Price referia-se a um modelo simples de decadência rústica encontrado na pintura holandesa do século XVII. Para aqueles que desejavam fazer melhorias em suas propriedades, Price fornecia diretrizes práticas: seu plano básico era tirar proveito das irregularidades naturais. Através de um detalhado programa de plantio de árvores e manejo do terreno, a meta era fazer a natureza parecer mais "natural". Essas diretrizes acabaram tornando-se prescrições também para os artistas da época. Payne Knight, por outro lado, discutindo com Price em sua obra *Analytical Inquiry into the Principles of Taste* (1805), argumentava que o pitoresco não era senão a "verdadeira aparência visível das coisas", e que a imitação da natureza era a meta da arte.[46] Tratava-se sobretudo de uma discussão que versava sobre o fundamento filosófico das diretrizes práticas, e não das diretrizes propriamente ditas, as quais não diferiam muito das de Price.

Esquematicamente, a discussão entre Knight e Price tinha como cerne a obra de Edmund Burke — *Philosophical Enquiry into the Origins of our Ideas of the Sublime and Beautiful* (1757). As premissas teóricas de Price originavam-se diretamente da teoria de Burke, segundo a qual as idéias humanas de sublimidade e beleza advinham de certas qualidades inerentes aos objetos que, por sua vez, exerciam um efeito psíquico nos sentidos, seja de prazer ou de dor. Em contrapartida, Knight defendia que a memória, a imaginação e as paixões, faculdades mentais humanas, tinham tanta ou mais influência nas respostas estéticas dos homens quanto as impressões dos sentidos.[47] Mas Knight, diferentemente de Price, que considerava todos os sentidos igualmente importantes, vai privilegiar o sentido da visão em detrimento dos demais. Assim, para Knight,

> o pitoresco define os prazeres produzidos pelas sensações visuais em si mesmas, e não distingue-se do belo como tal. É o prazer que ocorre quando o sentido da visão responde a certos efeitos de luz e cor, devido a uma propensão inata. Mas apesar de podermos obter um prazer puramente sensual dos efeitos da luz nos objetos, sem nenhum conhecimento prévio de pintura, a *associação* irá realçar enormemente nosso prazer, se adquirirmos tal conhecimento [grifo meu].[48]

A idéia de "associação" presente na teoria de Knight deriva da doutrina estética escocesa denominada "associacionismo", divulgada na obra *Essays on the Nature and Principles of Taste* (1790), de Archibald Alison. Segundo Alison, resumidamente, a beleza não era uma qualidade inerente a nenhum objeto, mas sim algo que deveria ser experienciado através de um esforço da imaginação.[49] Em primeiro lugar, o observador deveria se encontrar livre de qualquer outro pensamento, entregue ao máximo a um "estado de devaneio". Uma vez nesse estado, os objetos deveriam ter qualidades que suscitassem "emoções simples": um dia ensolarado, por exemplo, suscitaria alegria. A partir desse primeiro estímulo, seriam deslanchados "trens associativos", que causariam, por sua vez, as emoções mais complexas de beleza e sublimidade. "Nas profundezas do silêncio e do assombro", escreve Alison, "nossos corações enfunam-se de sentimentos que a linguagem é muito fraca para expressar." Em outra passagem, ele explica que "nos perdemos entre o número de imagens que passam diante de nossas mentes, e finalmente despertamos desse capricho da imaginação, como do encanto de um sonho romântico". Como esclarece Hélène Roberts, "os trens associativos evocados pelas emoções simples provinham de várias fontes: memórias pessoais, sentimentos nacionalistas, hábitos da mente profissional, história, mitologia, poesia, pintura, mas, sobretudo, eles vinham da natureza."[50]

A doutrina do associacionismo popularizou-se sobretudo a partir de 1811, quando Francis Jeffrey publicou um artigo laudatório no periódico *Edinburgh Review*. Como veremos adiante, a eloqüência ou o silêncio dos naturalistas e artistas perante a paisagem brasileira deve muito ao associacionismo. No presente momento, no entanto, devemos retornar a Payne Knight. Se a influência da doutrina de Alison na obra de Knight parece ser um incentivo ao naturalismo, Knight não se livra de seu elitismo, o que o afasta da pintura paisagística naturalista. Segundo Knight, não bastaria descrever apenas o que os olhos vêem, como também as paixões humanas, estimuladas por esses dados sensoriais; assim, seria ao *connoisseur* excepcional (referindo-se a si próprio) que seria dada a faculdade de não apenas se deleitar perante as pinturas que provocam os "trens associativos", como de julgá-las corretamente e, destarte, detectar a universalidade nessas descrições.[51]

Como observa Hemingway, a estética do naturalismo, com sua ênfase na originalidade e na singularidade das percepções do artista, é melhor entendida em relação à crescente autonomia do seu campo intelectual. Teoricamente, enquanto o sublime e o pitoresco eram representados como gostos excludentes, o gosto para a imitação da natureza era includente. A pintura paisagística naturalista não requeria um profundo conhecimento da arte do passado, de história antiga ou literatura. Seus códigos eram legíveis tanto pelo burguês provinciano como pela nobreza. O que não nos permite concluir que, por entendê-la, essa pintura correspondesse ao que essa nova burguesia percebia como a função da arte. Como enfatiza Hemingway,

> vemo-nos novamente diante da crescente autonomia do campo artístico e da disjunção entre as ambições dos artistas e as necessidades e desejos de seu público. Um naturalismo radical pode situar-se, em muitos aspectos, como equivalente ao ideal burguês de ordem e conhecimento, mas este encontrava-se progressivamente dissociado do reino da arte por um público que considerava aquele reino mais como uma esfera em que o *alter ego* de fantasia, paixão, e forças primevas violentas teriam ampla liberdade de expressão.[52]

Se, por um lado, o debate sobre o associacionismo e o naturalismo, bem como as distinções entre sublime e pitoresco, podem ser identificados em um período relativamente curto em relação à pintura paisagística *stricto sensu*, limitado às primeiras décadas do século XIX, no vocabulário dos críticos de arte e, principalmente, nas descrições literárias de paisagens, por outro lado, essa influência vai ser marcante. Diante da natureza que se apresenta à vista, uma constelação de palavras intercambiáveis vai ser empregada constantemente, todas relacionadas com a idéia de "associação" como, por exemplo, "sentimental", "romântico", "pitoresco". A pergunta que vale a pena refletir sobre, no presente contexto, é qual seria o lugar do "exótico" nessa adjetivação da paisagem. Muitas vezes, como aponta Bernard Smith, "o termo pitoresco era ampliado para cobrir coisas exóticas não intrinsecamente pitorescas".[53] É assim que, na literatura de viagens, vamos encontrar com freqüência títulos iniciados por "*A Picturesque Illustration of...*"; o termo pitoresco abarca o crescente interesse europeu pelo exótico, advindo com as expedições marítimas. Mas Smith faz uma outra observação relacionada ao pitoresco digna de nota, na medida em que o termo servia também para descrever a harmonia da arquitetura vernácula com seu entorno:

> A arquitetura exótica correspondia à teoria do pitoresco na questão de compatibilidade. Arquitetura pitoresca era arquitetura compatível com seu entorno, arquitetura, em outras palavras, que se harmonizava com seu ambiente paisagístico. É significativo que o viveiro da arquitetura exótica era Kew, o grande viveiro de plantas exóticas. Em que outro lugar seria mais pertinente erigir um edifício mourisco, uma mesquita turca e um pagode chinês do que em Kew, onde plantas desses países podiam ser encontradas, crescendo? A convicção de que certos tipos

de construção eram compatíveis com certos tipos de cenário promoveu a reflexão sobre as qualidades que caracterizavam, ou eram típicas, de uma determinada paisagem.[54]

É assim que vai ser construída a idéia de uma paisagem "típica", não exatamente bela ao olhar europeu, mas que permite ao viajante descrever as cenas de lugares distantes. No caso dos trópicos, a imagem que se forma "típica" é a de uma paisagem onde a natureza reina exuberante: uma paisagem-só-natureza onde as parcas referências às edificações servirão apenas para reiterar a idéia de uma paisagem não apenas de outros lugares, como também de outros tempos, por vezes acenando para uma época áurea, por outras, para um mundo primitivo. Servindo a qual fosse o argumento invocado, houve um crescente interesse pelas imagens de lugares distantes nas primeiras décadas do século XIX na Europa. A natureza desse interesse será discutida a seguir.

Ilustrações geográficas

Em 1835, o coronel Julian Jackson publicou no *Journal of the Royal Geographical Society* um artigo intitulado "On picturesque description in books of travels". Um entusiasta da fundação dessa instituição, e da geografia em particular, o coronel Jackson apontava que a profusão de narrativas de viagem que vinha sendo publicada naquela época estava causando "uma corrupção daquele tipo de escrita". A intenção de seu artigo era encorajar a descrição pitoresca em narrativas de viagem, a fim de assegurar que tais "elementos da ciência geográfica mantivessem um lugar próprio na estima da Europa esclarecida". A associação entre narrativa de viagem, descrição pitoresca, ciência geográfica e o Iluminismo europeu é sintomática da posição ambígua em que a geografia britânica se encontrava no início do século XIX, parte ciência, parte entretenimento. A preocupação com a manutenção de "um lugar próprio na estima da Europa esclarecida", por sua vez, deixa transparecer o aspecto de mercadoria que a geografia vai adquirindo; a descrição pitoresca torna a informação consumível para um público em expansão. Mas o artigo de Jackson levanta outros pontos de interesse. Ao referir-se ao tópico de como descrever "objetos materiais", Jackson recomenda que escritores deveriam "pintar ao invés de descrever; pinturas ou pranchas reais exprimem mais e melhor em apenas um olhar do que a descrição mais exata". Jackson, além de levantar o problema dos altos custos das ilustrações, apresenta um aspecto mais significativo: "os desenhos de uma obra devem ter a intenção de apenas ajudar a formar uma idéia mais correta dos objetos mencionados no texto. Pranchas demandam vida e movimento. É tarefa do texto animar a cena, aquecer a paisagem, fazer as figuras moverem-se e falarem."[55]

Dentre as publicações oitocentistas que contêm imagens gráficas do Rio, podemos identificar dois grupos: um em que o texto é o núcleo e as imagens são acessórios, e outro em que as imagens são o núcleo e os textos correspondem simplesmente a longas legendas. A idéia de Jackson se adaptaria melhor às obras do segundo grupo. Em alguns casos de obras do primeiro grupo, as ilustrações estão presentes apenas para embelezar os livros, sem nenhuma relação direta com o texto.

No prefácio à obra enciclopédica em dezessete volumes, *A General Collection of the Best and Most Interesting Voyages and Travels in All Parts of The World*, John Pinkerton explica que muitas das pranchas "são de desenhos originais, fornecidos pela liberalidade dos viajantes ingleses". Ao examinarmos a seção referente ao Brasil, no entanto, verificamos que o fato de as imagens terem sido produzidas em 1792 e o texto se referir a uma viagem de 1640 a 1649 não parece ter perturbado o editor. Uma coleção de textos exóticos e uma coleção de imagens exóticas, essa era a meta da obra. Além disso, esse aparente descaso (aos olhos de hoje) revela a atemporalidade atribuída ao exótico, ao distante, ao outro.

Mas um outro aspecto relacionado à obra de Pinkerton merece atenção. As imagens do Rio foram produzidas a partir de desenhos feitos pelo artista William Alexander quando de passagem para a China, acompanhando a missão diplomática de Lord Macartney, em 1792. Os mesmos desenhos originaram as ilustrações para o livro de John Barrow, *Voyage to Cochinchina*, mencionado anteriormente. Ao comparar as ilustrações do aqueduto, por exemplo, emerge mais uma característica peculiar da época: como os textos, as ilustrações eram modificadas para atender ao gosto do cliente. Do original produzido *en route* (Figura 3), duas composições levemente diferentes foram produzidas (temos, aqui, a ilustração do livro de John Barrow, Figura 4). Não podemos esquecer, todavia, que, no processo de transformação do desenho em gravura, a imagem passava, normalmente, por diferentes mãos. O desenhista, o delineador, o gravador, cada um cumpria sua tarefa na divisão do trabalho envolvido na produção das gravuras.

3. Em 1792, o artista William Alexander teve oportunidade de observar a paisagem carioca de primeira mão, quando de passagem para a China, acompanhando a missão diplomática de Lord Macartney.
The Aqueduct at Rio de Janeiro, lápis e aquarela, 1792. British Library

4. Nesta versão impressa, o original de William Alexander sofreu vários "retoques", como a substituição do casal de escravos por frades franciscanos no primeiro plano. *The Aqueduct at Rio de Janeiro*, gravura colorida a mão, 1806. British Library

O maior ou menor grau de "embelezamento" dos desenhos originais, entretanto, vai acompanhar a tendência ao naturalismo verificada na pintura paisagística das primeiras décadas do século XIX. Na obra de Maria Graham, *Journal of a Voyage to Brazil*, por exemplo, poucos foram os retoques feitos nos originais. No entanto, há algumas sutilezas em relação às imagens que merecem atenção. Como vários autores britânicos da época, Maria Graham explicitamente criticava a instituição e a prática da escravidão. O frontispício de seu livro ilustra uma imagem do mercado de escravos (Figura 5), feita a partir da aquarela do artista-viajante Augustus Earle (Prancha III). Earle, amigo de Maria Graham, vivera no Rio durante aproximadamente quatro anos, tempo bastante para familiarizar-se com a sofisticada hierarquia social e racial que existia entre os senhores de escravo, traficantes, africanos recém-chegados e seus descendentes. Os matizes de sua aquarela revelam a sensibilidade do artista para com as diferentes constituições. Earle tirou partido também de seu sarcasmo para realçar o grotesco da cena, aparente na figura bufa do negociante. Por outro lado, os escravos à venda portam expressões lânguidas e melancólicas. Ao examinarmos a gravura, entretanto, a história é outra. Em primeiro lugar, temos uma população dividida en-

5. A instituição da escravidão foi criticada por Maria Graham, que utilizou a imagem do mercado de escravos carioca, gravada por Edward Finden com base no desenho de Augustus Earle, no frontispício do relato de sua viagem ao Brasil. *Slave Market at Rio de Janeiro*, 1824

6. Acompanhando uma breve matéria sobre o Pão de Açúcar, a imagem do Rio de Janeiro aparece invertida no *Illustrated London News*, 18.2.1865, litogravura

tre brancos e negros. Os sutis matizes de Earle foram apagados. A polarização dos matizes foi acompanhada pela suavização das expressões dos brancos, em marcante contraste com o olhar agressivo e animalesco dos escravos. Até agora não encontrei nenhuma referência às reações de Earle ou Graham a esses retoques, nem nada que me certificasse até que ponto as mudanças foram o resultado de uma decisão consciente do gravador. Mas não importa. O que vale salientar neste contexto é que tais modificações nos dão pistas da natureza *manufaturada* das representações visuais; de mão em mão, afastadas do referente, as imagens assemelham-se, aos poucos, às idéias do gravador.

Seja como for, no início do século XIX o público britânico foi, paulatinamente, acostumando-se ao novo olhar para a natureza. Mas, à medida que as imagens vão sendo reproduzidas com maior facilidade e em maior número, uma mudança intrigante pode ser identificada: tornada mercadoria, a representação distancia-se cada vez mais do referente, como vemos na imagem do Pão de Açúcar impressa no *Illustrated London News*,[56] em 1865 (Figura 6), em que vestígios de uma cidade — Rio de Janeiro? — curiosamente podem ser vistos ao fundo, entre a Ponta de Santa Cruz e a Ponta de São João. Muito pode ser especulado a respeito desse aparente deslize, mas não é minha intenção enveredar por esse caminho.

No presente momento, gostaria apenas de recapitular que os olhares britânicos oitocentistas aqui estudados devem ser entendidos a partir de um quadro mais geral de emergência da modernidade, levando-se em consideração o contexto particular da Inglaterra nesse momento. Nos três capítulos que se seguem, lançarei um olhar curioso para as paisagens tropicais produzidas, respectivamente, pelos navegantes, naturalistas e artistas britânicos que estiveram no Rio de Janeiro nas primeiras décadas do século XIX, buscando compreender o processo de produção de tais imagens como uma incessante negociação das diferentes esferas — individual e social — implicadas nas viagens além-mar e no registro das experiências por eles vivenciadas.

CAPÍTULO 3

Navegando em águas tropicais: vistas marítimas do Rio de Janeiro

Há dois séculos, a cidade do Rio de Janeiro achava-se relativamente mais próxima do Oriente e dos Mares do Sul do que hoje. Para explicar esse deslocamento nas relações geográficas, devemos nos debruçar sobre o mapa-múndi do final do século XVIII, quando os navios à vela constituíam o único meio de transporte transoceânico. A navegação à vela exigia a combinação de conhecimento náutico e habilidades práticas no trato com as forças da natureza: oceanos pontilhados de recifes, ventos, tempestades e correntes. Embora fossem, até certo ponto, "mundos de madeira" auto-suficientes, as naus requeriam freqüente acesso a facilidades costeiras. A fim de que pudessem permanecer em alto-mar durante meses, as tripulações necessitavam de água potável e, idealmente, de alimentos frescos. Os navios exigiam cuidados constantes, sobretudo quando em águas tropicais, pois a mistura de sol e sal arruinava seus costados, ao passo que viagens prolongadas danificavam suas engrenagens, para não mencionar o perigo de colisões abaixo da linha d'água.[1] A existência de uma rede de portos de escala era, assim, pré-requisito para o sucesso de qualquer empreedimento marítimo, e a navegação tornava-se tanto mais garantida e eficiente quando, em um mesmo porto, encontravam-se segurança, um posto para reequipamento e reparos, e um depósito para abastecimento.

No início do século XIX, além dos elementos naturais, havia dois outros perigos a serem enfrentados em alto-mar: a ameaça da pirataria e vastas áreas oceânicas ainda por mapear. Em seu estudo sobre a hidrografia britânica durante o século XIX, George S. Ritchie apresenta um resumo da política britânica para assegurar a "liberdade e segurança nos mares", onde conclui que "a Marinha Real Britânica encarregara-se de remover os piratas e de realizar o mapeamento".[2] No presente contexto, estou mais interessada no mapeamento das águas do que no combate aos piratas. Mais precisamente, importa-me a geografia imaginativa dos navegantes britânicos oitocentistas. Gerald Graham, em seu estudo sobre o domínio marítimo britânico, afirma que, com a "inevitabilidade da progressão gradual, a *geografia do mar*... conformou o destino da Inglaterra".[3] Como pretendo demonstrar neste capítulo, todavia, a influência da Inglaterra na formação da "geografia do mar" foi muito mais intensa do que vice-versa. Sua capacidade de estabelecer uma rede de ilhas de base e de postos de troca continentais, ligados comercial e estrategicamente através de rotas de comunicação vinculadas à metrópole, constituiu a principal origem do poderio da Inglaterra. No final do século XVIII, rotas britânicas estabeleceram-se não só ao longo da costa africana e da costa do Báltico, como também no Atlântico Sul e no Pacífico Sul, no Oceano Índico e na China. Embora "gradual", no entanto, esse modelo de influência não era inevitável. Como David Mackay sugere, havia um quê de fortuito na política imperialista britânica; nos oceanos meridionais, por exemplo, ela "era normalmente posta em prática como resposta a problemas imediatos, tais como deficiências estratégicas e penais, ou a pressões externas, como aquela exercida pelos baleeiros meridionais".[4]

Como então essa rede estabeleceu-se e foi mantida ao longo do século XIX? Que tipos de práticas foram envolvidos nesse processo? Segundo Simon Schaffer, "a visão imperialista dependia de um conhecimento confiável e influente".[5] Mas o conhecimento do mundo para além dos limites da Europa e do Império Britânico dependia de relatos autorizados de indivíduos que haviam, de fato, visitado essas terras longínquas. Neste capítulo, interessa-me o papel dos navegadores na transformação desse "outro mundo" visível e, acima de tudo, reconhecível aos olhos de seus pares, pois foi graças ao trabalho dessas tripulações que a "geografia do mar" britânica adquiriu forma. Paisagens exóticas e desconhecidas foram desenhadas, retratadas e mapeadas por navegadores britânicos ao longo do século XIX. Gradativamente, construiu-se e colocou-se em circulação todo um vocabulário de imagens daqueles lugares distantes. Através de cartas náuticas, vistas, pinturas e gravuras, imagens não apenas de terras efetivamente sob o domínio britânico, mas dos quatro cantos do globo foram transportadas para a metrópole.[6]

Particularmente, interessa-me examinar o papel das rotas marítimas e do dia-a-dia em alto-mar no mapeamento dos trópicos pelos navegantes, cujos vestígios podem ser observados na iconografia do porto do Rio de Janeiro. Uma característica peculiar da visão européia dos trópicos era o projeto comercial de relocação de plantas entre as diferentes porções tropicais nas Américas, África, Ásia e no Pacífico, um comércio possível somente através dos oceanos. Imagens de paisagens, assim como mercadorias e espécies da flora e fauna denominadas "exóticas", circularam através dos trópicos, resultando na composição de paisagens tropicais "híbridas" e de uma idéia mais abrangente de tropicalidade. A fim de investigar como essas imagens foram mapeadas, considero inicialmente a posição do Rio de Janeiro no contexto mais abrangente da rede de planejamento estratégico e logístico da Marinha Real Britânica. Em seguida, abordo o papel cada vez mais significativo das imagens gráficas no aprimoramento e na ampliação do conhecimento geográfico do Almirantado, culminando com a criação do Departamento Hidrográfico, em 1795. Dessa forma, proporciono o arcabouço para um estudo detalhado da iconografia do Rio de Janeiro tropical produzida por navegadores britânicos no início do século XIX.

O Rio de Janeiro e as rotas marítimas

A partir do século XIX, a importância comercial e estratégica do Rio de Janeiro para a Inglaterra foi aumentando. O Rio oferecia um porto seguro, "de fácil acesso, imediatamente reconhecível pela extraordinária terra ao seu redor" e "bastante amplo", conforme a descrição de James Horsburgh, um hidrógrafo da Companhia das Índias Orientais. Após tornar-se a capital do Brasil em 1763, a cidade apresentava um rápido crescimento populacional e também comercial. Nessa época, o Rio de Janeiro era o segundo centro naval e comercial mais importante do Império Português, sendo Lisboa o primeiro.[7] Tratava-se de um porto ideal para os necessários reequipamentos e reparos, uma vez que as embarcações eram supridas com água potável vinda diretamente das montanhas que emolduravam a cidade, com madeira de suas matas, além de uma variedade de outras provisões como charque, açúcar, cachaça, tabaco e lenha.* Por oferecer tais facilidades, o Rio tornou-se um porto de escala de uso comum a muitos navios estrangeiros.

Por volta de 1800, a "entediante" viagem transatlântica da Inglaterra ao Rio de Janeiro, segundo o naturalista George Gardner, durava aproximadamente de 55 a 80 dias. À medida que um navio se aproximava do porto, a imponente entrada da Baía dominada pelo Pão de Açúcar oferecia aos marinheiros uma visão ímpar. O pronto acesso ao Rio de Janeiro e a seus serviços contribuiu para o avanço dos interesses britânicos na Índia, assim como para a proteção das rotas comerciais em direção a Calcutá, a Bombaim e ao Cantão. A colonização da Austrália, em seus primórdios, também beneficiou-se das facilidades do porto carioca.[8] Segundo Bauss, a viagem de navegação entre o Rio de Janeiro e a Cidade do Cabo durava de 30 a 50 dias; até a Índia, de 105 a 150 dias; à China, de 120 a 180 dias e, à Austrália, de 70 a 90 dias.

Esse esquema de rotas de navegação, em função dos ventos e dos tipos de correntes encontrados no Atlântico Sul, foi originalmente estabelecido por navegantes portugueses. Bartolomeu Dias, seguido por Vasco da Gama, descobriu que esse esquema favorecia rotas em direção oeste para as travessias nas regiões meridionais. Dessa forma, quando Vasco da Gama dobrou o Cabo da Boa Esperança, em novembro de 1497, ele não só se tornou o primeiro na história a completar a viagem para a Índia, de cerca de nove mil milhas, como foi também o primeiro a estabelecer uma rota triangular efetiva partindo da Europa, costeando a América do Sul e, em seguida, contornando o Cabo.[9]

Mas o papel do Rio de Janeiro como porto de escala para navios britânicos não foi mero resultado de ventos e correntes marítimas favoráveis. Do final do século XVIII ao início do século XIX, o comércio britânico expandia-se globalmente. Relações mais próximas com Portugal favoreciam mercadores, industriais e o Almirantado britânicos. Os direitos à utilização dos portos brasileiros do Rio de Janeiro, Salvador, e Recife haviam sido assegurados pela Inglaterra através dos tratados anglo-lusitanos do século XVII.[10] No final do século XVIII,

* O abastecimento de água potável, no entanto, não era tão simples, pois falta d'água era um problema que atingia a cidade do Rio desde sua fundação. Como observa Mauricio Abreu em "A cidade, a montanha e a floresta", durante a seca de 1809, por exemplo, as embarcações ancoradas na baía deviam fazer aguada na "banda d'além" (hoje Niterói).

a extensão da influência comercial das colônias portuguesas atraía cada vez mais a atenção britânica, sobretudo porque suas relações com a Espanha e a América espanhola eram mais delicadas e complexas.[11] Com a abertura dos portos de Goa, Diu e Damão (na atual Índia) ao comércio europeu, decretada nos tratados de 1783 e 1788, os negociantes britânicos passaram a transportar produtos asiáticos em naus portuguesas da Índia para Lisboa. Tecidos e especiarias indianas, assim como porcelana e chá chineses afluíam em grandes quantidades aos mercados da Europa, do Brasil e da África portuguesa.[12] No final do século XVIII, era considerável também a circulação de produtos britânicos nos mercados cariocas, conforme o relato de George Staunton: "As lojas do Rio estavam repletas de manufaturados de Manchester e de outros produtos britânicos, inclusive gravuras inglesas, tanto sérias como caricaturas."[13] Assim, devido ao alcance de seu poderio industrial e comercial, a Inglaterra passou a dominar indiretamente o comércio brasileiro, dominância acentuada após a abertura dos portos, em 1810.

A influência econômica, contudo, era acompanhada da ascendência política. Em 1807, a corte portuguesa partiu de Lisboa para o Rio de Janeiro, escoltada por um esquadrão britânico, a fim de escapar à invasão das tropas napoleônicas. Esse evento reforçou as relações entre a diplomacia britânica e os interesses portugueses. Em 1808, a cidade tornou-se também sede do quartel-general da base naval da Marinha Real Britânica na América do Sul. O contra-almirante William Sidney Smith foi nomeado primeiro comandante supremo do esquadrão a ser posicionado próximo ao litoral brasileiro.[14] Mas o que exatamente significava ser uma "base naval" da Marinha Real Britânica?

Com o propósito de assegurar seus interesses marítimos, o governo britânico mantinha navios de guerra em várias bases estrangeiras: cada base estava encarregada de patrulhar uma área ou uma zona, contava com um esquadrão e um quartel-general, ou centro de operações. No entanto, os "interesses britânicos" nunca foram monolíticos. A política de defesa do Almirantado era, amiúde, ofuscada por um "oportunismo político contingente, face a problemas específicos" ou pela "precariedade das contas do Tesouro".[15] A rapidez com que os limites das bases navais eram definidos e redefinidos indica a ausência de um projeto imperialista determinado. De 1810 a 1844, por exemplo, a base do Cabo da Boa Esperança teve seus limites alterados nada menos que dezessete vezes, computando-se aí inclusões e exclusões das bases navais britânicas na América do Sul e no oeste da África.[16]

O principal dever dos navios da Marinha Real Britânica nas costas da América do Sul era proteger a navegação britânica contra interferências tanto por parte de governos soberanos quanto de piratas. Além disso, a Marinha deveria também participar da campanha contra o tráfico de escravos. A influência direta de estadistas britânicos nos eventos que levaram à Independência do Brasil em 1822 não parece ter sido muito grande, embora, três anos mais tarde, a interferência da diplomacia britânica tenha sido crucial para assegurar o reconhecimento do Brasil por Portugal. "Oferecer auxílio e proteção a esse vasto comércio, e apoiar os interesses britânicos nestes países, este é o justo e indispensável dever do esquadrão colocado sob seu comando", de acordo com as instruções para um capitão em 1831,[17] era precisamente o papel da Marinha na América do Sul. Com a crescente influência da política e do comércio marítimo britânicos para além do Cabo Horn, a base naval sul-americana foi dividida, em 1837, entre as bases navais do "Pacífico" e do "Brasil": segundo Roger Knight, a primeira estendia-se ao longo da costa oeste das Américas até o paralelo 170° oeste, enquanto que a última abrangia a costa nordeste da América do Sul. De Valparaíso — o quartel-general da nova base naval do Pacífico — navios de guerra não só protegiam interesses britânicos na costa oeste da América Latina, como também transportavam riquezas de portos tão distantes quanto os do Golfo da Califórnia.[18]

Além de policiar os mares contra a pirataria e o tráfico negreiro, o dever principal da Marinha Real Britânica nas bases navais era obter informações mais precisas para o uso de navegantes britânicos, na corrida contra a primazia francesa.[19] Segundo Ritchie, as relativamente poucas cartas britânicas do hemisfério sul existentes em meados do século XVIII eram consideradas completamente inadequadas para uma navegação segura. De acordo com o comodoro John Byron, quando escrevia em outubro de 1764, perigos escondiam-se até mesmo dentro porto do Rio de Janeiro: "Se houvéssemos seguido o conselho do piloto português, cujo juízo foi abalado pelo medo, [teríamos] perdido o navio."[20] Acreditava-se, nesse caso, que a inexatidão das cartas náuticas não era puramente acidental; além do mais, segundo John Hawkesworth, o editor contemporâneo do diário de Byron, os mercadores portugueses "se utilizavam de qualquer artifício em seu poder para chamar a atenção da tripulação," a fim de salvaguardar seus interesses comerciais.[21]

Visando superar tais problemas, reais ou imaginários, os britânicos começaram a organizar a produção de suas próprias cartas. Mas havia dificuldades políticas a serem negociadas: ao se fazerem sondagens e levantamentos, havia o risco de infração dos direitos territoriais de Estados soberanos. Numa comunicação do Almirantado, que se presume ter sido redigida por volta de 1760, constam as seguintes instruções, relativas à transmissão de informação hidrográfica:

> Deveis agir em conformidade às seguintes normas, não só no que diz respeito às costas, aos portos, aos caminhos e às localidades pertencentes a todos os potentados estrangeiros, mas também em relação a todas as costas, portos, Baías e caminhos da Grã-Bretanha e Irlanda, e suas ilhas adjacentes; e mais ainda, no que diz respeito às Ilhas Britânicas, colônias, povoamentos e possessões, em todos os lugares: e deveis nomear vossos capitães, vossos oficiais e os jovens do tombadilho superior, de modo que sejam esses os mais bem dispostos e habilitados a realizar os levantamentos e as observações dos lugares acima mencionados; tomando, contudo, todo o cuidado, quando em lugares estrangeiros, de não fazer qualquer coisa que cause ressentimento e ofensa aos governantes ou habitantes de lugares que mantêm amizade com o Rei.[22]

Quando, por exemplo, o *Endeavour* esteve no Rio de Janeiro em 1768, o capitão Cook fez um esboço rápido de parte da Baía, reclamando da "vigilância estrita" sob a qual ele e sua tripulação foram mantidos durante toda a estada do navio no porto, o que os impedira "de realizar um levantamento tão preciso quanto o que ele gostaria de ter realizado".[23*] Nesse contexto, estudos de perfis litorâneos teriam compensado a ausência de medições precisas. Mas tal vigilância não era gratuita, pois o interesse militar estava sempre presente, como atestam as imagens de 1817 do porto do Rio pelo *surveyor* John Septimus Roe (Prancha IV):

> Enquanto o *Dick* afastava-se vagarosamente do porto do Rio, Roe completava a última de suas vistas locais. Servir na guerra ensinou-lhe o valor de *sketches* exatos de portos estrangeiros. Ninguém sabia quem seria o próximo inimigo da Inglaterra, e antes de partir Roe produziu desenhos detalhados das baterias e fortificações comandando a entrada do porto.[24]

---

* Bernard Smith, em "William Hodges and English plein-air painting", dá a entender que um desenho da Baía de Funchal, na Ilha da Madeira, por William Hodges, feito a bordo do *Resolution*, bem como os desenhos das fortificações do Rio de Janeiro, de Alexander Buchan, feitos a bordo do *Endeavour*, foram produzidos no camarote-mor dos respectivos navios, para impedir que as autoridades locais pudessem perceber que tais esboços estavam sendo feitos.

A boa qualidade das aquarelas de Roe demonstra também o sucesso das medidas tomadas pelo Almirantado para o treinamento de *surveyors* profissionais, conforme veremos adiante. Pois quase cinqüenta anos antes, em 1770, o capitão Cook afirmara que "não conhecia muitos marinheiros que fossem capazes de desenhar uma carta ou fazer o levantamento de uma costa marítima".[25] Como essas medidas foram implantadas é o assunto da próxima seção.

"Olhos e ouvidos abertos": A construção do saber náutico

À medida que os horizontes britânicos foram sendo ampliados, na disputa com as demais potências européias, diferentes modos de ver foram sendo forjados, principalmente quando terras e povos distantes começaram a ser avistados do mar. Dado o impulso do Almirantado em adquirir conhecimento sobre o Oriente, "oficiais na ativa, não importa quão inferior sua posição, eram encorajados *a manter seus olhos e ouvidos abertos*, e fazer anotações sobre os modos e costumes dos povos nativos que viessem a encontrar. Os governos da época dependiam, em grande medida, das observações de viajantes inteligentes" [grifo meu].[26] Mas inteligência, tão-somente, não era suficiente para garantir o sucesso do empreendimento. Segundo Graham, o marinheiro comum "raramente se excitava com os sons, vistas e aromas de lugares distantes"; tais marinheiros "pouco se encantavam com paisagens exóticas e quase não viam beleza alguma, nem nos costumes, nem nos monumentos das raças asiáticas". O problema da falta de entendimento de culturas alheias não parecia se restringir, no entanto, apenas aos "marinheiros comuns" a que Graham se refere. Conforme sugerem pesquisas recentes sobre as relações diplomáticas britânicas com os governantes do Império Qing (1644-1911), o fracasso de ambas as missões diplomáticas na China, a de Macartney (1792-94) e a de Amherst (1816-17), deu-se em função da inabilidade de comunicação, da falta de entendimento da alteridade cultural, entre ambas as autoridades.[27] Contudo, como pretendo demonstrar, há indícios concretos de que, principalmente a partir do final do século XVIII, uma certa sensibilidade visual estava começando a se desenvolver entre os membros dos diversos escalões da Marinha Real Britânica.

No que diz respeito aos objetivos práticos da navegação, a representação gráfica de perfis litorâneos era considerada superior a qualquer descrição verbal.* Pretendia-se, através de tais vistas, que o contorno característico de cada feição topográfica permanecesse gravado no "olho da mente" [*mind's eye*] dos marinheiros. Tais descrições mostravam-se particularmente úteis durante a navegação em costas onde a visibilidade era reduzida, devido às variações do tempo, ou ao longo de litorais desconhecidos. A publicação dos primeiros roteiros de navegação, contendo ilustrações de perfis costeiros, remonta ao século XVI; *Le Grant routtier*, de Pierre Garcie, foi publicado em 1520. Conforme ressalta D.W. Waters, as xilogravuras rústicas de Garcie tinham por objetivo "caricaturar traços importantes, de tal modo que os marujos percebessem cada ilustração como sendo o reflexo de uma descrição verbal sucinta e, conseqüentemente, reconhecessem imediatamente o trecho específico da costa".[28] Nesse contexto, é importante observar que reconhecer é um evento social, ou seja, é uma atividade que transcende o mero ato da percepção. Enquanto o último implica a experiência sensorial solitária, a primeira depende da ativação de códigos que "são aprendidos através da interação com outros, na aquisição da cultura humana".[29] A representação de uma localidade com o objetivo de torná-la reconhecível constitui, assim, um processo que envolve o aprendizado de códigos de reconhecimento, o alfabeto visual que permite a comunicação. A "representação" de um lugar distante tem como objetivo torná-lo presente àqueles que nele não estiveram.

De acordo com Bernard Smith, a partir do final do século XVII, "a utilidade do desenho como uma maneira de se registrar informação tornou-se largamente aceita",[30] recebendo o endosso de indivíduos como Christopher Wren, Samuel Pepys e John Locke. Assim, levantamentos topográficos, fossem eles por terra ou mar, exigiam cada vez mais o treinamento de desenhistas habéis. Na Royal School of Mathematics do Christ's Hospital, onde estudantes eram instruídos na arte de navegação, grande ênfase era dada aos ensinamentos car-

* As vistas costeiras foram importantes para o Almirantado até há não muito tempo. Em 1979, um anúncio do Departamento Hidrográfico assinado por D.W. Haslam, em Taunton, Inglaterra, solicitava: "Um grande número de fotografias é requisitado para atualizar e expandir as vistas e ilustrações nas *Sailing Directions*. Isto proporcionará uma ênfase maior na apresentação pictórica do que na verbal, aprimorando a cobertura do assunto."

tográficos e do desenho.* Para termos uma idéia da qualidade do treinamento adquirido, vale lembrar que o *surveyor* John Septimus Roe, cujos estudos vimos acima, foi educado nessa instituição.[31] O objetivo não era produzir artistas profissionais mas, antes, equipar marinheiros e futuros oficiais com habilidades básicas para o desenho, que iriam capacitá-los a registrar graficamente litorais, portos, fortificações e feições topográficas do modo mais rápido e preciso possível. Alexander Cozens foi um dos talentosos mestres de desenho da Royal School of Mathematics, lá trabalhando de janeiro de 1750 a maio de 1754.[32] Cozens já havia se familiarizado com o processo de navegação, pois seu pai e seu avô haviam sido importantes construtores navais, durante trinta e cinco anos, na moderna Marinha Russa, que se achava, na época, sob direção britânica. Como artista, Cozens era perito em vistas marinhas, sendo perfis costeiros bastante proeminentes em seu trabalho. Não é de surpreender que todas as técnicas especializadas de desenho de perfis costeiros fossem ensinadas por um artista que elaborou uma teoria perspicaz sobre paisagens, baseada no reconhecimento de formas por meio da individualização de características essenciais e sua interpretação imediata, habilidades essas exigidas pela arte da navegação.[33]

A importância do desenho para o levantamento marítimo foi enfatizada em tratados do final do século XVIII. Murdoch Mackenzie, um *surveyor* "a serviço de Sua Majestade", coligiu uma lista dos dez tipos de desenhos e cartas.[34] Dois deles merecem atenção mais detida, pois referem-se explicitamente à geografia como um tipo particular de mapeamento: o "esboço a partir da memória" [*Memorial Sketch*] e o "esboço a partir do olhar" [*Eye-Sketch*]. Segundo Mackenzie:

> Um esboço a partir da memória consiste no delineamento de um porto, ou de qualquer parte da costa a partir só da memória, sem recurso a anotações ou à visão imediata. Quando tal esboço é feito por alguém que esteve no local muitas vezes, ou que tenha prestado bastante atenção a ele, o mesmo pode transmitir uma *idéia*

---

* *Surveyors* militares e desenhistas, tais como os irmãos Thomas e Paul Sandby, eram educados no Board of Ordnance Drawing Room, sediado na Torre de Londres; ver Jessica Christian, "Paul Sandby and the military survey of Scotland". O Royal Military College em Great Marlow, no condado de Buckinghamshire, Inglaterra, inaugurado em maio de 1802, nomeou o artista William Alexander o primeiro mestre de desenhos de paisagens. Com o número crescente de estudantes, William Delamotte foi nomeado em 1803, e William Gilpin, em 1806.

> *geral* de uma Baía, porto ou ilha, propícia a satisfazer a curiosidade ou engrandecer a geografia, *ao demonstrar que tais lugares existem* [grifo meu].

Em contraste, um "esboço a partir do olhar"

> consiste no delineamento de qualquer porto, ou parte de uma costa, feito a partir da observação visual em uma base, sem se medirem as distâncias; e desenhado de acordo com as aparentes formas e dimensões da terra ... Tal esboço é feito com rapidez por alguém moderadamente apto ao desenho: e se exímios oficiais, em lugares desconhecidos, ou ainda não mapeados, realizassem de fato tais esboços, prestariam um serviço tanto à navegação quanto à geografia.[35]

Mesmo quando produzidos a partir da memória, os desenhos deveriam transmitir informação geográfica, "demonstrando a existência de tais lugares". A geografia, no entender de Mackenzie, referia-se a um tipo específico de mapeamento, ou seja, a um conhecimento relacionado primordialmente ao sentido da visão, que se diferenciava de uma simples curiosidade. A importância do registro gráfico de informações geográficas foi também ressaltada por Alexander Dalrymple, hidrógrafo da Companhia das Índias Orientais. Em seu influente texto de 1771, *Essay on Nautical Surveying*, reeditado em 1806, Dalrymple interessava-se sobretudo pelos aspectos visuais das costas litorâneas:

> Devo também recomendar vigorosamente ao navegador perito que não perca a oportunidade de registrar *vistas* do *terreno*. É claro que nenhum *plano* pode ser *bem construído* sem que haja uma *vista* do *terreno*, pelo menos no *olho da mente*; e, portanto, é muito melhor tê-la registrada, e sempre à mão para se usar como referência. Vistas são úteis não só por fornecerem a mais completa descrição do país, como também por ressaltarem os lugares mais propícios ao *desembarque*, à *aguada*, à *obtenção de madeira*, à *pesca* etc.[36]

Dalrymple não só recomendava que os navegadores desenhassem perfis litorâneos, mas ele próprio desenhou e publicou várias pranchas com vistas costeiras. Dalrymple também ocupou-se, em grande medida, com coletâneas históricas sobre viagens de exploração e descobertas nos mares meridionais, estando particularmente interessado na questão da nomenclatura, uma vez que, freqüentemente, problemas decorriam do hábito de sucessivos navegadores utilizarem nomes diferentes para as mesmas localidades. Quando a utilização de nomes nativos — uma prática que Dalrymple endossava — não fosse possível, sua observação era a de que "os nomes mais adequados são os descritivos".[37]

Desse modo tornar-se-ia mais fácil comprovar se os navegadores estavam ou não se referindo a um mesmo trecho litorâneo. Contudo, a recomendação de que se deveria "ser descritivo" é, ela mesma, passível de interpretação, uma vez que o viajante poderia estar se referindo a um aspecto, a um ponto de vista, ou a sua própria experiência pessoal. Paul Carter elucidou claramente essa questão em relação aos nomes usados pelo capitão Cook na Austrália, que incluíam nomes que ele havia empregado mais de uma vez e nomes que "não permitiam a generalização ou classificação, mas que designavam pormenores, tão-somente".* Carter associa essa falta de precisão à prática mesma da exploração, pois:

> Enquanto a descoberta baseia-se na suposição de um mundo de fatos aguardando serem achados, colecionados e classificados, um mundo em que o observador neutro não encontra-se implicado, a exploração dá ênfase ao envolvimento efetivo do observador com o seu meio ambiente: ela reconhece o fenômeno como produto de seu próposito de explorar.[38]

Dalrymple, no entanto, encontrava-se em uma posição muito mais ambígua, entre a do sedentário usuário de mapas e a do viajante que produz os mapas. Como hidrógrafo, esteve ativamente envolvido no planejamento e na execução de futuras expedições; de fato, ele tinha a "grande ambição de ser o navegador a testar as suas próprias teorias".[39] Apesar de admitir, como Cook, que os nomes de lugares poderiam ser utilizados como instrumentos de viagem, Dalrymple os entrevia também como recompensas da viagem. Como colecionador, ele desejava preencher os espaços vazios de seu próprio conhecimento geográfico. Todavia, Dalrymple havia sido relegado, em favor de Cook, na escolha do capitão da expedição ao Taiti em 1769, promovida pela Royal Society, cujo objetivo era observar o trânsito de Vênus. Seus planos foram prejudicados por uma luta de poder pelo controle completo dessa expedição científica, luta essa entre a Marinha Real Britânica e a Royal Society.

Realizar levantamentos, como o navegar, exigia experiência, além de teoria. Conforme enfatizado por Mackenzie:

---

* Segundo Daniel Clayton, George Vancouver, em sua expedição de levantamento da costa noroeste da América do Norte, entre 1792 e 1794, também "atribuiu nomes que representavam aspectos físicos e tecnológicos do levantamento, e condições específicas dos diferentes momentos de sua viagem".

> Antes que um levantamento geométrico da costa marinha seja realizado, achar-se-á a proficiência em desenho muito vantajosa; pelo menos em tal grau que permita o sombreado com nanquim, ou a gravação em água-forte à pena, de *morros, rochas, rochedos íngremes, prédios em miniatura,* e o *perfil litorâneo* de um *mapa*; esboçar seus *contornos*, ao natural; e registrar, do mar, vistas distantes da terra. Isso só pode ser alcançado através da prática, auxiliada por algumas instruções de um desenhista-mestre. Um *surveyor* que não é capaz de esboçar rapidamente, e sombrear com alguma destreza, deve fazer-se acompanhar de um desenhista para essa finalidade.[40]

Prática, no entanto, só poderia ser adquirida sistematicamente através da mobilização de algo mais concreto, e não apenas de instruções. A produção pela Marinha Real Britânica de cartas e de dados náuticos precisos e de escopo mundial requeria capital, recursos humanos, e navios. Bastante ciente do desenvolvimento da ciência hidrográfica em outras potências marítimas européias, o Almirantado criou seu próprio Departamento Hidrográfico em 1795, nomeando Dalrymple seu primeiro hidrógrafo.* Diferentemente do Departamento Hidrográfico francês, que detinha o poder de supervisão de toda e qualquer informação náutica publicada sob jurisdição francesa, o Departamento Hidrográfico britânico se ocupava exclusivamente da produção de cartas e instruções de navegação à vela para uso da Marinha Real Britânica.[41]

O Departamento Hidrográfico

No Departamento Hidrográfico, Alexander Dalrymple tirou partido de sua experiência como colecionador e publicador de cartas náuticas e vistas marinhas. Por não ser militar, seu principal trabalho consistia em reunir as cartas existentes, pois ele não dispunha de recursos para encomendar novos levantamentos. Não obstante, quando as instruções do Almirantado referentes aos procedimentos de registro nos *Remark Books* foram atualizadas, em 1804,[42] Dalrymple encontrava-se em posição de dar o seu parecer sobre a minuta de uma carta do Almirantado, que orientava os oficiais da Marinha Real quanto à transmissão de informação hidrográfica:

---

* O Departamento Hidrográfico francês foi estabelecido em 1720; o dinamarquês, em 1784. Em seguida, foi criado o espanhol, em 1800; cf. Archibald Day, *The Admiralty Hydrographic Service, 1759-1919*. Em 1791, o Exército Britânico estabelecera o Ordnance Survey; cf. A.H.W. Robinson, *Marine Cartography in Britain*, p.97.

> Meus Nobres Comissários do Almirantado, julgando altamente importante para o avanço do conhecimento náutico, e para a segurança dos navios de Sua Majestade, que os relatórios sobre costas, portos etc .... que os oficiais da Marinha de Sua Majestade têm ordens de transmitir a este Departamento, sejam feitos com o maior grau possível de exatidão, e que contenham toda a informação que as circunstâncias permitam, instruíram-me a transmitir-vos diretrizes; que sejais tão minuciosos quanto possível em vossas observações sobre as costas, portos, etc .... que venhais a visitar de tempos em tempos no futuro, e que envieis relatórios dali em diante a este Departamento, de acordo com o formulário em anexo, pelo primeiro transporte seguro, reservando uma cópia de tais relatórios para caso de acidentes; e espera-se que deis vossa opinião acerca da rota mais aconselhável a ser seguida, ao passar de um lado a outro dos vários lugares, de acordo com as diferentes estações do ano, quando quer que vossa experiência vos tenha capacitado a formar tal opinião; em assim fazendo, devereis referir-vos ao navio e ao ano em que tal experiência foi adquirida.

Por volta de 1807, Dalrymple já havia organizado uma coleção contendo mais de mil cartas náuticas, as quais foram agrupadas geograficamente a partir da localização das bases navais — uma síntese do conhecimento marítimo britânico do mundo. Como tal, essa síntese revelava os vazios que se faziam necessários preencher através de novos levantamentos, incluindo-se aí lacunas no conhecimento sobre o próprio contorno das costas britânicas. O capitão Thomas Hurd, homem do mar e oficial da marinha, ao substituir Dalrymple como hidrógrafo em maio de 1808, deu início à realização dessa tarefa. O Serviço de Levantamento da Marinha foi criado sob suas ordens. Hurd foi o primeiro a colocar um corpo de oficiais britânicos especializados a bordo de navios especialmente equipados para a tarefa de realizar os primeiros grandes levantamentos além-mar, em vez de utilizar-se dos das bases navais. W.F. Owen, por exemplo, deu início ao levantamento da África em 1821 e, em cinco anos, realizara o levantamento de trinta mil milhas de litoral, remetendo ao hidrógrafo mais de 90 cartas.*

Alguns meses após a morte de Hurd, em 1823, um celébre explorador do Ártico, W.E. Parry, foi nomeado hidrógrafo do Departamento. Parry, um ofi-

* Owen também colaborou com a expedição científica do rio Zambeze, empreendimento malfadado no qual todos os europeus pereceram, como veremos adiante.

cial ainda bastante ativo, só aceitou sua nomeação sob a condição de que pudesse retornar à busca pela passagem noroeste nas regiões árticas, no ano de 1824. A despeito de seu freqüente absenteísmo, ele introduziu algumas inovações durante sua gestão, tais como as *Sailing Directions* e as *Light Lists*, que foram adotadas para acompanhar as cartas. Experimentos também foram feitos com a litografia, para a impressão das cartas. Embora se tratasse de uma técnica mais econômica do que a da gravura, Parry chamou atenção para os problemas ligados à correção das pedras litográficas, bem como para os relativos à manutenção das mesmas. Além disso, sob a responsabilidade de Parry, em 1825 foi publicado o primeiro catálogo de cartas náuticas, onde encontravam-se listadas 643 cartas ou levantamentos, e 98 vistas. Acordos de intercâmbio com outros departamento hidrográficos foram firmados nessa época: primeiramente com o dinarmarquês, em 1822, e em seguida com os departamentos francês, espanhol, russo e napolitano. Manteve-se também estreita cooperação com o Ordnance Survey e com o Departamento das Índias Orientais. Quando Parry renunciou ao cargo, em 1829, 14 levantamentos estavam em andamento, incluindo o da costa meridional da América do Sul, a cargo de King e Fitzroy (os sucessores de Pringle Stokes) a bordo do *Adventure* e do *Beagle*.[43]

O sucessor de Parry, Francis Beaufort, já adquirira então experiência de vinte anos de serviço em alto-mar, durante os quais havia feito os levantamentos do rio da Prata, na América do Sul, e da costa da Karamania, na Turquia, onde também executou pesquisa arqueológica. Durante os vinte e seis anos em que ocupou o cargo, houve grande expansão do Departamento Hidrográfico, tanto no mar como em terra firme. Em 1831 foi instituída uma repartição científica do Almirantado, que abrangia o Departamento Hidrográfico, o Observatório Real e o do Cabo, o Serviço do *Nautical Almanac* e o Serviço do Cronômetro. As responsabilidades de Beaufort expandiram-se, passando ele a ser o responsável pelas despesas da repartição com expedições científicas e recompensas oferecidas a serviços especiais prestados e a invenções. Nessa época, o poder interno do Almirantado concentrava-se na pessoa de John Barrow que, segundo Morris, já se mostrava "um grande amigo da ciência, em geral, e da hidrografia, em particular".*

* Morris sustenta ainda que John Barrow teve seu poder ampliado em razão da aposentadoria do "burocrata dominante" J.W. Croker, que ocupara o cargo de ministro do Almirantado durante 22 anos.

Beaufort inspecionava, pessoalmente, todas as cartas náuticas e documentos produzidos pelo Departamento antes de serem publicados, o que o levou a padronizar símbolos e convenções. Em 1835, Beaufort editou o folheto *Abbreviations used in Admiralty's Charts*, para divulgar a padronização adotada.* O termo milha náutica foi substituído pelo termo milha marítima em todas as escalas nas cartas do Almirantado, onde também começaram a figurar rosas-dos-ventos simplificadas, com a agulha apontando para o norte magnético. Houve também um aumento no número de sondagens e informações relativas à natureza do fundo do mar. Além disso, Beaufort preocupou-se com a orientação técnica dos desenhos, recomendando o uso de pinceladas amplas para a representação topográfica, assegurando-se de que as altitudes fossem indicadas.[44] A conversão do original do *surveyor* para a matriz destinada à gravação tornou-se cada vez mais uma ocupação do desenhista. Numa carta sobre o levantamento do litoral da China, por exemplo, Beaufort enfatizou explicitamente a superioridade de imagens gráficas em relação às descrições verbais: "Ao se redigirem direções, é um grande equívoco ter de descrever um certo ponto ou uma ilha por meio de longas perífrases — e para todos os principais e perigosos marcos agradecer-vos-ei se *me fornecerdes vistas* — feitas em escala — que acompanhem as cartas" [grifo meu].[45]

Beaufort interessava-se, também, pela questão da uniformidade da nomenclatura dos lugares. Sob suas ordens, todas as cartas náuticas publicadas deveriam conter os nomes das localidades de um determinado país na língua de tal país. Quando não houvesse nomes nativos, os *surveyors* eram instruídos a utilizar nomes de sua própria autoria, embora, nesses casos, o critério de escolha permanecesse obscuro (ambigüidade esta discutida anteriormente, em relação a Dalrymple).[46] Durante o período em que Beaufort ocupou o cargo de hidrógrafo, e sob suas ordens, levantamentos foram realizados em várias partes do mundo. Em 1831 o brigue *Beagle*, sob o comando de Fitzroy, realizava sua segunda expedição de levantamento em águas sul-americanas. Essa foi a viagem que revelou ao jovem Charles Darwin, "um naturalista inexperiente e sem

---

* Segundo Morris, esse "estilo próprio da casa" perdurou até 1968, quando foi adotada uma reestilização completa, através do programa de modernização e metrificação.

remuneração", novos campos para o estudo geológico e para o colecionamento de novos espécimens da flora e fauna, como veremos no próximo capítulo.[47] O Almirantado, porém, demonstrava maior interesse nas atividades de Fitzroy. Além de estabelecer uma cadeia de distância dos meridianos através dos oceanos Pacífico, Índico e Atlântico, o capitão também forneceu ao Almirantado 82 pranchas costeiras, 80 planos de portos, e 40 vistas abrangendo as partes meridionais da América do Sul, após um levantamento de quase cinco anos. Seu trabalho ajudou a abrir a América do Sul ao comércio europeu.[48]

De 1830 a 1855 o número total de cartas publicadas aumentou de 852 para 1.901. Como Beaufort mantinha uma considerável correspondência com os responsáveis pelos levantamentos no mar, o afluxo de informação recebida tornava difícil a constante atualização das cartas publicadas. A fim de tornar as informações recentes largamente disponíveis, foi publicado, em 1823, o primeiro número da *Nautical Magazine.* A revista "em breve tornou-se popular e repleta de assuntos marinhos gerais"; em novembro de 1834, era publicado o primeiro número da "*Notice to Mariners*", uma separata contendo retificação das informações contidas nas cartas.[49] Beaufort esteve também envolvido na produção do *Manual of Scientific Enquiry,* obra que foi publicada pela primeira vez em 1849, abrangendo uma variedade de assuntos, dentre eles: hidrografia, astronomia, magnetismo, geografia, geologia, mineralogia, meteorologia, zoologia e etnologia. Por volta de 1850, Beaufort publicou a primeira edição das *General Instructions for Hydrographic Surveyors,* obra que versava sobre os procedimentos a serem seguidos em levantamentos de qualquer tipo. Também sob orientação de Beaufort foi iniciada a publicação do *Nautical Almanac.*[50] Assim, em um período de cinqüenta anos, a Marinha Real Britânica havia estabelecido novas diretrizes para as representações cartográficas, bem como para a cultura de exploração. Vale a pena lembrar que Beaufort encontrava-se entre os fundadores da Royal Geographical Society, em 1830. Segundo Ritchie, os levantamentos e o mapeamento hidrográficos realizados pelo Almirantado provavelmente atingiram seu apogeu nos primeiros anos da década de 1850, ao final do longo reinado de Beaufort como hidrógrafo. Após a recusa do Almirantado em aceitar a renúncia de Beaufort em março de 1854 — já com 80 anos de idade e com sua saúde debilitada — o hidrógrafo finalmente aposentou-se em janeiro de 1855. O Almirantado não quis liberar Beaufort anteriormente devido à guerra na Rússia. Na verdade, por pacífica que se apresentasse a missão do *surveyor*, a declaração do comandante Edward Belcher, em seu manual de levantamentos publicado em 1835, é bastante elucidativa em relação à ambiguidade de seu propósito: "O conhecimento é o poder".

Conquanto seja evidente que a qualidade do trabalho do *surveyor* tenha melhorado notavelmente durante a epóca de Beaufort, não é meu objetivo neste estudo testar a exatidão das cartas. Interessa-me, no entanto, assinalar algumas diferenças a respeito da natureza das imagens gráficas produzidas pelos *surveyors* e hidrógrafos. Em termos gerais, cartas náuticas impressas representam os contornos costeiros em pequena escala. Elas auxiliam a navegação, ou seja, a ciência do direcionamento de navios por meio da astronomia, da geometria e do uso de instrumentos. Como indica Parry, os planos (representações cartográficas de portos e ilhas em grande escala), vistas costeiras e roteiros de navegação estão relacionados mais especificamente à pilotagem, ou seja, à habilidade exigida na condução do navio ao entrar ou sair do porto. Nesse contexto, os desenhos feitos *in loco* também merecem atenção. Embora tais ilustrações fornecessem informações potencialmente úteis para os levantamentos hidrográficos, indicando a forma de perfis litorâneos e os possíveis perigos costeiros, elas eram amiúde utilizadas também como matrizes para ilustrações dos relatos das expedições. Como lembra Bernard Smith, embora tais ilustrações dependessem dos estudos no campo, elas também recorriam "às palavras dos textos correlatos e à memória do ilustrador".[51] Em outras ocasiões, marujos utilizavam o pincel e a pena como marinheiros modernos utilizam a câmara fotográfica, com o intuito de registrar suas peripécias e as paisagens, como *souvenir* das viagens. Antes de serem vistas litorâneas no sentido náutico, tais imagens gráficas ilustravam as aventuras dos navegantes e não eram necessariamente acompanhadas de texto. Portanto, é possível identificar, em geral, três "tipos" principais de desenhos feitos por navegadores (embora, muitas vezes, os limites entre eles sejam fluidos): vistas costeiras e planos relacionados diretamente aos levantamentos hidrográficos; ilustrações de relatos oficiais sobre expedições marítimas; e desenhos para relembrar os momentos vividos em águas estrangeiras. A seguir, examino algumas imagens do Rio de Janeiro produzidas pelos navegantes britânicos, com o objetivo de compreender as relações entre os diferentes tipos de desenhos no processo de mapeamento das águas tropicais. Em especial, detenho-me nas vistas legadas por Charles William Browne, um jovem marujo que aportou no Rio em três ocasiões, em 1816, 1818 e 1822.

Vistas do Rio de Janeiro

O Rio de Janeiro era um porto de um país soberano. Tendo em vista que, em geral, a Marinha Real Britânica não deveria se ocupar de levantamentos costeiros em terras estrangeiras, salvo quando solicitada, as cartas do Rio de Janeiro produzidas pelo Departamento Hidrográfico, como as comerciais, eram, necessariamente, baseadas em dados obtidos através de levantamentos preexistentes, incorporando quando possível dados adicionais supridos por navegadores britânicos. Destarte, vistas costeiras começaram a ser gradativamente inseridas nos vazios das terras continentais ainda desconhecidas pelos europeus. Basta compararmos a carta náutica da costa do Brasil, publicada no *Brazil Pilot* (Figura 7), obra traduzida do roteiro português de Manoel Pimentel e datada de 1809, com a carta publicada no *African Pilot* (Figura 8), que data de aproximadamente 1784, para notarmos a diferença. Enquanto a primeira fornece informação útil à navegação, mas de pouca utilidade à pilotagem, a última combina três instrumentos gráficos para o uso de navegadores: a carta da costa da América do Sul, o plano do porto do Rio de Janeiro, e vistas costeiras, delineando o perfil topográfico característico. O *Plan of the Bay and Harbour of Rio de Janeiro on the Coast of Brazil*, de 1794, atualmente na British Library, fornece mais um exemplo revelador (Prancha V): acréscimos em manuscrito foram feitos em vermelho no rascunho de uma impressão da carta de Laurie e Whittle, sendo a mesma baseada na carta do francês D'Après. Aprimorada com base nas "observações de Samson Hull e outros navegadores", os acréscimos incluem, dentre outros detalhes, duas "aparências da terra" [*Appearances of the Land*]. Nessas e em cartas subseqüentes, a "marca britânica" nos levantamentos realizados além-mar consistia em um mosaico de inserções de vistas costeiras e planos.

Conforme aludido acima, as vistas eram essenciais para que os navegadores reconhecessem litorais nunca dantes navegados por europeus. Em cartas impressas, elas realçavam os perfis topográficos; combinadas com os planos de portos, elas forneciam aos marinheiros um instrumento para a verificação da posição exata do navio. Os desenhos de navios ofereciam a escala para referên-

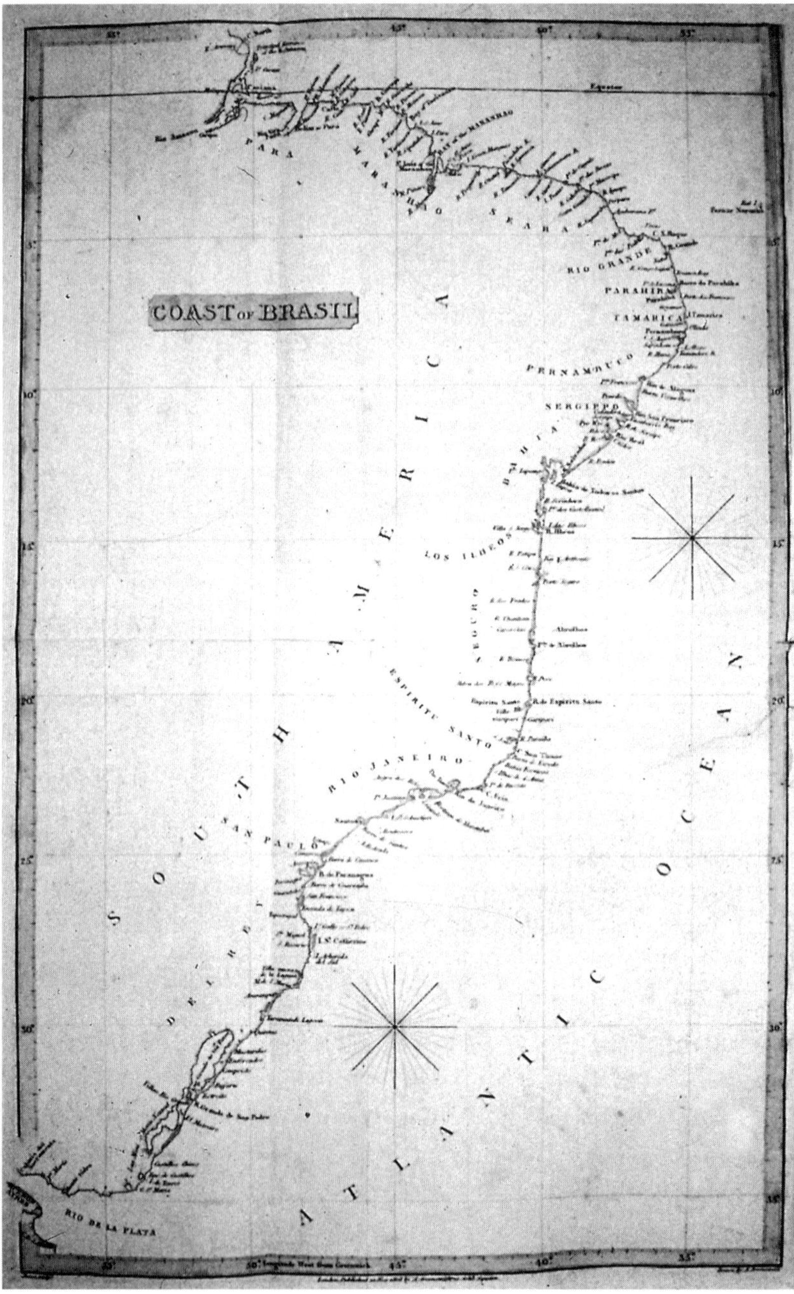

7. Contornos litorâneos em pequena escala eram representados em cartas náuticas como esta do Brasil, auxiliando a navegação. *Coast of Brazil*, 1809. British Library

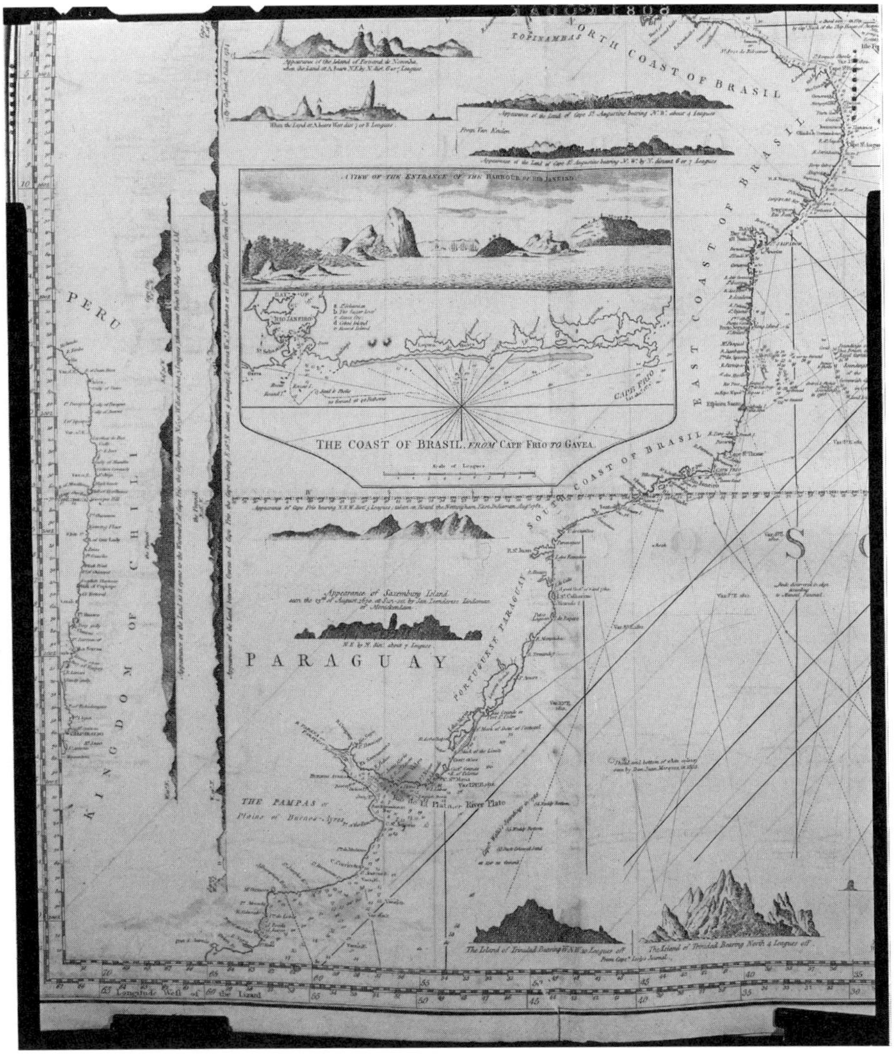

8. A carta náutica, o plano do porto do Rio de Janeiro e vistas costeiras foram combinados nesta prancha do *African Pilot. The Atlantic and Ethiopic Oceans*, 1806. Royal Geographical Society

cia visual, enquanto nomes e números ajudavam a fazer as conexões necessárias com os roteiros de navegação. Árvores, edificações e faróis eram representados por meio de ícones, como os símbolos em cartas. Observações sobre o clima — nuvens, sobretudo — eram inseridas, tímida e ocasionalmente, nessas diminutas paisagens marinhas, como se a inserção de elementos mais "artísticos" perturbasse a integridade das cartas do Almirantado, como podemos observar no plano do porto do Rio de Janeiro de 1821 (Figura 9). Nos gabinetes da metrópole, a relativa variedade das informações registradas pelos *surveyors* era submetida a um processo de triagem; mais precisamente, elas passavam por uma segunda triagem pois, em seus gabinetes, os hidrógrafos traduziam os estilos dos registros pessoais para uma linguagem gráfica unificada.

A prática do desenho associada à navegação favoreceu a produção de uma iconografia marinha que ultrapassou o mero fornecimento de informação hidrográfica de cunho naútico. Embora relativamente insignificantes, tanto para o desenvolvimento da hidrografia quanto da arte marinha, alguns dos desenhos produzidos por marinheiros como *souvenir* de suas expedições revelam-se uma fonte valiosa para compreendermos aspectos da geografia imaginativa das tripulações oitocentistas, aspectos esses que não podem ser completamente recuperados através dos registros navais oficiais. Um exemplo digno de nota é fornecido pelo grupo de imagens do Rio de Janeiro que nos foi legado pelo marujo (promovido a tenente, posteriormente) Charles William Browne.

Charles Browne embarcou como tripulante do navio da Marinha Real, o *Alceste,* em 17 de dezembro de 1815.[52] Praticamente dois meses depois, em 16 de fevereiro de 1816, a fragata deixou Spithead, transportando a embaixada de Lord Amherst para a China. Embora não constituísse uma expedição de levantamento *per se*, a viagem oferecia a oportunidade de se explorarem áreas do mundo tropical ainda pouco mapeadas por europeus. Cerca de 160 homens encontravam-se a bordo, entre eles o capitão Murray Maxwell, o artista oficial da embaixada, William Havell, o naturalista e médico da expedição, Dr. Clarke Abel, e ainda um outro médico, John M'Leod. Após uma escala na Ilha da Madeira, o *Alceste* prosseguiu para o Rio de Janeiro, seguindo a costumeira rota transatlântica triangular em direção ao Cabo da Boa Esperança. No dia 21 de março, os visitantes foram recebidos no cais pelos altos escalões da comunidade britânica no Brasil. O *Alceste* permaneceu dez dias no Rio de Janeiro e, em seguida, prosseguiu viagem em direção às Índias Orientais.* Após várias escalas em portos chineses, a fragata deixou Macau em janeiro de 1817, naufragando

---

* John M'Leod ressaltou as qualidades excepcionais de navegação do *Alceste*, observando que "o superior velejar da fragata possibilitou-nos atracar no Rio Janeiro, sem de modo algum atrasar o curso geral; não obstante, ela quase ultrapassou os seus consortes no Cabo."

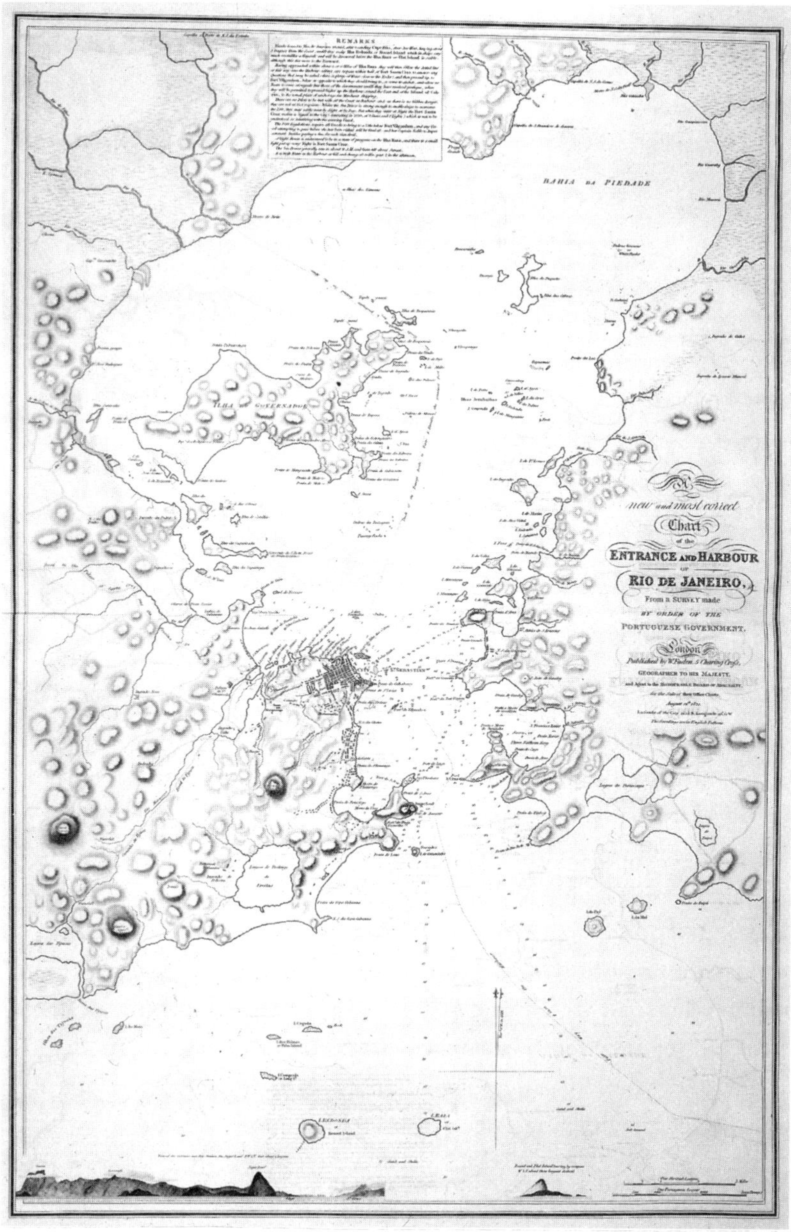

9. Realizado pelo Serviço de Levantamento da Marinha Britânica, o plano do porto do Rio de Janeiro apresenta a padronização gráfica adotada pelo Departamento Hidrográfico. *New and Most Correct Chart of the Entrance and Harbour of Rio de Janeiro*, 1821. British Library

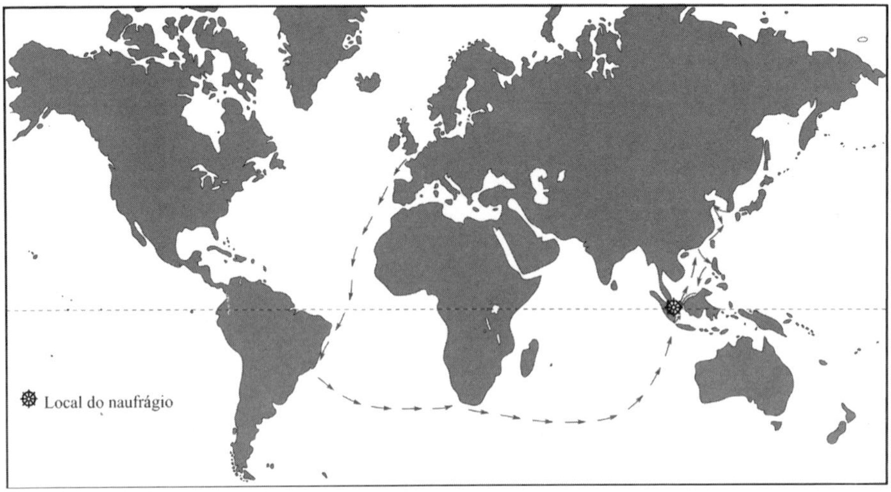

10. Rota do *Alceste*

no Estreito de Gaspar (Figura 10), o que causou a perda da maior parte dos pertences da embaixada. Foi essa provavelmente a razão pela qual Charles Browne produziu o *sketch-book* intitulado *Sketches from Memory, made in Jan. and Feb. 1818, by C.W. Browne R.N. of His Majesty's late Ships,* Alceste *and* Julia, atualmente no National Maritime Museum, em Londres. Uma nota escrita a lápis informa que os desenhos foram feitos durante uma viagem a bordo do navio da Marinha Real, o *Eden,* em 1818-19.[53]

A primeira imagem no *sketch-book* de Browne consiste em uma ilustração do *Alceste* e de quatro outros navios menores. A fragata mereceu figurar na primeira página, pois foi o instrumento que possibilitou a aventura em águas longínquas. O aqueduto da Carioca é ilustrado na segunda página (Figura 11); água potável era, afinal de contas, uma das principais razões da escala no porto do Rio. Em seguida, temos o onírico croqui da Baía de Guanabara, intitulado *Rio Janeiro* (Figura 12). A despeito da ausência de edificações, o croqui poderia ilustrar perfeitamente a descrição do porto segundo M'Leod:

> As inúmeras ilhotas que se vislumbram nesse extenso *lençol d'água,* — suas margens repletas de árvores, emergindo como um anfiteatro em ambos os lados, salpicadas de vilarejos e mansões rurais, — somadas à *vista distante dos elevados e pitorescos morros* — formam, em seu conjunto, uma paisagem bastante singular e nobre [grifo meu].[54]

11. Para os navegantes, o aqueduto da Carioca era um importante marco da paisagem do Rio de Janeiro.
C.W. Browne, *Aqueduct – Rio Janeiro*, lápis e aguada, 1818. NMM Archives

12. No primeiro plano, o croqui de Charles Browne ilustra uma das ilhotas da Baía de Guanabara, com o Corcovado e seu reflexo espelhado nas águas como pano de fundo. *Rio de Janeiro*, lápis e aguada, 1818. NMM Archives

Continuando a folhear o *sketch-book* de Browne encontramos, ademais, uma série de paisagens marinhas: imagens do Cabo da Boa Esperança, da Ilha de Java, do Cantão e assim por diante. Como brasileira familiarizada com o Rio de Janeiro, sou capaz de reconhecer, imediatamente, os croquis da cidade feitos por Charles Browne. Mesmo assim, se desconto a passagem do tempo, alguns aspectos dessas imagens me parecem estranhos. Examinando as imagens de Browne, posso identificar, por exemplo, uma mistura híbrida de elementos da vegetação alheios ao litoral brasileiro. Retendo-me em algumas das ilustrações da obra do capitão Basil Hall, *Voyage of Discovery to the West Coast of Corea, and the Great Loo-Choo Island*, de 1818 (realizadas por William Havell a partir dos desenhos de Browne), como a reproduzida na Figura 13, por exemplo, fica evidente que o marujo aprendera a copiar os padrões florais de tecidos chineses; não apenas uma flora de outros portos tropicais, como também o próprio padrão gráfico oriental fora assimilado por Browne, auxiliando-o na composição da vista brasileira. Se a paisagem carioca *in situ* evocava conexões com o Oriente, a paisagem do marujo *in visu* adquiria forma através das diversas imagens gravadas em sua mente, no contato com outros portos e culturas tropicais.

Outros dois desenhos de Browne de data posterior, que atualmente encontram-se nos arquivos da Royal Geographical Society, em Londres, despertam estranheza similar. Ambos estão anexados ao manuscrito do relato da expedição de levantamento do rio Zambeze, na África ocidental, realizado por oficiais a bordo do *Leven*, da Marinha Real Britânica, em julho de 1823.[55] Browne foi o comandante dessa expedição, na qual ele e todos os integrantes europeus pereceram. Esses desenhos, não sendo de grande importância hidrográfica, poderiam ter permanecido como propriedade pessoal de Browne. No primeiro desenho, *View from Lake of Mountain* (Figura 14) — que parece retratar o Corcovado —, a vegetação que cobre as encostas do morro assemelha-se mais àqueles padrões chineses ou indianos do que à massa intrincada da vegetação brasileira. No segundo desenho, *Corcovado and Gloria Church* (Figura 15), a igreja lembra mais um templo indiano do que a arquitetura barroca do Rio de Janeiro colonial. Cumpre lembrar que, entre 1818 e 1821, Browne achava-se a bordo do *Eden*, cuja viagem incluiu escalas em vários portos indianos.[56]

Essa estranheza gráfica é importante não por causa de sua exatidão ou ausência nas representações do Rio de Janeiro de Browne, mas sim porque revela o quanto suas mãos e o seu olhar foram influenciados pela experiência adquirida ao navegar ao redor do globo, e como essa experiência, por sua vez, ajudou a moldar suas recordações das paisagens tropicais. Mais especificamente, tal estranheza realça as conexões entre memória e mapeamento. Segundo a visão científica ortodoxa de meados do século XIX, no que tangia à descrição da natureza, nada poderia ser confiado apenas à memória. De acordo com as instruções de W.J. Hamilton contidas no *Manual of Scientific Enquiry*, as observações de campo "deveriam ser anotadas no local mesmo da observação". Hamilton cita ainda Darwin que, baseado em sua experiência a bordo do *Beagle*, alertava: "não fie nada à memória, porque a memória torna-se um guardião leviano quando um objeto interessante dá lugar a outro ainda mais interessante".[57] O mesmo conselho é encontrado em *Hints to Travellers*, uma coletânea de instruções para exploradores aspirantes publicada pela Royal Geographical Society a partir de 1854, na qual se ressaltava que quanto menos se confiar na memória, melhor. O registro material instantâneo do que era visto *in loco* veio a ser considerado cada vez mais como condição necessária à veracidade da narrativa. O observador, enquanto tal, não podia confiar em sua própria memória para tornar o conhecimento disponível para futuros exploradores.*

Os desenhos de Browne, entretanto, oferecem algumas pistas sobre a natureza da desconfiança em relação à memória. Recordando a breve estada no Rio de Janeiro em seu relato da viagem, Clarke Abel (o naturalista a bordo do *Alceste*) ressaltou quão comovente foi sua experiência de encontrar-se perante as "gloriosas obras de um clima tropical em seu solo nativo", impressão esta semelhante à de M'Leod. O naturalista também menciona algumas excursões nas redondezas "em companhia de dois outros oficiais" do *Alceste*; é provável que Charles Browne tenha acompanhado esse grupo. William Havell fez alguns estudos durante a breve estada desse grupo na cidade.** Nesse contexto, todavia, o que importa é o que Charles Browne possa ter aprendido ao observar o artista trabalhando, ou mesmo ao ouvir as descrições exaltadas da natureza brasileira pelos naturalistas. Como os desenhos da viagem do *Alceste* por Browne foram feitos de "memória", quase dois anos mais tarde, uma questão se coloca: o registro gráfico da paisagem deveu-se à imagem gravada na sua mente, ou aos estudos de Havell, ou ainda às impressões de Abel e M'Leod?

Para os que não confiam nessa prova visual há, contudo, provas escritas do trabalho colaborativo entre Browne e Havell. Além das ilustrações chinesas mencionadas anteriormente, no prefácio da obra do capitão Basil Hall está escrito que: "Os desenhos dos panoramas e trajes foram executados pelo Sr. William Havell, o eminente artista que acompanhou a embaixada, a partir de estudos executados *on the spot* pelo Sr. C.W. Browne, um aspirante a bordo do *Alceste*, e por mim mesmo." Além do mais, como veremos no capítulo 5, o ar-

---

* Segundo Justin Stagl, desde o Renascimento os metodizadores de viagens não confiavam na memória para documentar as experiências vividas durante as excursões.

** No Museu de Reading, na Inglaterra, encontra-se o estudo a óleo *The Braganza Shore, Rio de Janeiro*, por William Havell. No Print Room do British Museum, em Londres, há dois esboços em aquarela pelo mesmo artista, ambos intitulados *Near Rio de Janeiro*. Essas imagens são estudadas no capítulo 5 adiante.

13. Navegando ao redor do mundo, marinheiros entravam em contato com várias culturas da zona tropical. O artista William Havell delineou esta gravura, com base no desenho original de Charles Browne. *Loo-Choo Chief and His Two Sons*, 1818. Royal Geographical Society

tista Havell viveu na Índia entre 1816 e 1826, onde sustentou-se pintando retratos de oficiais da Companhia das Índias Orientais e do exército, assim como paisagens pitorescas. Ao compararmos a cuidadosa composição do estudo *Corcovado and Gloria Church* (Figura 15), de Browne, com a pintura a óleo *On the Coromandel Coast, South India* (Prancha VI), de Havell, podemos inferir que Browne estava familiarizado com o trabalho do artista. Em termos de composição, ambas as imagens pontuam o espaço em primeiro plano com um barco e algumas gaivotas, um navio a meia distância e, como pano de fundo, o perfil costeiro.

As representações do Rio de Janeiro por Browne ajudam-nos a vislumbrar algumas das "peças" supostamente pregadas pela memória. A crença cega nos esboços feitos *in loco* pressupunha uma mente liberta da memória, em que o que era visto era registrado diretamente através das mãos do observador (e mais tarde, através da câmara fotográfica), desconsiderando o fato de que esquecer é um ato tão complexo quanto recordar. Frente às paisagens desconhecidas, empunhando o lápis, com que contavam os marinheiros senão com suas próprias memórias para criar um vocabulário que desse sentido a tais formas? Preocupações coevas acerca do papel da memória na observação refletiam um pressuposto empiricista: "a suspeita de que sob palavras, sob idéias, a referência mental última consiste na imagem, a impressão da experiência externa impressa, pintada, ou refletida na superfície da consciência".[58]

Muitas das imagens da paisagem tropical produzidas por navegadores eram utilizadas como molduras na representação de navios. Assim como na arte do retratista, elas serviam como confirmação de que o navio realmente navegou em águas longínquas. Na segunda parte do *Liber Nauticus,* uma obra de cunho didático voltada para a questão da representação visual dos "flutuantes monumentos ao poderio britânico", Dominick Serres introduz os amadores dos desenhos de marinha às representações paisagísticas de fundo "obtidas da natureza", que tornavam os navios "ainda mais interessantes". Muitos oficiais navais aprenderam a lição, dentre eles, Harry Edmund Edgell, George Lothian Hall, Owen Stanley, Samuel Hood Inglefield e James Glen Wilson,[59] todos retrataram o Rio de Janeiro como pano de fundo para os navios da Marinha Real que os transportaram.[60] Contudo, como tentei demonstrar através dos estudos de Charles Browne, o processo de representação de paisagens "obtidas da natureza" não era assim tão espontâneo como o acreditava Dominick Serres.

I. Na Ilha de Santa Helena, o naturalista William Burchell realizou seus primeiros esboços da vegetação tropical. *A Group of Plantains from Nature*, lápis e aquarela, 1807. RBG Kew Archives

II. A representação precisa do eremita-bernardo atesta a habilidade artística do naturalista William Burchell. *Hermit Crab*, lápis e aquarela, sem data. RBG Kew Archives

III. O artista Augustus Earle empregou os vários matizes de sua paleta para representar as diversas constituições da população brasileira, retratando com astúcia o mercado de escravos carioca. *Slave Market*, lápis e aquarela, sem data. British Museum

IV. A entrada da baía de Guanabara foi representada com destreza por John Septimus Roe, jovem *surveyor* que participava da expedição de levantamento do litoral de Nova Gales do Sul, comandada por Philip Parker King. *Estudo do Porto do Rio de Janeiro*, aquarela e nanquim, 1817. J.S. Battye Library

V. Avisos aos navegantes, vistas costeiras e rotas de navios britânicos foram inseridos em vermelho na carta francesa original. *Plan of the Bay and Harbour of Rio-Janeiro on the Coast of Brazil*, 1794. British Library

14. Ao representar a vegetação que cobre a montanha, Charles Browne parece ter recorrido imaginariamente aos padrões gráficos dos tecidos orientais. *View from Lake of Mountain*, lápis, sem data. Royal Geographical Society

Vistas litorâneas tinham como função, acima de tudo, tornar perfis topográficos reconhecíveis a futuros navegadores. Para se obter tal resultado, um método geralmente empregado era recorrer à comparação entre formas conhecidas, a fim de memorizá-las. O perfil litorâneo do Rio de Janeiro, por exemplo, era comumente imaginado por navegadores como um "homem deitado de costas". Em seu roteiro *The Brasilian* [*sic*] *Navigator*, John Purdy reproduziu a seguinte descrição, realizada pelo barão Roussin, da "peculiar imagem da terra" visível na entrada ao porto:

> Vindo-se do alto-mar, entre leste do sudeste e sudoeste, a configuração de seus picos apresenta-nos, de maneira notável, a figura de um homem deitado de costas, do oeste do sudoeste e leste do nordeste; do qual a Gávea forma a cabeça, e o Pão de Açúcar, os pés. Quando os topos destes morros não estão cobertos por nuvens, é quase impossível não ficar-se atônito com tal visão.[61]

É igualmente impossível sabermos quantos marinheiros se impressionaram de fato com essa visão, pois o "homem deitado de costas" reclinava-se na mente de Roussin, e não ao longo da costa.[62] Certamente muitos teriam reconhecido a orla a partir dessa eficaz descrição e, de fato, essa imagem foi citada em vários outros roteiros de navegação. A figura do "homem deitado de costas" pode ser identificada no detalhe da carta do Rio de Janeiro do Almirantado, de 1821 (Figura 16), por exemplo. O artista francês Jean Baptiste Debret utilizou-a em seu relato sobre a viagem ao Brasil. Debret tinha ciência da descrição coloquial de vistas utilizada por navegadores.[63] Nesse exemplo, ficam evidentes os meios pelos quais formas desconhecidas tornavam-se reconhecíveis. Artistas amadores utilizavam esquemas mais sutis, mas o princípio em operação era o mesmo: ao tornar formas estranhas conhecidas, eles podiam fazer referência a uma geografia imaginativa comum. Formas desconhecidas foram, assim, transculturadas, resultando em paisagens híbridas compostas de elementos tropicais permutáveis, correspondendo ao modo de ver dos navegadores britânicos, um modo de ver moldado pela experiência do navegar em águas tropicais. Estilos arquitetônicos e elementos da vegetação transitavam livremente nas paisagens híbridas dessa zona tropical.

Representando o ausente

O mundo "lá fora" com o qual se depararam os navegadores britânicos durante os séculos XVIII e XIX estimulou suas mentes e corpos de vários modos. Eram eles os que sentiam o alívio propiciado pela chegada a um porto seguro e exuberante após dois meses em alto-mar, ao beberem água fresca das montanhas, ou ao passarem uma noite em terra firme sob o céu do hemisfério sul, refrescados pela brisa do mar. Em geral, o lento processo através do qual um conjunto

15. Na visão de Charles Browne, a igreja da Glória adquiriu feições de um templo indiano. *Corcovado and Gloria Church*, lápis, sem data. Royal Geographical Society

de práticas de representação para a composição de levantamentos costeiros foi estabelecido pode ser atribuído às dificuldades de se mapear o ausente. Através de tal processo, oficiais e marujos britânicos em alto-mar e também na metrópole eram capazes de trabalhar com essas imagens, estudar as cartas e estabelecer os limites de uma base naval, uma rota ou ainda, através dos esboços, podiam vislumbrar os perigos ou as maravilhas com as quais futuras expedições poderiam vir a se deparar.

A ênfase dada a *sketch-books* neste estudo tem como objetivo aproximar-nos do complexo saber dos navegadores no início do século XIX. Como discuti no capítulo 1, cartas náuticas impressas e relatos oficiais de viagens destinavam-se a um público específico; muitas vezes eles nos informam mais sobre esses públicos do que sobre o trabalho exigido para produzi-los. Esses documentos também dão voz a diferentes grupos, não somente à elite hidrográfica. Conforme observa Anne Secord em um contexto diferente, "uma das funções de textos científicos é obscurecer o trabalho envolvido na produção do saber, a

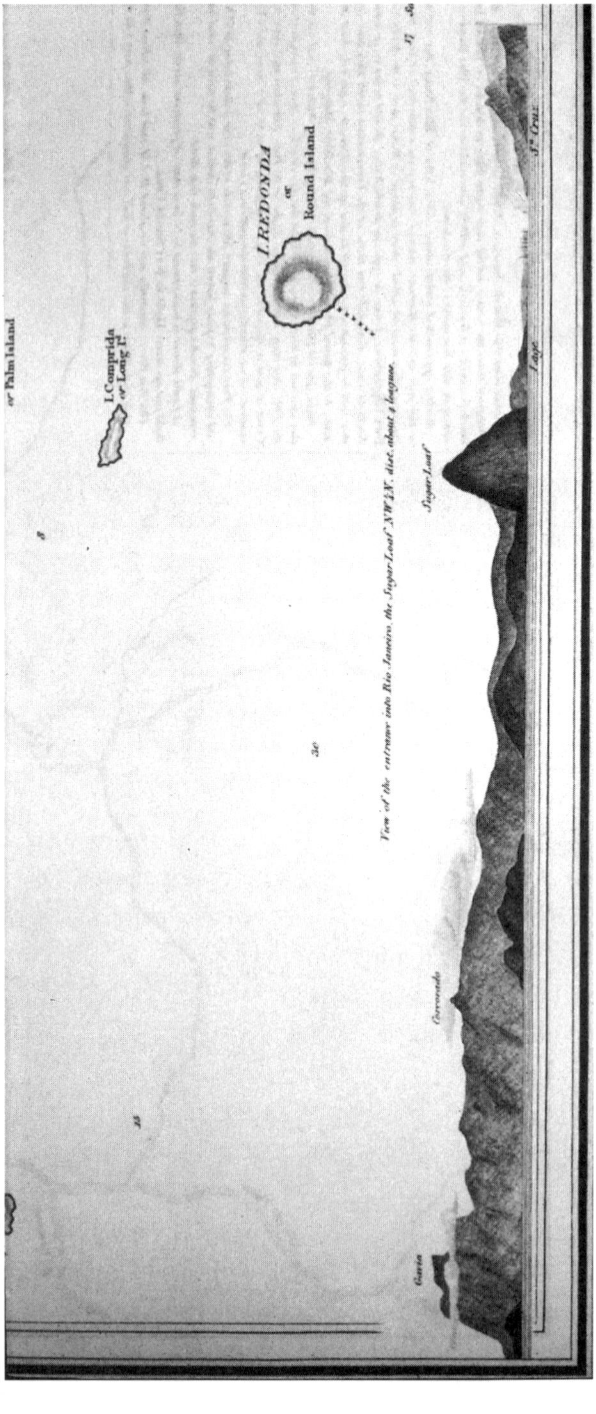

16. Na vista costeira do Rio de Janeiro é possível identificar a figura do "homem deitado de costas" mencionada com freqüência nos roteiros de navegação europeus. Detalhe da Fig.9

fim de tornar tal saber mais objetivo".[64] Quando ciência, arte e interesses imperialistas se amalgamam, como evidentemente o fizeram no trabalho dos *surveyors* marítimos, a tarefa de interpretação torna-se ainda mais complexa.

A geografia do empreendimento marítimo britânico é aqui retratada menos como uma expressão triunfal do poder imperialista do que como um meio prático de mapeamento e registro da circulação dos marinheiros e das imagens das paisagens tropicais ao redor do mundo. A construção do conhecimento marítimo britânico no início do século XIX resultou de uma constante negociação entre convenções criadas nos espaços internos dos gabinetes da Marinha Real e as representações de espaços externos por indivíduos que haviam de fato estado em terras longínquas. Mais do que meros fornecedores passivos de dados aos hidrógrafos e oficiais da Marinha, os marinheiros ajudaram a conformar a geografia imaginativa britânica do mundo exterior. O caráter necessariamente comunal da vida em alto-mar nitidamente influenciou a produção técnica dos *surveyors.* A vida cotidiana em veleiros exigia um certo grau de sociabilidade entre os viajantes e a tripulação reunidos em longas viagens. Mesmo obedecendo à hierarquia naval, os universos sociais de oficiais, marinheiros, diplomatas, naturalistas, artistas e outros não poderiam permanecer totalmente distintos.

As paisagens híbridas aqui discutidas chamam também nossa atenção para os significados obsoletos dos vocábulos ingleses *commerce* (o ato de se comunicar fisicamente; *to communicate physically*) e *trade* (o curso ou rota de um navio; *the course or track of a ship*).[65] Naus britânicas mapearam rotas ao redor do mundo; não só nas cartas elaboradas nos gabinetes hidrográficos da metrópole, mas também nos lugares onde de fato estiveram. Partindo ao sabor dos ventos alísios e regressando sob os ventos de oeste, tais embarcações permitiram o intercâmbio de imagens de paisagens, assim como de mercadorias e espécies exóticas, de uma extremidade a outra do vasto mundo tropical.

Capítulo 4

"A luta pela exuberância": naturalistas nos trópicos

A principal tarefa dos marinheiros era trazer o navio de volta com segurança, como vimos no capítulo anterior; muitos dos naturalistas que eles transportaram, entretanto, permaneceram em terras distantes. Enquanto a experiência dos navegadores era, principalmente, liminar — de costas, praias e portos —, os naturalistas penetraram no interior. Isso implicava não apenas um encontro com o outro, mas um relacionamento mais visceral e íntimo com a paisagem. Os naturalistas deviam não só manter seus "olhos e ouvidos abertos", como os *surveyors* marítimos, mas também, cheirar, tocar e algumas vezes provar objetos de um mundo estranho. A construção dos trópicos pelos naturalistas britânicos deveu-se a uma imensa negociação entre as imagens que eles carregavam em suas mentes e o modo como os objetos da paisagem estrangeira eram experimentados, uma troca que ia muito além do mero ato de ver.

Entre 1810 e 1850, um número crescente de naturalistas britânicos visitou o Rio de Janeiro. Especialmente depois de 1815, com o fim das guerras napoleônicas, quando navegar para o exterior tornou-se mais seguro, viajantes franceses, alemães, russos e ingleses, entre outros, podiam ser encontrados nos arredores da cidade e no topo das montanhas coletando plantas, insetos e aves, observando e registrando todos os aspectos da natureza. Aos poucos, a fauna, a flora e as paisagens brasileiras integraram-se ao repertório imagístico dos trópicos na Europa.

Escrevendo sobre a "invenção da tropicalidade" à luz de Edward Said, David Arnold observa que chamar "parte do globo de *os trópicos* (ou por quaisquer termos equivalentes, tais como *região equatorial* ou *zona tórrida*) tornou-se, ao longo dos séculos, uma maneira ocidental de definir alguma coisa culturalmente estranha, bem como ambientalmente diferente da Europa (especialmente da Europa setentrional) e de partes da zona temperada". Entretanto, como ele ressalta mais além, "nem todas as partes do mundo não-europeu eram tratadas igualmente, seja em termos materiais, seja em termos ideológicos".[1] Como no caso das imagens das ilhas do Pacífico, a visão da América do Sul produzida pelos europeus era poliglota, sendo o resultado do encontro de diversas idéias, as quais "eram originadas não de um molde superposto à leitura da literatura de viagem, mas sim da interpretação de eventos, ora empolgantes, ora terríveis; do medo de mudanças; de uma apercepção de que os sistemas para descrever e explicar o mundo estavam sendo ampliados pela própria descoberta".[2]

Embora o espanto inicial ante a pujança da paisagem tropical fosse comum entre os naturalistas britânicos, esse espanto posteriormente adquiriu diversas formas. Enquanto o grande número de novas espécies encontradas nos trópicos prometia uma riqueza de coleções exóticas, sua exuberância e proliferação também minavam a ordem natural estabelecida, oferecendo um desafio intelectual a jovens naturalistas, bem como dificuldades de ordem mais prática. Dependendo dos diferentes mundos culturais a que os naturalistas e herborizadores pertenciam — "ilhas" —, para usar a expressão de Greg Dening, os viajantes transculturaram as paisagens tropicais de vários modos, negociando suas experiências antes, durante e depois da viagem. Neste capítulo, minha intenção é explorar algumas dessas "ilhas" britânicas no contato com as praias tropicais. Viajar longas distâncias através dos oceanos no início do século XIX estava longe de ser uma experiência agradável. Que tipo de impulso levaria os naturalistas a suportarem tanto sofrimento físico e emocional? Naturalmente, suas expedições não eram um completo "salto no escuro"; imagens dos trópicos circulavam na Europa desde as primeiras viagens de "descobrimento".[3] Mas, sob o espírito do Iluminismo, os trópicos foram se tornando algo diferente para os britânicos.

Depois de sua viagem no *Endeavour*, Joseph Banks organizou e expôs os tesouros botânicos de um mundo quase desconhecido, estimulando "a imaginação e a cobiça de um amplo círculo britânico e europeu de jardinagem".[4] Assim, inicio este capítulo discutindo a paisagem retratada por Banks e sua influência na atividade de coleta de plantas. Em seguida, trato do trabalho dos herborizadores no campo. O restante do capítulo é dedicado aos escritos de dois proeminentes naturalistas, William Burchell e Charles Darwin. Além de nos terem legado uma vasta documentação, as visões desses dois naturalistas fornecem um interessante contraponto para explorarmos as ambigüidades da atividade científica e sua relação com a visibilidade no período em tela. Concluindo, analiso as semelhanças e as diferenças entre as paisagens tropicais produzidas por coletores de plantas e naturalistas, assim como o papel desempenhado pela representação gráfica na cultura da história natural oitocentista.

A influência de Joseph Banks

Uma imagem proeminente dos trópicos ao final do século XVIII era a de uma porção do globo na qual plantas podiam ser transferidas de um lugar para outro. Segundo Arnold, o transplante (especialmente de culturas comerciais como açúcar, café, algodão, borracha, cinchona e sisal), entre diferentes territórios tropicais nas Américas, África, Ásia e no Pacífico, era parte integrante da visão européia de mundo tropical. Esse processo começou cedo. A partir do século XV, os portugueses estabeleceram um sistema simples de jardins de aclimatação e levaram a cabo uma série de complexas transferências de plantas em suas novas colônias. Os sistemas de comércio farmacológico existentes no Leste foram, assim, ligados às regiões da África ocidental, Caribe e Brasil.[5] Um pouco depois, jardins botânicos foram estabelecidos na Itália renascentista, seguindo um ressurgimento de interesses místicos e médicos no estudo da natureza, acompanhado pela introdução de plantas exóticas no solo europeu.[6]

Durante o século XVII, holandeses estabeleceram um jardim botânico no Cabo da Boa Esperança, visando cultivar legumes para abastecer os navios da Companhia Holandesa das Índias Orientais. O crescente interesse pela botânica foi marcado pela preparação do *Hortus Indicus Malabaricus* (1678-1703), um projeto iniciado pelo administrador colonial holandês na Índia, Hendrik van Rheede tot Drakenstein. O *Hortus* exibia uma ampla gama de plantas, cultivadas e silvestres: gramas, fetos e musgos bem como coqueiros, bananeiras e mamoeiros.[7] Como Grove sugere, esse trabalho deve ser considerado antes uma compilação da etnobotânica do Oriente Médio e sul da Ásia do que unicamente uma obra européia. De maneira semelhante, as operações de comércio ultramarino da Companhia Sueca das Índias Orientais forneceram a Lineu uma coleção de plantas das mais variadas partes do mundo. Havendo criado "as ferramentas verbais do comércio botânico", o professor de história natural em Uppsala enfatizou a necessidade de viagens longínquas na busca de novos animais e plantas. Ele fez vasto uso de seus contatos pessoais e institucionais na organização e envio de expedições destinadas a encontrar novas espécies ao redor do mundo.[8]

Ao lado dos objetivos médicos e científicos, as plantas passaram a ser cultivadas também por seu valor ornamental. Na Inglaterra, a moda da jardinagem desenvolveu-se juntamente com a de colecionar espécies exóticas. Personagens como o naturalista-viajante Mark Catesby, por exemplo, muito contribuíram para o estabelecimento de uma rede transatlântica de permuta botânica. A história da produção de suas obras pioneiras — *Natural History of Carolina, Florida, and the Bahama Islands* (concluída em 1747) e *Hortus Britanno-Americanus* (1763) —, fartamente ilustradas, ilumina as diversas conexões entre as diferentes comunidades envolvidas na constituição da história natural européia setecentista.[9] Colecionadores amadores, no entanto, "aprenderam a rondar as docas, fazendo amizade com membros das tripulações de navios que estavam de partida municiando-os com instruções sobre como realizar as pesquisas e, principalmente, sobre como trazer de volta, nas melhores condições possíveis, o que eles tivessem conseguido encontrar".[10]

Mas um enfoque mais sistemático e em larga escala de coleta estava sendo desenvolvido por Joseph Banks, inspirado pelas realizações de Buffon e Thouin no Jardim Botânico Real, em Paris, e de Poivre e Céré em Maurício, ilha do Oceano Índico.[11] Em 1772, tendo retornado de sua viagem com Cook, ele assumiu o cargo de diretor dos Royal Botanic Gardens em Kew. Banks via os jardins como um grande centro de desenvolvimento e difusão do conhecimento da botânica e, especialmente, como o ponto central de esquemas para transferência de plantas através do Império. Em cooperação com a Coroa, o Almirantado e os Departamentos de Estado, pessoal treinado em Kew foi responsável pela fundação de jardins botânicos em São Vicente, Calcutá, Madras, Santa Helena, Jamaica, Cabo e Trinidad. Missões exploratórias e de pesquisa botânica, estendendo-se bem além dos limites do Império Britânico, também contavam com os assistentes de Kew Gardens. Mas Kew não era a única instituição engajada na promoção de busca às plantas. A Horticultural Society of London (agora Royal Horticultural Society), fundada no início do século XIX, promoveu um programa detalhado de trabalho de herborização e de suas técnicas. Ela também enviou colecionadores de plantas através do mundo. Para entender o que os trópicos significavam para esses jovens herborizadores, dedico a próxima seção às expectativas, ansiedades e experiências de três viajantes botânicos, recorrendo a seus diários e cartas. Destarte, pretendo menos reconstruir o que realmente aconteceu do que lançar alguma luz sobre como as representações dos trópicos eram formadas e informadas pela maneira como essas terras distantes eram percebidas e vivenciadas no mundo da herborização.

Jardineiros no exterior: Visões tropicais de três botânicos viajantes

Em 7 de junho de 1814, Joseph Banks enviou uma carta a W.T. Aiton, superintendente de Kew Gardens, na qual ele enfatizava a dimensão política da busca às plantas:

> A chegada do tratado definitivo com a França e a certeza de que, antes de que qualquer coleção possa estar pronta para ser enviada para casa, navios partirão como sempre fizeram, sem serem submetidos a atrasos incertos, tornam-me ansioso para ver ser retomado o interesse de colecionadores estrangeiros e, ainda mais porque, o imperador da Alemanha, que havia anteriormente fretado navios com imensos gastos e enviado botânicos bem instruídos para coletar para seu castelo em Shoenbrunn (o único rival de Kew que eu temo) retomará, sem dúvida, o trabalho de melhorá-lo.[12]

A fim de rivalizar com a superioridade botânica dos alemães, Banks organizou uma missão de herborização de dois jovens assistentes de Kew Gardens. No fim de outubro de 1814, Allan Cunningham e James Bowie navegaram de Spithead para o Rio de Janeiro, chegando poucos dias depois do Natal. Cunningham tinha 23 anos e havia trabalhado nos Jardins como assistente na compilação do *Hortus Kewensis* desde 1808. Bowie, de 25 anos, trabalhara nos Jardins durante quatro anos. As instruções que Banks lhes forneceu relacionavam-se não só aos métodos e procedimentos técnicos, mas também a sua reputação social. Eles não deveriam, ele explicou, "assumir o papel de *gentlemen*" — mas sim "instalar-se de maneira rústica, semelhante à dos servos".[13] As "duras condições e a duríssima linguagem dos suboficiais" com quem eles dividiam os alojamentos a bordo do *Duncan* foram os primeiros sinais das dificuldades que teriam de enfrentar.[14] As instruções para os coletores de plantas no Rio eram as seguintes:

> Vocês deverão empenhar-se em coletar, nas vizinhanças da cidade, numa distância a ser percorrida a pé, sementes e amostras de todas as plantas não existentes nas Coleções Reais de Kew que tiverem a sorte de encontrar; entretanto, deverão evitar expor-se ao calor abrasador do clima, coletando durante as manhãs e noites, passando a parte quente do dia separando e arrumando as amostras, empacotando as sementes etc... e não deverão, de modo algum, confiar no vigor de sua juventude e na resistência de sua constituição, mas diligentemente conformar-se às práticas dos nativos evitando os perigos do clima e os riscos de visitar regiões insalubres.[15]

Os herborizadores deveriam também investigar o hábitat de certas espécies do gênero *Fuchsia*, planta nativa das montanhas do Brasil, que poderia suportar o clima da Inglaterra. Eles tinham de manter um diário de todos os seus procedimentos "anotando especialmente a situação do solo e de ambiência de toda planta notável", e não deviam "permitir, de forma alguma que, quem quer que seja, receba qualquer parte das sementes, plantas ou bulbos coletados por vocês enquanto continuarem no presente emprego".[16] Eles responderam prontamente a tais instruções, como está registrado no diário que mantinham, datado de 19 de janeiro de 1814:

> Esta manhã atravessamos o porto para Praia Grande querendo ver se havia alguma diferença entre a produção vegetal de suas colinas e aquela de São Sebastião, mas não achamos nada especialmente diferente do que temos visto em São Sebastião exceto uma *Amarylis* N. 1 que encontramos na Colina de Bragança. Praia Grande é basicamente de areia do mar, exceto as montanhas que são de granito duro, geralmente cobertas por árvores (numa terra ocre) dificilmente penetráveis. Como Praia Grande está a 4 ou 5 milhas de São Sebastião, nossa ânsia de penetrar o mais longe possível nos levou consideravelmente mais além do que pretendíamos, e o calor começou a tornar-se intolerável quando, ocasionalmente, saíamos da mata para os espaços abertos, que eram poucos, de modo que não deixamos Praia Grande até 8 horas da noite, quando ficamos completamente encharcados por um temporal. A chuva continuou, sem interrupção, durante toda a noite. Na nossa volta a casa estávamos tão exaustos que fomos obrigados a deitar-nos, doentes e fracos.[17]

Cunningham e Bowie haviam sido avisados dos perigos dos trópicos, mas agora eles os estavam experimentando pela primeira vez. Estavam ansiosos por coletar o máximo que pudessem, a fim de enriquecer Kew com as inúmeras lindas plantas brasileiras, "de forma que a Inglaterra encontrar-se-ia numa posição sem rival na produção botânica durante séculos."[18]

A paisagem das florestas representava um desafio desalentador para os coletores de plantas. Numa excursão pelas matas entre Botafogo e o centro do Rio, George Barclay, outro colecionador de Kew, escreveu em seu diário alguns anos mais tarde: "Essas matas são praticamente impenetráveis em muitas partes e parecia, por vezes, para um europeu pouco viajado, impossível atravessá-las — eu precisei abrir meu próprio caminho em muitos locais por diversas jardas de cada vez."[19] A impenetrabilidade das matas, entretanto, ia bem mais além da existência física da floresta, uma vez que o olho do "pouco viajado europeu" não podia reconhecer as formas de vida que ela apresentava. Viajando pelo Sul, em Santa Catarina, Barclay comentou que "a infinita diversidade de formas e cores ... enche o olho do europeu pouco viajado de assombro". Aos coletores de plantas ou "botânicos viajantes", como Cunningham costumava apelidar-se, faltava a linguagem para compreender a paisagem estrangeira. Em vez do prospecto através de uma janela, a paisagem servia mais como um espelho, refletindo o próprio senso de estranheza dos viajantes. As matas os aterrorizavam tanto quanto "a atmosfera de uma cidade que lhes parece primitiva e mal governada". Para protegerem-se, Cunningham e Bowie pediram às autoridades locais que lhes fornecessem um guarda-costas, uma solicitação que não foi levada muito a sério. Mesmo assim, eles pediram a Banks permissão para comprar um par de pistolas.[20]

Mas pistolas não eram as ferramentas de que eles necessitavam para atravessar as ilhas culturais nas quais tentavam abrigar-se. Contrariando os planos de Banks, Cunningham e Bowie estavam aptos a conseguir uma passagem para o Cabo apenas um ano e meio depois de sua chegada.* Durante esse período,

* Isto sugere que havia limites ao apoio do Almirantado ao esquema de Banks. Cunningham assim reportou as desculpas do capitão Maxwell por não aceitá-lo a bordo do *Alceste* (transportando a embaixada de Lord Amherst para a China): "que o navio estava muito sobrecarregado ... além de ser altamente improvável que fosse ao Cabo." Como vimos no capítulo anterior, o *Alceste* aportou no Cabo. Diário manuscrito, 25 de março de 1816 (RBG Kew Archives).

eles fizeram uma viagem de seis meses a São Paulo, onde suportaram noites ao ar livre, uma dieta diária de feijões pretos e atrasos constantes por causa das enchentes. De volta ao Rio, dedicaram-se a todo o interior num raio de trinta milhas da cidade. Gradualmente, como McMinn sugere, em lugar da mata indecifrável, os olhos dos herborizadores passaram a ver lindos cactos, orquídeas e parasitas. Quando deixou o Rio, Cunningham escreveu, com pesar:

> Que ambos tenhamos tido de deixar o Brasil (num ponto em que tínhamos adquirido conhecimento da língua, do país, tínhamos nos acostumado aos modos de viajar e hábitos do povo; tínhamos acumulado amigos, portugueses e alguns ingleses, que sentiam prazer infinito em nos ajudar em nossas buscas, o que nos permitiu formar coleções muito amplas das brilhantes reservas desta terra virgem, com muito menos esforço do que fizemos quando completos estranhos) é um assunto, em verdade, que eu não posso senão lamentar muito.[21]

Cunningham estava ciente de quanto suas realizações e as de Bowie dependeram de seu aprendizado através da experiência de campo. Aprender significava não só aguçar o olhar para colher as amostras corretas, mas também atravessar suas próprias "praias" e aprender a superar o medo da diferença de outras "ilhas."[*]

Outro jovem viajante botânico que visitou o Rio foi John Forbes, enviado pela Horticultural Society of London numa expedição exploratória comandada pelo capitão Owen, do *Leven,* em 1822. Embora seu destino final fosse a costa leste da África, a rota incluía visitas a Portugal, Madeira, Ilhas de Cabo Verde, Rio de Janeiro, Cabo da Boa Esperança, Baía de Algoa, Baía de Delagoa, Madagascar, Ilhas Comodoro e Moçambique.[22] Forbes viria a perder a vida na expedição

* Segundo McMinn, após deixar o Brasil, Cunningham navegou para Nova Gales do Sul. Ele permaneceria quase dezesseis anos na Austrália, período durante o qual participou de constantes expedições de pesquisa através do país. Bowie, seu companheiro, seguiu para o Cabo. O fato é que, depois de terem aprendido a viver no exterior, nem Cunningham e nem Bowie podiam viver novamente na Inglaterra. Em 1º de março de 1837, Cunningham assumiu o posto de superintendente do Jardim Botânico de Sydney, posição a que renunciou antes de completar um ano de ter assumido, porque não queria "continuar a ser um mero cultivador oficial de repolhos e nabos". Conforme mencionado no obtuário de Bowie publicado no *Cape Standard,* após uma breve permanência na Inglaterra, ele também retornou para o Cabo, onde passou o resto de sua vida.

de 1823 ao Zambeze, juntamente com o tenente Charles W. Browne, o navegador cujas paisagens estudei no capítulo anterior.

Forbes recebeu instruções mais detalhadas da Horticultural Society of London do que os botânicos viajantes haviam recebido de Kew. Primeiramente, deveria considerar-se sob a direção do capitão durante toda a viagem. Depois, seguia-se uma lista das plantas que ele deveria coletar, organizada em diferentes categorias: horticulturais, ornamentais e medicinais. Embora estivesse primordialmente engajado em buscas horticulturais e botânicas, foi-lhe recomendado que fizesse "o máximo possível para formar coleções em outros ramos da história natural". Entretanto, ele deveria ter o cuidado de "nunca abandonar a atenção às plantas em prol de outras buscas".[23] Espécimens curiosos de frutas deveriam ser engarrafados em álcool; amostras de cápsulas e sementes de plantas deveriam ser preservadas para exibição nos mostruários da Sociedade. Forbes foi instruído a inquirir sobre plantas desconhecidas dos jardins dos locais que ele visitasse, "anotando seu método de cultivo e a maneira como eram utilizadas". Foi-lhe especialmente solicitado que procurasse sementes ou plantas de frutas nativas de climas quentes, descrevendo-as apropriadamente (embora não esteja claro o que a instrução queria dizer com "ser específico em suas descrições"), bem como observasse e registrasse "todas as circunstâncias relativas ao seus hábitats em estado selvagem e ao seu cultivo, ou tratamento necessário, quando em jardins". Ele deveria manter diários de seus procedimentos e observações, e enviar cópias dos mesmos de lugares determinados.[24] Forbes foi encarregado, também, de "informar-se sobre e esforçar-se para conhecer pessoas" que pudessem vir a ser membros correspondentes da Sociedade. Nessas instruções, vemos a importância atribuída ao estabelecimento de uma rede de informantes e herborizadores ligada à Sociedade. Em um documento intitulado *Additional Instructions* havia detalhes complementares dos deveres de Forbes em cada local que visitasse. Ele deveria obter cítricos e castanhas de Portugal; cítricos da Madeira, Tenerife e Ilhas de Cabo Verde; bulbos do Rio e do Cabo. A Horticultural Society tornou claro que tudo o que ele coletasse seria de propriedade exclusiva da Sociedade. Ele foi provido com muitos itens de equipamento, incluindo caixas, baús, lápis, blocos de papel, pranchetas e papel pardo para o herbário, lupas, bússolas, facas, tesouras, vidros para as frutas, álcoois para conservação de frutas e insetos, instrumentos de dissecação, chumbinhos e redes. Ele foi aprovisionado, também, com uma coleção de sementes de jardim, para trocá-las por outras nativas, quando necessário, bem como com cartas de apresentação. Havia também uma pequena biblioteca com imagens da flora que ele deveria enviar para casa, além de manuais sobre outros ramos da história natural.[25]

Ao contrário de muitos outros naturalistas experimentando a viagem marítima pela primeira vez, Forbes relatou nunca haver gozado de melhor saúde em sua vida.[26] Seu maior problema a bordo do navio advinha da falta de espaço para suas coleções, pois havia sete pessoas reunidas na sua ala. Ele conseguiu mudar-se para outra, que dividia com apenas quatro pessoas, e onde ele podia ter sua própria cabina exclusiva. O alojamento na nova ala, entretanto, era mais caro, e Forbes, numa carta particular para Joseph Sabine (secretário da Horticultural Society of London), pediu muitas desculpas pelo fato.[27] Ele também mencionou a "considerável dificuldade para conservar as plumagens dos pássaros a bordo do navio onde tudo está tão sujeito a ficar úmido e a ser jogado de um lado para outro", dificuldade, essa, sofrida por muitos colecionadores no mar. Tendo atracado no Rio, os problemas continuaram: "cerca de doze belas peles foram atacadas pelos ratos que comeram as pernas, danificando-as", e "o garoto que havia contratado no navio para trabalhar para ele fugira, assim como fizeram vários outros membros da tripulação".[28]

Em primeiro de maio de 1822, o *Leven* aportou no Rio. "Magnífica", "paisagem grandiosa e nobre", "cenário rico e belo", são as impressões sobre os arredores da cidade registradas no diário de Forbes. Ele visitou o Passeio Público, onde teve o prazer de fazer uma "fresca e agradável" caminhada sob a densa folhagem das mangueiras cujas "folhas são tão numerosas e cerradas que os raios de sol quase não penetram."[29] No Corcovado, "um dos Jardins Botânicos da Natureza", Forbes descreveu o cenário como "romântico". Ele mencionou um encontro com o cônsul russo Georg Heinrich Langsdorff, que estava organizando uma expedição para o interior.* Tendo passado um mês no Rio, o her-

* Segundo Fauser e Belluzzo, a expedição de Langsdorff, patrocinada pelo czar Alexandre, durou sete anos (1822-29). Começou nos arredores do Rio, seguindo para Minas Gerais (1824-25). De volta ao Rio, o grupo seguiu para São Paulo, Cuiabá, Mato Grosso e Amazônia (1825-29). Dentre os membros da expedição estavam Eduard Ménetries (zoólogo), Georg Freyriss (naturalista), Rubtsov (astrônomo), Moritz Rugendas (artista), Ludwig Riedel (botânico), Aimé-Adrien Taunay (artista) e Hercule Florence (oficial naval).

VI. O artista William Havell permaneceu por quase nove anos na Índia, pintando paisagens e retratos dos oficiais da Companhia das Índias Orientais. *On the Coromandel Coast, South India*, óleo sobre tela, 1821. Reading Museum and Art Gallery

VII. No esboço a óleo da costa de Bragança (hoje Niterói), William Havell tentou capturar a luz e as cores da paisagem tropical. *The Braganza Shore, Rio de Janeiro*, óleo sobre cartão, 1816. Reading Museum and Art Gallery

VIII. Onze anos após sua visita ao Rio, William Havell inspirou-se na paisagem carioca para elaborar esta tela.
Garden Scene on the Braganza Shore, Rio de Janeiro, guache sobre tela, 1827. Victoria and Albert Museum

IX. Diferindo de seus contemporâneos, o artista Augustus Earle inseria-se ativamente nas paisagens que representava. *View from the Summit of the Cacavada [sic] Mountains, near Rio*, aquarela, c.1822. National Library of Australia

borizador lamentou que "se eu soubesse, quando chegamos aqui, que ficaríamos tanto tempo, eu teria feito uma viagem para o interior", acrescentando: "Este é um clima tão luxuriante, e os espécimens tão numerosos que, se permanecesse aqui por sete anos, eu encontraria algo de novo em cada dia de excursão, é um mundo inexaurível para um naturalista."[30] Mas, a 9 de junho de 1822, o *Leven* levantou âncora:

> Havia pouco vento e os navios tiveram que ser rebocados, eram cerca de onze horas quando passamos pelos fortes e pelo Pão de Açúcar, e dissemos adeus ao lindo cenário do Rio, certos de que não veríamos paisagem mais bela nem encontraríamos melhores amigos. Eram cerca de 5 horas, quando passamos pela Ilha Rasa e perdemos de vista o continente americano na noite.[31]

De fato, um mês depois, chegando ao Cabo, Forbes dificilmente podia ocultar seu desapontamento à vista das colinas áridas de Table Bay. Em muitas de suas cartas, ele repetidamente pediu o trabalho *Travels in the Interior of South Africa,* de William Burchell (1822). O livro havia sido publicado poucos meses depois de eles terem deixado a Inglaterra. Por razões que não estão claras, Sabine nunca lhe enviou uma cópia, descrevendo-o como "um pobre desempenho [contendo] nada que lhe interessará uma vez que nenhum dos pontos que você provavelmente visitará é tratado."[32]

Durante suas viagens pela costa oriental da África, entretanto, Forbes escreveu estar "muito ativo nas atividades botânicas".[33] Quando o capitão Owen decidiu enviar um grupo para fazer um levantamento do rio Zambeze, Forbes esperava por "uma nova e esplêndida colheita".[34] No dia 29 de junho de 1823, enquanto estava na Baía de Algoa, ele escreveu a Sabine: "eu espero retornar carregado com os tesouros vegetais do país, pouco conhecidos como nenhum outro no mundo".[35] Seis meses depois, Sabine respondeu ao entusiasmado botânico: "Sua recordação desse fato lhe será grata pelo resto de sua vida e a honra alcançada por suas realizações lhe será agradável e útil. Se eu houvesse sido consultado a respeito, eu teria hesitado."[36] Infelizmente, Forbes nunca recebeu essa carta. O capitão Owen registrou o evento final:

> Aflige-me terrivelmente ter de informá-lo que o pobre Forbes não mais existe. Ele faleceu durante sua viagem através do Zambeze para Sena, justamente quando estava iniciando a parte mais interessante de suas pesquisas. É também lamentável que sua morte parece ter acontecido (tanto quanto pode ser avaliado

fisicamente) em conseqüência da ingestão de uma guloseima mal-avaliada enquanto viajava numa canoa.[37]

A história da vida e morte de Forbes pode ser considerada irrelevante aos interesses deste estudo, especialmente porque seus desenhos das paisagens tropicais não puderam ser localizados na presente pesquisa.* Porém, a saga de Forbes como botânico de campo é sintomática da emergência do novo observador, para o qual a experiência *in loco* é fundamental. O diagnóstico de sua morte, feito pelo capitão Owen, fornece um símbolo revelador do entusiasmo do jovem botânico: no afã de tudo experimentar, arriscou-se a um erro de julgamento, falhando em reconhecer uma fruta não-comestível. Há ironia adicional nessa história, dada a longa associação entre medicina e botânica.[38] Os botânicos eram aceitos e, muitas vezes, até bem-vindos, nas primeiras expedições exploratórias precisamente por sua habilidade em aconselhar sobre a comestibilidade de alimentos potenciais em situações de emergência.[39] Se Forbes foi vítima de uma "guloseima mal-avaliada", isso revela até que ponto os botânicos deixavam-se levar pelo empenho físico completo. Retornando à paisagem, outro aspecto das viagens botânicas merece atenção. A natureza da viagem de Forbes — como membro de uma expedição organizada a caminho da África — claramente o auxiliou a moldar as descrições dos locais que ele visitou. Comparando as impressões de Forbes com as de Cunningham e Bowie, percebe-se como as incertezas dos últimos eram projetadas nas paisagens. Forbes ficou apenas um mês no Rio, numa situação razoavelmente segura e protegida: ele nos forneceu uma imagem muito mais próxima da visão paisagística dos turistas emergentes da sociedade industrial britânica, que saíam à procura das vistas pitorescas de William Gilpin, como mencionado no capítulo 2, do que aquela de um naturalista profissional. Para Cunningham e Bowie, entretanto, os trópicos revelaram-se uma tela em que, primeiramente, os herborizadores projetaram suas ansiedades, vindo, gradativamente, a fornecer uma imagem mais serena de um vasto campo de pesquisas, uma nova "ilha" que se formava.

---

* Entre os documentos de Forbes, há uma lista de desenhos, referindo-se a quatro gravuras: *1. Cape de Ver [sic] Islands; 2. Granite rock entrance into boto-fogo [sic] bay Rio de Janeiro. 3. Marshey thick woods rich soil; 4. Granite Rock boto-fogo [sic]* (RHS Archives).

Os trópicos de um hábil naturalista: William Burchell como desenhista

Embora os manuais de instrução para colecionadores enfatizassem a importância de registrar dados perecíveis em palavras e esboços feitos *in loco*, essa recomendação era freqüentemente negligenciada. No seu estudo sobre os zoólogos científicos, na Inglaterra, no início do século XIX, Anne Larsen faz distinção entre duas categorias de dados perecíveis de plantas e animais: informações relativas ao conteúdo de um ser vivo, tais como cor, forma e hábitos, e informação sobre seu contexto, isto é, onde ele se localizava, descrevendo as características de seu hábitat natural. Como ela afirma, o "exame detalhado das paisagens era um dos aspectos mais fundamentais da história natural; os manuais de instrução usualmente ensinavam seus leitores como observar, reunir e registrar espécimens que representassem os traços e as características particulares de uma região".[40] Pôr as instruções em prática, entretanto, não era tão trivial. Requeria rápidos esboços, uma habilidade que demandava treino. Além disso, como aludi anteriormente, o ato de coletar em terras distantes estava longe de ser uma tarefa simples. Além de muito tempo livre — porque herborizar e desenhar são, ambas, tarefas demoradas —, desenhar requeria, também, mãos e olhos treinados. Cumpre registrar, aqui, que a maior parte das ilustrações da flora exótica em livros botânicos contemporâneos era desenhada a partir de espécies cultivadas na Europa.[41] E quando W.J. Hooker estava editando seu trabalho sobre botânica exótica, ele teve dificuldades para encontrar, na Escócia, um gravador treinado para realizar a tarefa.[42] Era raro encontrar-se um naturalista como William Burchell, em quem se combinavam as habilidades de desenhar, coletar e observar. Além da inquestionável qualidade de seus desenhos, o que importa na discussão a seguir é o papel do desenho nos registros de Burchell, particularmente em relação à produção de paisagens tropicais.

Burchell veio para o Brasil em 1825 e permaneceu aqui por cinco anos. Antes disso, ele já havia passado cinco anos na Ilha de Santa Helena (1805-10), e outros cinco viajando pela África do Sul (1810-15). Embora as razões que levaram Burchell a Santa Helena não estejam muito claras, foi lá que teve seu primeiro contato com a natureza tropical. Ele foi nomeado Schoolmaster and Acting Botanist pela Companhia das Índias Orientais, em 1805, e trabalhou no jardim botânico, um local utilizado como "casa de convalescença" para as plantas coletadas no hemisfério sul, a caminho da Inglaterra.[43] Neste estudo, interessa-me a ênfase que Burchell atribuiu às considerações estéticas na contemplação da natureza, relevância essa atestada pelo grande número de desenhos produzidos pelo naturalista. Para Burchell, a arte estava intimamente ligada à ciência. Aos 15 anos ele recebera, de Merigot, um artista francês estabelecido na Inglaterra, lições de desenho paisagistíco. Seu conhecimento de perspectiva havia sido adquirido de John Claude Nattes, um mestre em desenho topográfico e aquarela.[44] De acordo com McKay, há também alguma evidência de que Burchell tenha trabalhado em Kew. Em 1803, ele foi eleito Fellow of the Linnean Society, em reconhecimento pela sua perícia em botânica. Burchell usou suas habilidades artísticas e sensibilidade, bem como sua capacidade científica, no registro dos aspectos de paisagens, povos, espécies da flora e da fauna dos países que visitou.

No *sketch-book* de Burchell sobre Santa Helena, agora nos arquivos de Kew Gardens, vemos suas primeiras tentativas de retratar as estranhas formas da natureza tropical. Primeiramente, há varias vistas da ilha a partir do mar, desenhadas a bordo do *Nothumberland.* O olhar de Burchell buscava precisão não somente quando estava retratando objetos isolados, como em desenhos de um grupo de bananeiras-de-São Tomé, visto no capítulo 2 (Prancha I), e de um eremita-bernardo magistralmente colorido (Prancha II), mas também nas vistas da paisagem da ilha desenhadas *in loco*, com detalhados bambus e inhames. Num panorama de Sandy Bay, Burchell notou que "não havia vegetação nesta vista". Em alguns desses desenhos, os diferentes planos do cenário eram numerados de acordo com sua distância a partir do observador. Em muitos, os objetos eram nomeados, como no esquema de um jardim, mostrando plantas tais como ficus, algodoeiros, coqueiros e oliveiras. Na ilha, Burchell foi posto em contato não só com a flora nativa mas também com espécies do Cantão, Calcutá, Sumatra, Brasil e Cabo.[45] Os desenhos de Burchell também refletiam suas tendências artísticas íntimas: retratando um casal em um passeio, ou a vista de uma romântica passagem abobadada, ou nos seus croquis a lápis, de árvores, para compor, posteriormente, uma pintura a óleo.

Em 1810, Burchell aceitou o posto de herborizador na colônia do Cabo. Permaneceu na Cidade do Cabo por cerca de sete meses, antes de iniciar sua viagem de quatro anos e 4.500 milhas pela África do Sul. O principal resultado dessa viagem foi seu trabalho *Travels in the Interior of Southern Africa*, cujo primeiro volume apareceu em 1822 e o segundo, em 1824. Ricamente ilustrado, com gravuras baseadas em seus próprios desenhos, esse trabalho é de interesse no presente contexto devido ao que Burchell afirma a respeito da função de seus desenhos. De acordo com o naturalista, o próprio ato de registrar uma cena em seu *sketch-book* destinava-se a preservar uma memória pessoal do evento. Burchell afirmava que a arte de desenhar deveria ser vista, por aqueles que desejassem conhecer países pouco viajados por europeus, "não meramente como um meio de dar a seus amigos uma idéia daquelas cenas e objetos que eles haviam observado, mas para sua própria gratificação, e pelo prazer de uma renovação de impressões passadas muito mais vivamente do que qualquer caneta possa expressar em um diário escrito".[46] As extensas planícies do Sul da África tinham, nas palavras de Burchell, "uma espécie de beleza com que eles (os artistas europeus), possivelmente, não estão, ainda, suficientemente familiarizados: uma beleza própria, que dependia mais do efeito de matizes imaginários e do colorido de uma região árida e quente, do que da riqueza do tema ou de um esboço romântico". Enquanto desenhava o retrato de um nativo, Burchell observou que suas proporções eram diferentes das dos europeus: "a cabeça de Mollémmi desafiava todas as regras da arte".[47] O naturalista enfatizava a importância de *copiar* os objetos, fossem eles figuras ou paisagens. Segundo Burchell, ao contrário do artista que via a natureza "como um meio através do qual ele pode expor sua arte, e proporcionar entretenimento", o naturalista viajante deveria adotar um enfoque mais disciplinado, considerando "a arte como um meio de exibir a natureza e de transmitir informação".[48]

Em contraste com os herborizadores estudados anteriormente, Burchell já era um naturalista experiente quando chegou ao Brasil.[49] Embora os diários relacionados às suas viagens no Brasil não tenham sido, até agora, recuperados, é possível traçar a imagem que Burchell tinha dos trópicos reunindo seus desenhos e cartas. Durante suas viagens anteriores, ele havia aprendido não só a reconhecer espécies tropicais, mas, também, a ver, admirar e retratar formas estranhas. Há sugestões[50] de que o interesse de Burchell pelo Brasil fora despertado pelas descrições de sua luxuriante paisagem, feitas pelo naturalista William Swainson;[*] Jane Pickering observa, no entanto, que Burchell havia

---

* Swainson chegou à Província de Pernambuco em dezembro de 1816. O naturalista pretendia fazer uma viagem pelo interior mas a Revolta de Pernambuco irrompeu em março de 1817, e suas pesquisas ficaram restritas a uma área bastante limitada. Quando a rebelião foi dominada, Swainson deixou Pernambuco, em junho de 1817 e dirigiu-se para o rio São Francisco. Ele seguiu viagem para a Bahia e, em abril de 1818, embarcou para o Rio. Swainson voltou para a Inglaterra em agosto de 1818. Ele criticava muito "os hábitos artificiais e o

aventado, já em 1810, a possibilidade de vir ao Brasil, ao invés de ir para a África do Sul, segundo anotações em seu diário de Santa Helena. Mas foi em 1825 que, obtendo permissão para acompanhar a missão diplomática de Sir Charles Stuart ao Rio de Janeiro, Burchell aproveitou a oportunidade para desvincular-se de obrigações familiares que o assoberbavam.[51] A missão tinha como objetivo principal o reconhecimento da independência brasileira. Além de secretários e servidores, a comitiva incluía também um artista, Charles Landseer, irmão do pintor Edwin Landseer.* Em 15 de março, a missão de Stuart partiu de Portsmouth a bordo do *Wellesley*. Após terem permanecido dois meses em Lisboa, onde Burchell estudou a língua e as plantas locais, eles chegaram ao Rio em 18 de julho de 1825. O naturalista havia planejado, para si mesmo, uma ambiciosa viagem, como ele confidenciou em uma carta ao botânico Richard A. Salisbury, em 5 de setembro de 1826:

> Meu plano e desejo é ... explorar as províncias de São Paulo, Goiás, Cuiabá, e Mato Grosso. Então atravessar para o Peru tendo, *como principal objetivo, uma curta estada na cidade de Cuzco, para examinar as interessantes ruínas e antigüidades do império dos incas, tanto lá como na região em torno do lago Titicaca.* Eu não sei se posso planejar realizar uma incursão até Lima, ou se minha família e particularmente meu querido pai não ficariam inquietos com a longa ausência que isso requereria. Tendo completado minhas observações em Cuzco, eu rumaria para o sul e visitaria os locais mais notáveis e interessantes dali até Buenos Aires, onde minhas viagens acabariam [grifo meu].[52]

Burchell sabia, entretanto, que era "muito mais fácil marcar uma linha interessante de roteiros num mapa do que traçá-la no próprio país".[53] Ele permaneceu no Rio até setembro de 1826, período no qual visitou Minas Gerais e a Serra dos Órgãos. Burchell queria familiarizar-se melhor com a língua e os costumes do país. Em uma carta para William Hooker, afirmou que achava a na-

---

luxo da sociedade inglesa". Em uma carta a Audubon, de março de 1830, Swainson desabafou seus sentimentos: "Estou cansado do mundo e da humanidade e, se não fosse por minha família, eu terminaria meus dias nas amadas florestas do Brasil" (Geofrey Swainson, *William Swainson*, p.30).

* Charles Stuart apossou-se da coleção de 125 desenhos produzidos por Landseer, encadernando-a sob o nome de *Álbum de Highcliffe*, além de alguns trabalhos de Burchell, Debret e Henry Chamberlain. Essas obras foram leiloadas recentemente pela Christie's, em Londres.

tureza brasileira "quase exuberante demais". Grande parte de seu tempo foi devotada à coleta de material botânico, entomológico e geológico, fazendo observações relativas à astronomia, geologia e filosofia, e ao desenho. Como suas atividades durante esse período atestam, Burchell também usou seu tempo para familiarizar-se com as novas formas tropicais. Em 11 de agosto de 1816, escreveu a Salisbury:

> Com relação às riquezas botânicas deste país (pelo menos, o que eu tenho visto até agora) você não pode formar uma idéia adequada, mesmo que imagine todas as belas plantas de nossas estufas crescendo soltas e cobrindo as colinas e vales com sua máxima exuberância. No Cabo da Boa Esperança, você está caminhando numa estufa ricamente abastecida; aqui, entra-se em uma das grandes estufas da Natureza. Que prazer eu não sentiria em conduzi-lo através de florestas onde altas árvores decoradas com guirlandas de begônias, passifloras e troncos e ramos cobertos com fetos, potos, tilândsias, bromélias e uma multidão que me é desconhecida, misturam-se a graciosas palmeiras; onde pássaros de novas formas e brilhantes cores metálicas e borboletas das mais alegres colorações parecem povoar a estranha cena: onde montanhas e rochas, florestas e riachos, e plantas de formas extraordinárias, combinadas da maneira mais pitoresca, tentam-nos a abandonar a história natural pela pintura.[54]

Parece que Burchell estava realmente tentado a fazê-lo, porque, no Rio, "dedicou 5 ou 6 semanas ao desenho de um panorama ... para ilustrar a descrição desta cidade e arredores".[55] Esse panorama é digno de nota e comentarei sobre ele mais adiante. Burchell enfatizou que todas as suas realizações eram produto de seu próprio trabalho. Tivesse ele se permitido comprar objetos dos comerciantes locais, em vez de coletá-los ele próprio, Burchell reconhecia que poderia ter reunido uma coleção muito maior; "mas essa não é a maneira de estudar a natureza e de observar hábitos e locais". O observador-em-trânsito tinha de testemunhar *in loco* o hábitat dos espécimens coletados.

Do Rio, Burchell seguiu por mar para Santos, onde permaneceu três meses, e então viajou para São Paulo, lá chegando em janeiro de 1827. Ele passou sete meses nas cercanias da cidade, explorando os arredores e preparando-se para sua viagem ao interior. Em agosto de 1827, iniciou suas viagens através de Goiás. Lá, passou a estação das chuvas e fez grandes coleções, permanecendo detido na cidade por nove meses. Ao receber a notícia de que seu pai estava doente, o naturalista desistiu de seus planos de ir ao Peru e decidiu ir diretamente de Goiás para o Pará. Desceu o rio Tocantins, chegando a Porto Real (agora Porto Nacional) em 14 de novembro de 1828. Finalmente, chegou à cidade de Pará (agora Belém do Pará) em junho de 1829, e lá aguardou (e fez um panorama da cidade), até fevereiro, por uma oportunidade conveniente para viajar para a Inglaterra. Burchell chegou a Dover em 24 de março de 1830, alcançando sua casa em Fulham no dia seguinte .[56] Em 18 de abril ele escreveu a Hooker:

> O conjunto de minhas coleções está agora na Inglaterra, e quando eu conseguir retirá-las da alfândega, poderei afirmar, com segurança, que nesta casa eu tenho um herbário contendo, no mínimo, 140.000 espécies e, talvez, muito mais. Minha coleção americana tem mais de 7.000 espécies diferentes. Em todas as outras áreas da história natural eu conservei um número muito maior de espécimens no Novo Continente do que durante minhas viagens na África; exceto na classe dos mamíferos. Em insetos, particularmente, tenho muitas vezes mais. Minhas observações astronômicas e filosóficas são também muito numerosas, uma vez que devotei a elas uma grande parte do meu tempo. Meus desenhos também são numerosos e detalhados. Tudo isso frutos de trabalho feito com minhas próprias mãos. Espero ter a satisfação de mostrá-los a você futuramente, quando forem desempacotados.[57]

Burchell não acusou para seu amigo, entretanto, o auxílio recebido, durante a viagem, de seu "muito útil" jovem ajudante, que ele pretendia levar para a Inglaterra consigo.* Como Jane Camerini observa em seu trabalho sobre as viagens de Alfred Russel Wallace, na metade do século XIX, "as contribuições dos povos locais tornaram-se invisíveis devido às convenções em particulares estilos de escrita científica".[58]

Alguns meses mais tarde, após seu retorno à Inglaterra, Burchell confidenciou a Hooker suas dúvidas a respeito da sua planejada tarefa, a organização de suas coleções:

> Você, que é um tão grande exemplo de aplicação, também se queixa das coleções assoberbantes e sente a necessidade de auxílio manual. Mas eu nunca vi em outro

* Jane Pickering observa que Mary Swainson mencionou, numa carta datada de 1830, a presença de um "vivaz serviçal negro" na residência de Burchell, em Fulham. Ver também as cartas de Burchell para Matthew Burchell (seu pai), Santos, 29 de novembro de 1826; para Mary Burchell (sua irmã), São Paulo, 23 de março de 1827, e para sua mãe, Pará, 1 de dezembro de 1829 (OUM Archives).

lugar um herbário tão grande quanto o meu; e adicionando-se a isso, não posso nem pensar em abandonar nenhum ramo da história natural para dar mais tempo e atenção a algum em particular; embora saiba que isso está errado e não poderá levar nunca à perfeição em nada. Ainda assim, a contemplação de todo o sistema de objetos criados é tão fascinante que é difícil desviar-se senão de uns poucos.[59]

O arranjo, a manipulação e a cuidadosa reetiquetagem da coleção brasileira de Burchell se estenderam pelos 33 anos restantes de sua vida. Poulton sugere que o naturalista "pertence a essa classe de homens ... que valoriza e exulta com as coleções pelas coleções",[60] embora ele subseqüentemente reconheça que essa conclusão é difícil de conciliar com as opiniões de Burchell sobre coleções publicadas no seu *Travels in the Interior of South Africa*:*

> Não se deve supor que esses encantos [os prazeres da Natureza] são produzidos pela mera descoberta de novos espécimens; é a harmonia com que eles foram adaptados uns aos outros pelo Criador, e as situações nas quais foram encontrados, que deleita o observador em países onde a Arte ainda não introduziu suas discórdias. Para aquele que se contenta em acumular coleções de objetos curiosos, simplesmente pelo prazer de possuí-los, esses objetos podem proporcionar, na melhor das hipóteses, apenas gratificações infantis, leves e fugazes; ao passo que aquele que estende sua visão para além do campo restrito da nomenclatura contempla uma extensão sem limites, cuja exploração é digna do filósofo e dos melhores talentos de um ser racional.[61]

A inabilidade de Burchell para sistematizar seu conhecimento da natureza brasileira pode estar relacionada a uma série de questões relativas à especificidade do contexto científico na Inglaterra, muito vinculado à teleologia da Criação. A natureza tropical era "exuberante demais", predisse Burchell, ela desafiava a ordem divina; os "arquitetos de sistemas" não forneceram lugares apropriados para receber a "confusão de riquezas" das regiões estrangeiras proporcionada pelos exploradores.[62] Viajando pelo interior, entretanto, ele encontrou um cenário diferente, como relatou a Hooker:

---

* Segundo Poulton, a consciência de Burchell de que seus métodos poderiam levar a nada somava-se ao ressentimento contra o governo pelo que ele considerava como um descaso imerecido.

> Você ouviu, de toda parte, as mais animadas descrições sobre a exuberância e a riqueza da vegetação do Brasil; e com elas eu concordo calorosamente. Mas isso tornou-se praticamente uma moda e na Europa parece ser de opinião geral que todo o país é coberto com as florestas mais magníficas, e de crescimento gigantesco. Essa idéia, embora correta no que diz respeito a regiões marítimas, cursos de rios e à maior parte do país situada sob a linha equinocial, não é, entretanto, aplicável a vastas regiões nas províncias de São Paulo e Goiás. Lá eu atravessei planícies ilimitadas ou regiões abertas, algumas delas cobertas de finas pastagens. Essas regiões áridas lembraram-me, algumas vezes, as regiões de matas de acácias tão predominantes nas planícies do interior da África — Entretanto, raramente pode-se comparar a botânica africana à brasileira; seu caráter em muitos aspectos difere tão amplamente. Quando, no entanto, descemos em direção às baixas latitudes do Brasil, a magnificência gloriosa das florestas é verdadeiramente assombrosa e ninguém, a não ser aqueles que nasceram no meio delas, pode contemplar tão imponentes produções da natureza sem um sentimento de temor ou respeito. Ela se sobrecarrega, e um objeto oprime e oculta outro na luta universal pela exuberância.[63]

Segundo Gilberto Ferrez, Burchell produziu cerca de 260 desenhos durante sua viagem pelo Brasil, agora no acervo do Africa Museum em Johannesburg. Além do valor histórico e cultural dessa coleção (que inclui acuradas representações de detalhes arquitetônicos de cidades e vilas brasileiras no início do século XIX), o que é relevante aqui é o que seus desenhos nos dizem de sua experiência tropical. A fim de analisar esse ponto, voltemos para o panorama do Rio mencionado anteriormente. Numa carta a seus familiares, Burchell queixou-se de ter sido obrigado a embalá-lo, a fim de evitar as "interrupções" causadas pelo número de pessoas que iam vê-lo.[64] Como muitos outros viajantes estrangeiros no Brasil durante esse período, o naturalista proporcionava aos brasileiros um modo europeu de ver sua própria paisagem. A impaciência de Burchell ante a curiosidade brasileira, somada à ausência de pessoas no seu panorama e ao próprio ponto de vista panorâmico, entretanto, revelam a distância que ele estabeleceu entre si mesmo e os brasileiros. Ele queixava-se constantemente do povo, como se lê em outra carta:

> Este é um clima delicioso, mas os brasileiros são um povo extremamente ignorante e anti-social. É um país bom para viajar com meus objetivos, mas residir nele seria um desterro. As pessoas aqui, e em todo o Brasil, são tão lentas em seus movimentos que toda a paciência se esgota quando se precisa negociar com elas.[65]

Enquanto Burchell chama atenção aqui para as indubitáveis diferenças de atitude em relação ao trabalho existentes entre o inglês e o brasileiro, seu lamento é claramente retórico, como se quisesse enfatizar suas próprias qualidades como laborioso colecionador. A viagem de Burchell foi financiada por sua família, e ele sentia-se na constante obrigação de demonstrar que não estava ocioso. Além disso, pertencia a uma geração de naturalistas britânicos "criados para sentir culpa com o ócio e uma total repulsa à indolência", nas palavras de David Allen.[66] Burchell pretendia ter os panoramas do Rio e da cidade de Belém representados em gravuras.[67] Como aconteceu com os outros registros dessa viagem, entretanto, ele nunca conseguiu publicá-los. O encontro com as vívidas cenas das paisagens sul-americanas desafiaram seu método descritivo e suas crenças religiosas a tal ponto que ele nunca conseguiu escapar do labirinto de suas coleções tropicais.*

Embora não haja evidência direta de qualquer contato entre Burchell e Alexander von Humboldt, seria surpreendente se Burchell não estivesse familiarizado com o trabalho do prussiano. Quando planejou visitar "as interessantes ruínas e antigüidades do império dos Incas", Burchell poderia ter em mente os detalhados desenhos de Humboldt sobre a arte asteca, em sua obra *Vues des Cordillères*. Como Humboldt, o enfoque de Burchell ao conhecimento científico era holístico, e não podia ser dissociado de sua sensibilidade estética: durante suas viagens, ele aprendeu não só a observar a natureza mas, também, a contemplá-la. Como Dettelbach assinala, entretanto, a grande ênfase de Humboldt estava na medição e nas grandes leis físicas, não em coleta e botânica.[68] A obsessão quase frenética de Burchell com o número de espécies coletadas durante cada pequena excursão, porém, coloca-o mais perto da tradição britânica de herborização do que da abrangente visão da natureza de Humboldt. Mesmo assim, acredito que o relato fragmentado da viagem de Burchell

* Pickering, numa interpretação mais pragmática que a minha, atribui a incapacidade de Burchell de publicar os resultados de sua viagem ao Brasil à falta de concentração do naturalista, devido tanto às obrigações familiares quanto à sua personalidade. Além disso, Burchell reclamava constantemente da falta de espaço para organizar sua coleção. A sensação de fracasso, a falta de apoio das autoridades e o sentimento de que outros estavam continuamente levando os créditos por trabalhos que ele havia realizado, mas não havia publicado, levaram-no ao suicídio a 23 de março de 1863.

pelo Brasil apresentado acima fornece uma imagem um tanto diferente da América do Sul, se compararmos com a dos botanistas viajantes. Em vez de reproduzir a imagem de uma típica paisagem tropical, dentro de um círculo bem definido do globo, Burchell enfatizou a estranheza de um mundo desconhecido; um mundo cujo significado estendia-se além de seu papel como fonte de espécimens exóticos para os jardins botânicos europeus até a evidência que fornecia para uma nova história natural da Terra. No entanto, o olhar descritivo de Burchell fugia a especulações dessa ordem. Este retrato da América do Sul seria completamente desenvolvido por Charles Darwin. Cerca de dois anos após o regresso de Burchell à Inglaterra, em 7 de dezembro de 1831, o jovem Darwin, então com 22 anos, partiu com o *Beagle* de Plymouth. Na próxima seção, tratarei das impressões de Darwin sobre essa viagem, seguindo suas descrições das paisagens brasileiras.

"Um agradável transtorno": Darwin viajando sob o "brilho tropical"

Darwin foi aceito a bordo do *Beagle* menos como um naturalista do que como um *gentleman*, um acompanhante para o capitão Fitzroy.[69] Fitzroy, com apenas 26 anos, desejava um jovem companheiro de viagem "que pudesse aliviar o isolamento do comando".[70] Era a segunda viagem de mapeamento do *Beagle* à América do Sul: as costas sudeste e sudoeste do continente, bem como a costa noroeste da Terra do Fogo, ainda não haviam sido levantadas. Como Fitzroy fosse um competente cartógrafo, o hidrógrafo chefe Francis Beaufort pôde planejar também a circunavegação do globo terrestre, onde "a cadeia completa de medidas em torno do círculo de vinte e quatro horas/360 graus" colocaria tudo no mesmo sistema de coordenadas.[71] Em 2 de outubro de 1836, após quatro anos, dez meses e cinco dias, o *Beagle* completou sua viagem de volta ao mundo. Somente a América do Sul tomou quarenta e dois meses da viagem.[72]

"A viagem do *Beagle* foi, de longe, o mais importante evento na minha vida, e determinou o resto de minha carreira", escreveu Darwin, 40 anos mais tarde, em sua *Autobiography*.[73] Nessa narrativa retrospectiva, Darwin lamentou sua falta de habilidade para desenhar, o que havia tornado uma grande pilha de manuscritos feitos durante a viagem virtualmente inútil. Darwin comenta também que, quando criança, lera o poema *The Seasons*, de Thomson (que, como vimos no capítulo 1, descreve o verão na zona tórrida). Mas a vida diária a bordo, sob a disciplina dos navegadores, ensinou o jovem naturalista a descrever cuidadosa e vividamente tudo o que via.* Gradualmente, como Darwin relatou, "o amor à ciência" superou todos os seus outros gostos. Após os dois primeiros anos de viagem caçando todos os pássaros e animais que passavam a sua frente para sua coleção e, principalmente, pelo prazer do esporte, Darwin relembrou:

> Gradualmente abandonei a minha arma, mais e mais e enfim inteiramente, para meu criado, porque a caça interferia no meu trabalho. Descobri, embora inconsciente e insensivelmente, que o prazer de observar e raciocinar era muito maior do que o de habilidade e esporte. Que minha mente tenha se desenvolvido através de minhas buscas durante a viagem é provavelmente demonstrado por uma observação feita por meu pai ...; porque, logo ao me ver depois da viagem, ele virou-se para uma de minhas irmãs e exclamou: "Ora, a forma da cabeça dele está bastante alterada."[74]

Não é a forma da cabeça de Darwin o que importa aqui, mas seu olhar.** Salvador, Bahia, foi o primeiro porto tocado pelo *Beagle* no continente sul-americano. Darwin já estava sob um "brilho tropical" quando iniciou a viagem. Seu entusiasmo era tão grande que, em Cambridge, ele passara grande parte de seu tempo contemplando palmeiras em estufas e devorando os escritos de Humboldt.[75] Mas ver a abundância orgânica do cenário tropical *in situ* foi ainda mais assombroso: "Seria tão proveitoso explicar as cores a um cego quan-

---

* A influência da rotina dos *surveyors* marítimos é ainda mais evidente face à grande quantidade de documentos que Darwin produziu (cartas, apontamentos e diários) durante os cincos anos de sua viagem, se levarmos em conta as preocupações de W.D. Fox, amigo de Darwin, no início da expedição: "Eu tenho lamentado um traço de sua personalidade que, temo, irá impedi-lo de tirar tanto proveito como você poderia de suas atuais viagens ...; — Refiro-me a sua grande aversão a escrever e manter um registro metódico diário dos acontecimentos." Carta de W.D. Fox a Darwin, Epperstone, 30 de junho de 1832.

** Em "Darwin and the seeing eye", David Stoddart explora detalhadamente a relação entre a facilidade verbal com que Darwin descreve paisagens e sua inabilidade para traduzi-las em representações visuais, enfocando principalmente suas observações geológicas durante a viagem do *Beagle*. Para uma discussão literária sobre a influência do Romantismo nas primeiras descrições da natureza feitas por Darwin, ver James Paradis, "Darwin and landscape".

to a uma pessoa, que não houvesse estado fora da Europa, a total dissimilaridade de uma vista tropical."[76]

O *Beagle* aportou no Rio em 3 de abril de 1832. Fitzroy imediatamente descobriu uma considerável diferença de longitude entre a Bahia e o Rio, e decidiu voltar à Bahia. Darwin rapidamente fez acordos com o capitão para quedar-se no Rio. Devido ao seu constante enjôo, ele tentava permanecer, o mais possível, em terra firme; e a atração do meio ambiente tropical era irresistível para o jovem naturalista. Como para os demais naturalistas europeus, era a majestade da floresta próxima e não a cidade o que o mais intrigava. Poucos dias depois juntou-se a um pequeno grupo rumo às "regiões selvagens do Brasil". Na realidade, tratava-se apenas de uma viagem de duas semanas para visitar uma plantação de café de um irlandês, 160 quilômetros ao norte, nos arredores de Macaé. Mas os olhos do jovem Darwin estavam ansiosos por novas sensações. A cerca de 20 quilômetros do Rio, o registro em seu caderno de apontamentos diz o seguinte:

> Vista logo ao deixar o Rio sublime, pitoresca, cores intensas, predomínio do tom azul — grandes plantações de cana-de-açúcar e café — véu natural de mimosas — Florestas parecidas, mas mais gloriosas do que aquelas nas gravuras; raios de sol; plantas parasitas; bananas; grandes folhas; sol mormacento. — Tudo quieto, exceto grandes e brilhantes borboletas; muita água; surpreso de ver galinhas-d'Angola; nossa cavalgada muito quixotesca; as margens cheias de árvores e lindas flores.[77]

Darwin estava obviamente encantado, tateando adjetivos para descrever o que via. Considerando outras referências em seu diário e cartas,[78] uma das imagens que Darwin provavelmente tinha em mente era a gravura francesa *Forêt vierge du Brésil*, baseada em uma pintura de Conde Clarac.[79] Que surpresa para o explorador; em vez de cobras e nativos, ele se depara com borboletas e galinhas-d'Angola. Mas o mistério que a cena evoca ajuda-nos a perceber as expectativas de Darwin. Como ele confidenciou em uma carta a seu amigo Fox, desde que deixara a Inglaterra, sua mente estava "em um perfeito *turbilhão* de deleite e espanto".[80]

De volta ao Rio, Darwin alojou-se em um chalé em Botafogo, em companhia do artista do *Beagle*, Augustus Earle, e do jovem navegador Philip Gidley King, filho de Philip Parker King, capitão do *Adventure* na primeira expedição de levantamento do *Adventure* e do *Beagle* em águas sul-americanas. Várias excursões pelos arredores ocuparam seu tempo até que o *Beagle* retornou para apanhá-los no final de junho. Earle, conhecido entre seus contemporâneos como "o artista errante", foi um guia excelente, pois já havia morado na cidade de 1820 a 1824.[81] Um importante componente das impressões de Darwin sobre a região em torno de Botafogo era aquele a que ele se referia como os aspectos "morais" da cena. Numa carta a seu amigo J.M. Herbert, com quem costumava fazer longas caminhadas em Barmouth, ele comparou as duas paisagens — a galesa com a brasileira —, e concluiu:

> Eu não estava previamente consciente de quão intimamente o que pode ser chamado de parte moral está ligado ao desfrute da paisagem. Eu quero dizer tais idéias como a história do país, os resultados da produção e, mais especialmente, a felicidade do povo vivendo nele. Transforme o trabalhador inglês num pobre escravo, trabalhando para outro, e você dificilmente reconhecerá a mesma vista.[82]

O convívio diário de Darwin com Augustus Earle pode ter influenciado sua opinião sobre a instituição da escravatura. Como Leonard Bell observa, as representações urbanas do Rio de Janeiro produzidas por Earle, como a que examinamos no capítulo 2, muitas vezes parecem questionar, em vez de reiterar as barbaridades da escravidão. Mas se por um lado a sociedade brasileira lhe desagradava, por outro Darwin estava encantado com a natureza tropical. Ela era tão luxuriante que paralisava o observador: "Aqui ele [o naturalista] sofre o agradável transtorno de não poder caminhar cem jardas sem ser completamente paralisado por alguma nova e assombrosa criatura." Uma hora de coleta muitas vezes o mantinha completamente ocupado pelo resto do dia. Três dias depois, a caminho do Jardim Botânico do Rio, ele afirmou:

> Muitas das vistas eram extremamente bonitas; contudo, no cenário tropical, a completa novidade e, conseqüentemente, a ausência de todas as associações, o que é o meu caso (e, eu acredito, o de outros), são inconscientemente mais freqüentes do que eu jamais pensei, requerem que a mente esteja exaltada e então, seguramente, nenhum deleite pode ser maior; de outro modo, seu raciocínio lhe diz que é bonito, mas os sentimentos não correspondem. — Eu freqüentemente me pergunto por que não posso desfrutar disso calmamente; eu poderia responder a mim mesmo, também, perguntando o que existe possa trazer as agradáveis lembranças da calma e isolamento rurais, o que possa recordar a infância e tempos passados, quando tudo o que era desagradável está esquecido, até que idéias,

> com efeitos similares a elas, sejam levantadas, podemos procurar em vão uma contemplação tranqüila, entre as glórias desse quase mundo novo.[83]

"Paisagem", para Darwin, como para os demais teóricos paisagistas britânicos, tinha um significado muito preciso; isto é, ela reproduzia as harmonias encadeadas pelo homem e as belezas sóbrias de sua verde terra natal. A nostalgia por uma Inglaterra idealizada reflete não somente sua saudade de casa, como também o esforço para nomear o que ele havia visto e vivenciado. No processo de atribuir sentido à paisagem desconhecida, as convenções preexistentes tinham de ser repensadas; elas deveriam ser "transculturadas". As reflexões de Darwin sobre a aparente "afasia" do observador em tal ambiente podem ter sido influenciadas pela sua familiaridade com a filosofia do associacionismo que, como vimos no capítulo 2, considerava a imersão no "estado de devaneio" necessária para que o vedor respondesse emocionalmente à visão da paisagem. Apesar de ser considerada etapa fundamental para a percepção do belo e do sublime, esta instância não era suficiente: a paisagem tropical não se deixava apreender pelo princípio do associacionismo.

A recorrência da dupla cegueira/visibilidade nos relatos de viagem de Darwin também é digna de nota, e tem atraído a atenção de críticos literários. Discutindo as "experiências epifânicas" de Darwin, James Krasner enfatiza que "o sentimento de êxtase quase que invariavelmente coincide com descrições da falha ou confusão da visão física".[84] No registro da paisagem, Darwin não distingue o que vê de sua experiência visual pessoal, refletindo sobre a fisiologia da observação: o corpo do observador também entra em seu campo visual. Como Krasner comenta mais adiante, "os momentos de êxtase de Darwin não são nem completamente estéticos, nem completamente intuitivos; eles surgem da superestimulação visual, particularmente desse tipo de superestimulação que envolve um campo visual desordenado e fragmentado". Naturalista-viajante aplicado, Darwin buscava registrar em seu diário suas próprias sensações ao percorrer a paisagem tropical. No entanto, ele levava consigo, no *Beagle* e na própria mente, as impressões relatadas por Humboldt em sua *Personal Narrative.*[85] Enquanto Humboldt atribuía a excitação do naturalista ante a primeira visão de um cenário tropical à dificuldade de reconhecer "coisas que comumente destacam-se em jardins botânicos e coleções de história natural",[86] o que confundia Darwin era a profusão de associações que acorriam à sua mente; seus olhos buscavam evidências de relações e transformação.[87] Como as primeiras impressões de Humboldt nos trópicos, relatadas a seu irmão em Berlim,[88] as paisagens tropicais de Darwin ofereciam poucas possibilidades para uma contemplação tranqüila.

Em uma carta a um amigo, Darwin recordou seus sentimentos quando, pela primeira vez, contemplou a luxuriante vegetação no Brasil: "Era como compreender as visões nas noites árabes — O brilho do cenário lança-nos em um delírio de prazer e não é provável que um caçador de besouros dele desperte em breve, uma vez que, seja para que lado se volte, novos tesouros saltam a sua vista."[89] Noites árabes; delírio de prazer; novos tesouros: em um parágrafo, Darwin resumia os mitos geográficos que inspiraram, desde Colombo, inúmeros viajantes europeus para a América do Sul. Sobretudo, Darwin utilizava o recorrente tema das Américas como ponto de encontro do Ocidente com o Oriente.[90] Apesar de não estar dirigindo-se aos reis católicos, Darwin, como Colombo, utiliza-se das mesmas fontes imaginativas para persuadir seus pares da grandeza de suas descobertas.

O encontro de Darwin com a paisagem tropical levanta outras questões relevantes sobre a relação entre os atos de ver e conhecer. Seu próprio "modo de ver" era profundamente analítico, o que certamente moderou sua apropriação da visão holista humboldtiana. Por um lado, como admirador de Humboldt, Darwin pretendia reproduzir o caráter das paisagens tropicais como descritas pelo mestre; por outro lado, sua mente inquisitiva fragmentava os elementos de tais paisagens (em tempo e espaço), tornando difícil compor uma vista totalmente abrangente. Talvez a arte que viria dar forma à visão de Darwin estava para surgir apenas um século mais tarde, nas telas de pintores cubistas como Picasso ou Braque.

Luzes na floresta

Darwin estava bem consciente de que a força da impressão freqüentemente depende de idéias preconcebidas. A experiência no campo, entretanto, desafiou as preconcepções do viajante; como no caso de Cunningham e Bowie, viajantes exaustos depois de uma curta expedição ao interior, que logo reconsiderariam as visões edênicas dos trópicos. Pesquisar no campo, ao invés de encerrado no gabinete, requer que o observador freqüente espaços públicos cujos limites não podem ser rigorosamente policiados;[91] esses espaços exteriores são arenas, onde as diferenças devem ser negociadas. A dificuldade de relacionamento entre mundos diferentes baseia-se — nos termos de Greg Dening — em como transmitir através das "praias" as "ilhas" de cada um. Neste capítulo, eu sugiro que a variedade de paisagens tropicais produzidas pelos naturalistas a partir de, basicamente, um único e mesmo sítio natural, demonstra o grau e qualidade de interação do viajante com as terras estrangeiras. Em cada uma dessas paisagens brasileiras, podemos ler fragmentos das próprias vidas dos viajantes. Assim, a figura do "monarca de tudo o que é comensurado" revela-se mais frágil quando consideramos as experiências do viajante nos trópicos. Em vez de confiança e domínio, incerteza e desorientação dominam suas primeiras impressões, revelando uma vulnerabilidade "sem a qual o explorador não poderia manifestar em sua própria pessoa a economia moral que tornaria seu relato aceitável como conhecimento autêntico".[92]

Outro ponto que enfatizo aqui é que as fronteiras entre os dois tipos de viajantes à procura de objetos naturais — herborizadores e naturalistas — eram freqüentemente indistintas nesse período. A história natural, como Allen observa, não é nem nunca foi uma busca puramente intelectual. Como ele coloca,

> há, também, um considerável componente estético, de intensidade variável em diferentes períodos e em diferentes indivíduos. Muitas pessoas são atraídas para ela [a história natural] primeiramente por razões visuais, mais do que para estudar comportamentos, distribuições espaciais ou formular conceitos. Mesmo na sua mais primitiva manifestação, a coleta, pode haver um deleite de formas e cores e padrões que coexiste com o mero prazer daquela aquisição ou a simples satisfação de ter a pista de algum item adicional de conhecimento.[93]

De fato, como vimos acima, freqüentemente o colecionamento tomava mais tempo do que a observação e o registro. A própria coleção de artefatos que os naturalistas enviavam para casa, variando de pássaros empalhados a fósseis, tinha um duplo destino: eram mercadorias para exposição privada ou pública, bem como objetos de pesquisa científica. Na esfera privada, o gosto pela exposição de espécies de seres vivos em redomas de vidro já se havia amplamente difundido; na pública, a "maior estufa de palmeiras do mundo" estava sendo construída em Kew. É importante perceber as conexões entre a flora exótica e a navegação no projeto dessa edificação; "vigas de convés" de ferro batido (utilizadas na construção de navios) foram usadas para seus arcos principais, conferindo-lhe a aparência de um "casco de um elegante navio virado para cima".[94]

Além disso, como Larsen aponta, havia uma relação mútua entre interesses estéticos e ciência popularizada, na medida em que as formas exóticas alimentavam e eram alimentadas por alterações na moda entre os consumidores de livros ilustrados e de outras mercadorias.

No que se refere a paisagens, entretanto, gostaria de destacar outro elemento: é a visão da "floresta". Não só como um local onde elementos isolados, belos, eram expostos, mas também como cenário de intrincadas relações entre os vários reinos da natureza. Como Martin Kemp afirma, esse modo de ver organismos naturais num cenário ambiental ou ecológico tem sua própria genealogia. A sensibilidade poética expressa em trabalhos como o *Temple of Flora* (1799-1807), de Robert Thornton, e *Paul et Virginie* (1787), de Bernardin de Saint-Pierre, "representaram um papel essencial no reconhecimento do drama dinâmico da natureza que veio a figurar tão proeminentemente nos escritos dos naturalistas do século XIX".[95] Vale lembrar que o poeta Erasmus Darwin, avô de Charles, admirava imensamente o trabalho de Thornton, chegando a oferecer versos de sua própria lavra para complementá-lo. O poema de Erasmus, todavia, descrevia o que era denominado na época um jardim "natural", composto de plantas retiradas de seu hábitat original.[96] A combinação dessa sensibilidade estética com a experiência de campo necessariamente resultaria num quadro mais "emaranhado". Diferentemente da representação singular de cada espécime exótico, a visão de uma natureza selvagem, de um mundo novo, era difícil de descrever. Aos olhos do naturalista, suas múltiplas formas tropicais, interagindo umas com as outras, cheias de vida, eram encantadoras e perturbadoras. Elas foram a fonte da inspiração de Darwin e da perplexidade de Burchell.

As descrições da natureza tropical aqui estudadas, tanto dos herborizadores quanto dos naturalistas, refletem uma abrangente transformação do papel do observador: não mais confinado em seu gabinete, ele próprio é um explorador no campo, seu corpo é o *locus* do saber. Para o observador-em-trânsito, o livro da natureza não podia mais ser contido nos limites dos jardins botânicos europeus; ao mesmo tempo, como conseqüência das expedições européias, os espaços vazios do mapa-múndi foram adquirindo novas cores e formas.[97] Como resultado dessas mudanças, imaginativas e materiais, emergiu uma nova concepção de tropicalidade.

Capítulo 5

A pintura inquieta da paisagem tropical

O exótico foi sempre o material mais pobre para a arte:
somente as coisas que compreendemos,
que estão entrelaçadas à textura de nossas vidas,
podem, realmente, apelar a nossas emoções.
Lionel Lindsay, *Conrad Martens: The Man and his Art*

Ocupo-me neste capítulo mais de ausências do que de presenças; mais de fracassos, do que de sucessos; minha preocupação primordial é a escassez de paisagens brasileiras produzidas por artistas profissionais britânicos no início do século XIX. Essa questão reflete uma disjunção aparente entre textos e imagens, pelo menos no que concerne à representação da paisagem. Enquanto os viajantes britânicos no Rio de Janeiro, nesse período, geralmente expressaram assombro ante aquilo que James Henderson descreveu como "uma cena das mais pitorescas e belas que podem ser imaginadas", o local, todavia, não conseguiu inspirar os artistas paisagistas britânicos a produzir obras significativas, em contraste com os seus pares europeus continentais e norte-americanos. Como vimos no capítulo 4, os *surveyors* marítimos continuaram a ser a principal fonte para a iconografia britânica do porto carioca durante toda a primeira metade do século XIX. Com raras exceções, a maioria das paisagens brasileiras produzidas pelos artistas britânicos permaneceu em seus *sketch-books*, incompletas e não expostas para um público metropolitano.

Em seu livro sobre Conrad Martens, Lionel Lindsay sugere que o que apela a "nossas" emoções é não o exótico, mas o familiar; ou, como ele coloca, o que está "entrelaçado à textura de nossas vidas".[1] Tomando como exemplo o Taiti, ele afirma que "o encanto dos Mares do Sul não é tema para o pintor; ele só pode ser um assunto para literatura e foi melhor descrito por Herman Melville, por Robert Louis Stevenson e por Rupert Brooke". Embora imagens do exótico possam satisfazer a curiosidade de um público metropolitano, Lindsay argumenta, elas não são um tema apropriado para uma obra de arte.* Mas quem é o "nós" a quem Lindsay se refere? A fim de compreender a indiferença artística às paisagens tropicais, é necessário contextualizar a cultura da arte paisagística na Inglaterra. Sabe-se, por exemplo, que as preferências dos artistas por determinados locais como temas para pintura paisagística mudam ao longo do tempo, e alguns historiadores tentaram mapear esse aspecto da geografia histórica do gosto artístico.[2] Contudo, o trabalho dos pintores profissionais dependia não somente de suas próprias preferências mas também daquelas de seu público; suas pinturas destinavam-se a ser emolduradas, para exposição nas galerias de arte ou exibição em casas particulares na Inglaterra. A produção da pintura paisagística era, assim, um processo complexo no qual debates filosóficos, teorias acadêmicas e crítica de arte combinavam-se a outras mudanças mais amplas no consumo cultural.[3]

É convencionalmente aceita, entre historiadores da arte contemporâneos, a identificação de uma significativa mudança, no período entre o final do século XVIII e meados do século XIX, do ideal clássico de paisagem para um modelo de gosto pitoresco, um modelo que era, ele próprio, cada vez mais desafiado pela tendência à pintura paisagística naturalista.[4] Essa última tendência, como é freqüentemente dito, favorecera a prática do desenho ao ar livre, um desenvolvimento que deveria ter beneficiado os artistas viajantes, que, até então, ocupavam uma posição ambígua. Em contraste com o pintor acadêmico, que considerava a natureza como o meio através do qual ele podia expor sua arte e proporcionar entretenimento, dizia-se que o artista viajante na era do natura-

---

* Mesmo hoje, como comentei na introdução, há uma clara distinção nas exposições de arte britânica do século XIX, entre os gêneros "arte paisagística" e "exploração e viagem".

lismo considerava a arte como um meio de exibir a natureza e transmitir informação.[*] Devido a essas asserções, podia-se esperar ver a produção de um número crescente de pinturas acabadas de cenas paisagísticas das mais diversas partes do mundo, incluindo a América do Sul. Contudo, com a notável exceção do cenário italiano, a "natureza" retratada na arte paisagística britânica no início do século XIX era representada principalmente por paisagens da terra natal. Isso pode, até certo ponto, ser atribuído (pelo menos até 1815) às restrições às viagens que acompanharam os movimentos revolucionários franceses e as guerras napoleônicas. Entretanto, esse contexto certamente é insuficiente para explicar a formação de um gosto particular por paisagens domésticas. Além disso, mesmo quando as paisagens estrangeiras eram admiradas, suas qualidades eram atribuídas menos ao seu conteúdo intrínseco do que à oportunidade que proporcionavam a um gênio criativo britânico de demonstrar seu talento, como no caso das vistas suíças de Turner, exibidas em 1819 com muito sucesso.[5]

Diversos estudiosos enfatizaram as maneiras pelas quais a pintura paisagística naturalista britânica da primeira metade do século XIX ajudaram a construir uma identidade visual particular para a nação.[6] Embora tais argumentos tenham contribuído notavelmente para o estudo da arte paisagística, eles não explicam completamente o aparente desdém demonstrado por artistas britânicos pelas paisagens tropicais. Faz-se, portanto, necessário, que consideremos outras questões em jogo na representação de tal cenário. A fim de retratar as cores, as proporções, a atmosfera e a luz dos trópicos, por exemplo, os artistas deveriam engajar-se em uma intensa negociação criativa entre as convenções estéticas européias e a natureza perante seus olhos. Além disso, era difícil para um *gentleman* britânico manter a compostura num ambiente tropical; na verdade, dizia-se freqüentemente que este levava a um sentimento de inquietude, afetando não somente seus olhos mas todo o seu corpo. Como Conrad Martens registrou ao chegar ao Rio, em 1832: "De uma coisa que não pertence ao cenário nem agrada à vista eu posso falar com confiança, e essa é o mosquito, que é, certamente, para a maioria dos recém-chegados, um aborrecimento infernal."[7**] Na medida em que foi traduzida para os produtos finais de tais artis-

---

* Esta distinção foi formalizada pelo naturalista William Burchell no seu *Travels in the Interior of Southern Africa* (ver capítulo 4).

** Segundo Cecilia Powell, um desconforto similar foi experimentado pelos viajantes britânicos na Itália.

tas, essa inquietude não foi bem dosada para alcançar a aprovação da comunidade artística metropolitana.

A fim de desvendar esse processo de produção artística, este capítulo começa fornecendo uma breve descrição da relação entre a pintura ao ar livre e a representação da natureza na arte paisagística britânica. A segunda seção é dedicada às paisagens tropicais de William Havell, um artista profissional que viajou pelo Brasil e pela Índia. A terceira seção analisa as obras de Augustus Earle e de Conrad Martens, os quais não só viajaram inúmeras vezes para fora da Grã-Bretanha, mas também produziram exóticas paisagens destinadas a um público diferente daquele da comunidade artística metropolitana — a elite colonial australiana. Em conclusão, retorno à questão mais geral da relação entre a inquietude das paisagens tropicais e a arte paisagística britânica a fim de explicar a noção de ausência com que iniciei este capítulo. Embora os temas tropicais raramente fossem encontrados em galerias de arte britânicas oitocentistas, demonstrarei que, mesmo assim, o brilho e a atmosfera dos trópicos iluminaram telas britânicas de diversas maneiras.

A pintura ao ar livre e o estudo da natureza

Durante o final do século XVIII e início do século XIX, os pintores paisagistas britânicos enfrentaram o desafio de como unir, reconciliar, arte e natureza. Trata-se de um desafio antigo e recorrente na arte ocidental, mas que nesse período gerou amplo debate, pois uma nova idéia do que era "natureza" estava sendo engendrada. O ideal clássico de paisagens italianizadas e a estética mais recente do pitoresco estavam sendo gradualmente abalados por um novo enfoque na arte paisagística, no qual a própria natureza deveria ser a fonte de inspiração. Para artistas como Cornelius Varley, por exemplo, a estética pitoresca era tão seletiva como o ideal clássico que ela pretendia transcender. Como um historiador da arte apontou, o produto do pitoresco era "menos um novo olhar à natureza do que uma nova idéia do que poderia fazer uma pintura".[8] Embora tenha representado um papel chave no processo através do qual a paisagem britânica passou a ser concebida como um objeto, a estética pitoresca seria transformada ou mesmo abandonada por uma nova geração de artistas ligados ao novo etos do naturalismo. Ao lado dessa atitude crítica em relação às antigas convenções pictóricas havia um compromisso radical com a improvisação e a experimentação *sur le motif*. Tal tendência, em alguns aspectos, refletiu a crescente popularização das ciências naturais e, em particular, deveu-se ao florescente "inventário iconográfico do mundo" proporcionado por levantamentos e expedições exploratórias além-mar, como vimos no capítulo anterior.[9*] Por si mesma, naturalmente, esse tipo de observação empírica não poderia garantir a produção de uma obra de arte. Na verdade, a espontaneidade do ato de desenhar ao ar livre continuava a ser suficiente para que seus produtos não fossem considerados obras de arte. O estudo direto da natureza estava, ainda, à margem da atividade artística; era meramente parte do treinamento do artista, cujos resultados eram considerados materiais inacabados, destinados a serem vistos apenas pelos próprios pintores, por seus amigos e, talvez, por seus pupilos.[10] Como Charlotte Klonk sugere, a expressão "desenho ao natural" [*sketch from nature*] presente em muitos dos títulos das pinturas expostas na Royal Academy a partir dos anos 1790 significava simplesmente que elas haviam sido criadas com base na observação da natureza em vez de haverem sido pintadas *in loco*.

Como o estudo de Philip Conisbee indica, a prática da pintura ao ar livre remonta às pinturas seiscentistas de Roma. Iniciando com um relato dos experimentos de Claude Lorrain no início dos anos 1630, Conisbee traça a intermitente evidência da continuidade dessa prática, possivelmente em algumas pinturas da Villa Medici de Velázquez e em desenhos de Salvator Rosa, Gaspar Dughet e Alexander-François Desportes e, subseqüentemente, na prática de Claude-Joseph Vernet e Pierre-Henri de Valenciennes. A transmissão das técnicas de pintura ao ar livre ao trabalho dos artistas paisagistas ingleses foi mais problemática. Alexander Cozens é um bom exemplo. Durante sua permanência na Itália, em 1746, onde trabalhou no estúdio de Vernet, Cozens anotou em seu *sketch-book* que estava fazendo estudos ao natural em aquarelas e óleos. De volta à Inglaterra, entretanto, ele trabalhou quase que exclusivamente em aguadas monocromáticas. Anne Lyles atribui a preferência de Cozens por trabalhar em monocromia ao seu crescente interesse pela teoria paisagística, especialmente no que tange a sua idéia de compor paisagens imaginárias utilizando

* É importante ressaltar, entretanto, que um crescente interesse na observação empírica da natureza não necessariamente implica um confronto direto com ela; na arte holandesa do século XVII, Svetlana Alpers argumenta que esse interesse levou a um crescente uso de aparelhos ópticos, tais como a câmara escura e o microscópio, mediadores entre o observador e a natureza observada.

manchas de tinta. A ênfase dada por Cozens ao matiz e à massa no desenho distanciaram-no da pintura ao ar livre, à medida que ele se tornou mais e mais preocupado com a representação de paisagens imaginárias do que com as reais. Seus métodos, entretanto, exerceram uma importante influência na geração seguinte de pintores paisagistas britânicos, especialmente no próprio filho de Cozens, John Robert Cozens, bem como em John Constable. Ademais, não devemos esquecer que, de 1750 a 1754, Cozens ocupou o cargo de mestre de desenho da Royal School of Mathematics, contribuindo para a formação dos jovens *surveyors* marítimos, como mencionado no capítulo 3. A essa nova geração de artistas, bem como de *surveyors*, coube o estreitamento da brecha entre a paisagem imaginária de um lado e uma visão topográfica, mais literal, de outro.

Outro artista britânico sob a influência de Vernet foi Richard Wilson. Embora não haja evidência de que Wilson pintasse a óleo ao ar livre (seu meio preferido era o desenho), uma de suas pinturas italianas mostra um artista com seu cavalete portátil e banco dobrável pintando o prospecto, talvez insinuando um endosso dessa prática, como sugere Conisbee. Wilson também ensinou essa prática a seus alunos Thomas Jones e William Hodges. Bernard Smith chamou atenção para o trabalho de Hodges, que foi pioneiro ao fazer as primeiras tentativas na arte britânica de fundir as qualidades dos esboços a óleo feitos ao ar livre com as de seu trabalho finalizado. Smith enfatiza, entretanto, que "o que temos em Hodges não é o início de uma tradição, mas uma importante antecipação da pintura paisagística naturalista". Hodges acompanhou James Cook em sua segunda viagem ao Pacífico Sul de 1772 a 1775 e, cinco anos mais tarde, fez uma excursão de quatro anos pela Índia. É nas paisagens do Pacífico Sul de Hodges que Smith identifica inovações significativas na prática pictórica do artista. Algumas das pinturas feitas por Hodges durante a viagem têm o frescor e a clareza de um trabalho realizado à luz do dia, sugerindo uma considerável alteração na sua técnica desde seus dias como aluno de Richard Wilson. Na verdade, além de ajudar nos levantamentos marítimos, Hodges tinha, também, de satisfazer as exigências de comunidades metropolitanas diferentes e sobrepostas de *curiosi*, *virtuosi* e sábios.* Quando Hodges expôs suas

* Vale notar que, na primeira viagem de Cook, o intento de satisfazer ambos os públicos foi atingido pelos dois artistas que acompanharam Joseph Banks: Alexander Buchan (cuja obra era dirigida aos diletantes) e Sydney Parkinson (que foi contratado para fornecer desenhos de novas espécies); ver Simon Schaffer, "Visions of Empire", p.337.

paisagens do Pacífico na Royal Academy em 1777, elas foram vistas com algum ceticismo pelos críticos: "Suas pinturas todas parecem inacabadas, como se as cores tivessem sido colocadas na tela com uma espátula."[11]

Thomas Jones, outro dos alunos de Wilson, ia embarcar numa viagem para Roma quando foi convidado a juntar-se a Cook, na sua terceira viagem aos Mares do Sul. Enquanto Jones era tentado a seguir o exemplo de Hodges, seus pais estavam tão convencidos do perigo da aventura que foram persuadidos a financiar seus projetos originais de excursionar pela Itália. Os esboços de Nápoles feitos por Jones têm sido considerados avançados para sua época; seu trabalho acabado, entretanto, permaneceu fiel às fórmulas de composição ditadas por Wilson. Como indica Smith:

> Embora desenhos a óleo ao ar livre [*plein-air*] tenham origem no solo italiano, a excursão italiana de Jones reforçou as fórmulas clássicas e pitorescas no seu trabalho acabado. A viagem de Hodges ao Pacífico, por outro lado, serviu-lhe de um desafio visual excepcional que resultou nas contribuições mais consideráveis à pintura ao ar livre [*plein-air*] na Inglaterra, antes de Constable.[12]

Tal conclusão deve ser considerada sob dois aspectos. Primeiramente, como Smith observa, Hodges "não era um herói". Embora ele haja, indubitavelmente, respondido ao desafio de trabalhar na luz e cenário tropicais, terminou se curvando às convenções artísticas acadêmicas na finalização de suas obras. E, em segundo lugar, enquanto Constable, eventualmente, se tornaria conhecido como um pintor paisagista de considerável valor, isso tinha tanto a ver com seu tema (a paisagem rural inglesa), quanto com qualquer inovação específica na técnica da pintura.*

O debate estético sobre a representação da natureza é corroborado por uma distinção crítica entre topografia e belas-artes. No século XVIII, a apresentação de informações precisas na forma de vistas topográficas era considerada um dos temas menos valorizados em que um artista poderia especializar-se, embora fosse vastamente praticada por pintores a óleo e aquarelistas, como discutido no capítulo 2. Henry Fuseli, professor de pintura na Royal Academy,

---

* Vale lembrar que o quadro de Constable *The Haywain* (1821) foi exibido no Salão de Paris de 1824, com aclamação da crítica. O reconhecimento oficial na Inglaterra só veio em 1829, quando Constable foi eleito para a Royal Academy.

descreveu topografia como um mero trabalho de mapeamento, recomendando a seus alunos as paisagens idealizadas de mestres consagrados tais como Nicholas Poussin, Gaspar Dughet e Claude Lorrain. Ao fazer essa distinção, Fuseli estava reforçando a orientação estética acadêmica estabelecida da Royal Academy. Foi nessa instituição que Joshua Reynolds pronunciou seus influentes *Discourses* sobre arte entre 1769 e 1790, incitando os artistas a elevarem-se sobre o "particular" na natureza a fim de produzir uma representação "geral" do mundo natural através de um processo de idealização.

O debate acadêmico sobre o status da arte paisagística envolvia não só questões de composição ou tema, mas também os méritos relativos de meios e técnicas particulares, tais como o uso da cor ou monocromia, contornos ou sombras, aquarela ou óleo. Como Anne Lyles esclarece:

> nas teorias artísticas, a cor tem sido freqüentemente associada à verossimilhança e à imitação do real. Em particular, tem havido um duradouro debate, originado na Itália no século XVI, sobre os méritos relativos ao desenho e ao projeto (*disegno), por um lado, e cor (colore*) por outro. De acordo com esse debate, *disegno* era associado à invenção, com o conceito ou idéia originando-se da mente do artista, ao passo que *colore* era equiparado à natureza e ao mundo real, sua diversidade, variedade e, acima de tudo, sua particularidade.[13]

Colore, assim, significava mais do que simplesmente colorido; implicava habilidade artística que requeria perícia na observação, agilidade manual e precisão no delinear os contornos da natureza. Tais práticas aproximavam a "arte do colorido" das ciências empíricas, experimentais. Por outro lado, *disegno* demandava um olhar intelectualizado sobre o mundo, teórico, mais próximo do idealismo platônico e da especulação intelectual das ciências abstratas. Charlotte Klonk recentemente afirmou que, no período entre 1790 e 1830, mudanças na concepção científica da natureza levaram os artistas, cada vez mais, a "abandonarem as fórmulas pictóricas convencionais, tais como o sublime, o pitoresco e o belo, em favor de uma representação mais naturalista, dando prioridade à observação detalhada de casos particulares".[14] É importante notarmos, entretanto, que ao continuar a privilegiar o uso da cor e da sombra, essa nova geração de pintores paisagistas ainda muito devia às clássicas convenções pictóricas. Essa aparente contradição lança alguma luz sobre o dilema enfrentado por esses artistas: por um lado, inspirados pela curiosidade científica, eles visavam reproduzir a natureza tal como se apresentava aos seus olhos; por outro lado, seu público não considerava os resultados de seus experimentos obras de arte em si. Essa ambigüidade no processo de produzir trabalhos artísticos no contexto de representações da natureza tropical é particularmente evidente na obra de William Havell, discutida a seguir.

"Um colorido estranho": As paisagens tropicais de William Havell

Em 9 de fevereiro de 1816, quando completava 34 anos de idade, William Havell partiu da Inglaterra como desenhista a serviço da missão diplomática de Lord Amherst para a China. Após uma escala na Madeira, o *Alceste* rumou para o Rio de Janeiro, seguindo a rota transatlântica triangular usual via Cabo da Boa Esperança. O *Alceste* permaneceu no Rio por dez dias, antes de dirigir-se para as Índias Orientais. Em 27 de janeiro de 1817, o navio partiu de Macau, mas logo depois naufragou no Estreito de Gaspar, com a perda da maior parte dos bens da embaixada, como mencionado anteriormente no capítulo 3. Havell, então, embarcou no *Lyra*, sob o comando do capitão Basil Hall,[15] viajando para a Índia, onde permaneceria por quase nove anos, até janeiro de 1826. Lá ele ganhou a vida pintando pequenos retratos dos oficiais da Companhia das Índias Orientais, bem como paisagens.[16]

Há sugestões de que a decisão de Havell de deixar a Inglaterra foi uma reação contra a recusa da British Institution em expor sua maior e mais ambiciosa pintura a óleo — *Walnut Gathering at Petersham* — pintura essa que, infelizmente, é conhecida agora apenas por uma gravura.[17] Segundo J.L. Roget, que escreveu o que agora se tornou a história oficial da Royal Society of Painters in Watercolour, Havell acreditava que ao pintar essa obra havia superado mesmo William Turner. Mas o comitê da British Institution estava irredutível na posição de que sua pintura era mero experimento, e como tal não poderia ser exibida: na verdade ele clamava que ela "não era nada a não ser luz".[18] Os termos dessa resposta são, segundo minha abordagem, altamente significativos. Enquanto o desapontamento de Havell pode ter influenciado sua decisão de viajar para o exterior, acredito que seu trabalho fornece prova material para outras interpretações, concernentes a aspectos mais amplos da relação entre arte, representação da natureza, exploração e ciência. Após o naufrágio no Estreito de Gaspar, Havell poderia ter retornado para a Inglaterra, como os outros membros da missão diplomática o fizeram. Entretanto, ele escolheu permanecer na Índia por um longo período, muito do qual foi empregado em viagens pelo país, só retornando à Inglaterra na ameaça de uma epidemia de cólera.* Dois anos após seu regresso, em 1828, ele viajou mais uma vez para o exterior, dessa vez passando dois anos na Itália. Enquanto Havell queixava-se do calor — dizendo que era tão ruim quanto em Bombaim — o sol do Sul continuava a atraí-lo.[19]

A questão que se coloca é até que ponto as viagens de Havell para o Sul, longe de serem o resultado de uma decisão impulsiva, podem ser entendidas como a busca por um laboratório no qual pudesse levar a cabo suas experiências com luz e cor com um grau maior de liberdade do que na Inglaterra. Meu objetivo aqui é tentar atribuir algum sentido às paisagens tropicais de Havell dando explícita consideração à interação entre buscas artísticas internas, individuais, e influências externas, sociais. Preocupo-me menos com os méritos artísticos intrínsecos à obra de Havell do que com seu significado para a compreensão de como as experiências do viajar pelos trópicos foram formalizadas em uma linguagem pictórica, questão relacionada à transculturação dos trópicos por viajantes europeus, fio condutor deste trabalho.

Para atingir o objetivo acima exposto, focalizo um seleto grupo de imagens, que foram realizadas durante (ou após) a viagem de Havell para o Sul. Antes, entretanto, gostaria de salientar que, nessas imagens, a variedade de meios — aquarela, guache e óleo — empregados por Havell, aliada ao fato de que algumas dessas imagens são desenhos feitos ao ar livre, revela algo sobre seu enfoque experimental da pintura. Para entender o que isso significa precisamos saber alguma coisa dos antecedentes de seu treinamento como pintor. William Havell era sobrinho de Robert Havell, que trabalhava em Londres como gravador e impressor, e foi provavelmente através dessa ligação que Willliam teve contato com os métodos de Turner e de Thomas Girtin — o que parece ter sido bem mais importante para sua carreira do que é usualmente reconhecido. Aos 20 anos, William Havell viajou através do País de Gales em companhia de John e Cornelius Varley, Joshua Cristall e do geólogo e arquiteto Thomas Webster. Como Charlotte Klonk aponta, esse grupo (mais tarde apelidado de "Varley Circle") "modificou a prática do desenho em dois aspectos importan-

---

* Havell atravessou a Índia, de leste a oeste, visitando Calcutá (1817), Madras (1819-20), Hyderabad (1822), Ellora (1825) e Bombaim (1826).

tes: primeiro, eles faziam seus estudos extensivamente a cores *on the spot* em vez de somente prepararem esboços a lápis; e, segundo, elevaram o status do trabalho feito ao ar livre a uma obra digna de participar de uma exposição".[20] Ainda que Klonk possa estar certa ao enfatizar o papel do Varley Circle no desenvolvimento da pintura naturalista, podemos notar aqui que, embora dois dos esboços de Cornelius Varley pintados *in loco* tenham sido exibidos como pinturas acabadas, isso não significa que o status do estudo feito ao ar livre tenha sido universalmente elevado de fato.*

No presente contexto, o que merece atenção é a ênfase de Klonk na importância do desenho feito ao natural para o futuro desenvolvimento de Cornelius Varley, quer como um cientista quer como um artista. Ela argumenta que a inabilidade de Varley em traduzir fenômenos naturais em obras acabadas parece, por sua vez, haver direcionado sua atividade científica, que se materializou no desenvolvimento do telescópio gráfico (1805), um instrumento de desenho. Klonk focaliza sua análise no grau de distanciamento da obra de Varley das fórmulas de composição: para Cornelius Varley, a representação visual de um fenômeno particular parece ter sido mais importante do que a construção de um espaço pictórico definido. Embora isso certamente seja verdade, não devemos esquecer da importância do estudo ao ar livre para a obra de Havell, principalmente se levarmos em conta que ele, também, aplicou seus conhecimentos científicos no desenvolvimento de desenhos fotogênicos, precursores da fotografia.

A fim de desenvolver essa discussão, gostaria de me deter no estudo a óleo de Havell, *The Braganza Shore, Rio de Janeiro* (Prancha VII). Essa imagem é muito mais um trabalho a pinceladas, um estudo sobre luz e cor. Entretanto, podemos ver Havell estabelecendo bases pictóricas *in loco*, no sentido de que ela é uma imagem composta. O problema da pintura a óleo ao ar livre é que seus pigmentos úmidos refletem a luz, alterando o senso de colorido do artista. Muitos pintores paisagistas haviam enfrentado esse problema antes: na Itália, por exemplo, alguns preferiam pintar de uma janela ou usar um guarda-sol. Havell, entretanto, tinha uma receita para evitar tal efeito: "Verniz copal mis-

* As obras mencionadas por Klonk — *Ross Market Place, Herefordshire* e *S.E. View of St. Albans* — foram exibidas em 1805, na recém-criada Watercolour Society.

turado com acetato de chumbo para que as tintas secassem imediatamente".[21] Desse modo, Havell esperava combinar sua sensibilidade artística criativa com a imagem da paisagem como vista por seus próprios olhos. O observador-em-trânsito adquiria importância também na criação artística.

Outras duas aquarelas, também pintadas em 1816, atestam as perambulações de Havell pela vizinhança do Rio de Janeiro; esses estudos foram executados na combinação incomum de aquarela e guache branco (Figuras 17 e 18). As aquarelas de Havell servem também como um claro testemunho da participação do artista nas reuniões da Sketching Society ou, para dar-lhe o título correto, The Society for the Study of Epic and Pastoral Design. Mais do que a inspiração dos clássicos para a realização de paisagens imaginárias, como usualmente acontecia na Society (Figura 19),[22] a fonte primária de Havell para esses estudos foi a própria paisagem carioca. Embora sua composição obedeça às regras pictóricas, esses estudos oferecem uma gama mais rica de tons e uma maior sutileza na descrição de luz e sombra, devido à combinação de aguadas coloridas e guache branco. É na vibrante pintura *On the Coromandel Coast* (Prancha VI) contudo, que o brilho de luz e cores mais subverte o colorido tradicional; ao tentar retratar a atmosfera tropical como se apresentava ante seus olhos, Havell estava construindo uma linguagem visual que provou ser profundamente antiacadêmica. Se Havell, posteriormente, reformulou seus estudos para compor suas obras acabadas, como no caso de *Garden Scene on the Braganza Shore* (Prancha VIII), sua maneira de usar as cores desafiava as regras acadêmicas. Uma vez nos trópicos, Havell liberou-se dessas restrições e, em alguns aspectos, a elas nunca retornou. Luz para ele era essencial. A resposta ambivalente ao seu trabalho dada por críticos de arte de sua época na Inglaterra é significativa:

> Um efeito bem diferente mas mesmo assim encantador é produzido pela menos harmoniosa cor e mais discordante luz e sombra de Mr. Havell. Seus efeitos são novos e, por seu contraste com muitos dos outros, provam a justeza de nossa observação sobre a monstruosa imitação, principalmente em amarelo, entre os Expositores, de modo a haver-se tornado uma contagiante febre amarela.[23]
>
> *Temple of Vesta, Tivoli.*; aqui está outra das pinturas gema de ovo de Mr. Havell.[24]
>
> *The Convent of Santo Cosimato, near Rome*; Havell ainda mantém seu estranho colorido o que torna a maioria de seus temas desagradáveis. Nós bem nos

17. A Baía de Guanabara através do olhar de William Havell. *Near Rio de Janeiro*, aquarela e guache branco sobre cartão, 1816. British Museum

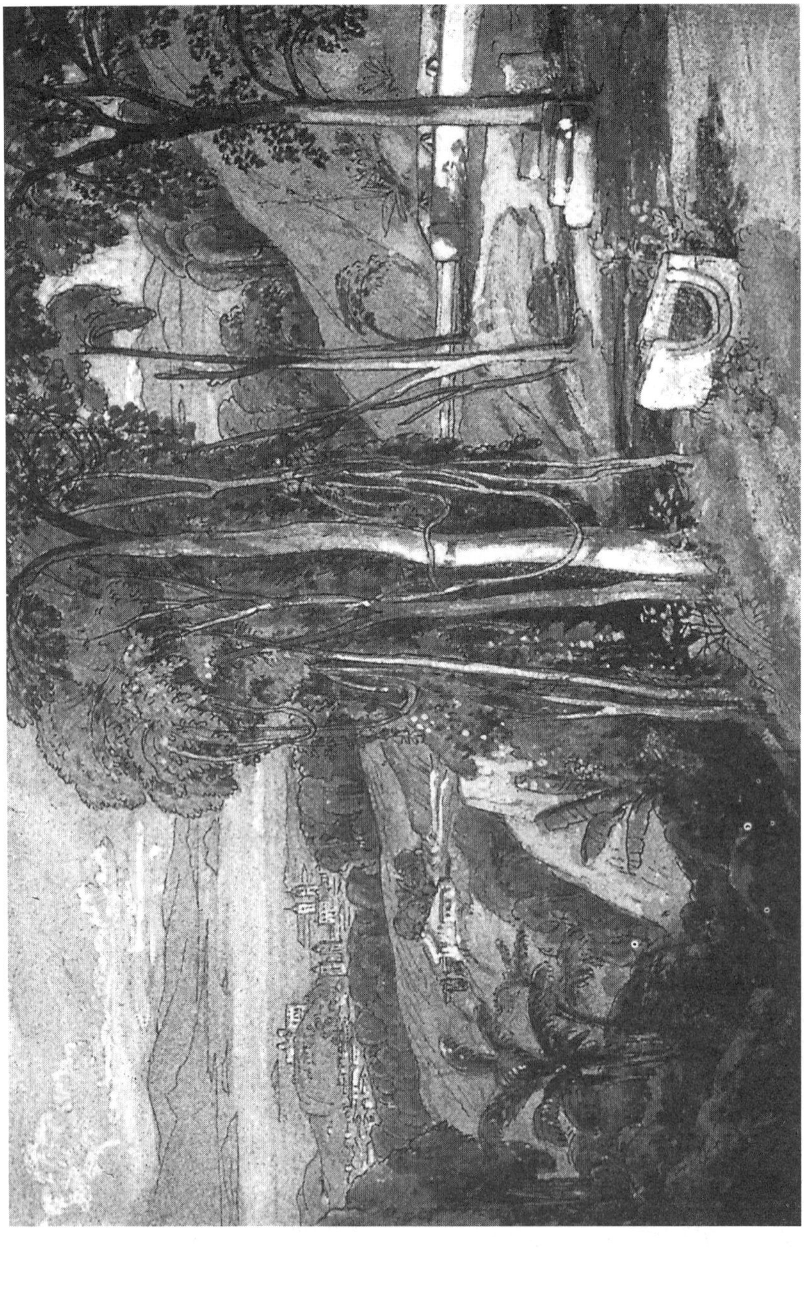

18. William Havell aproveitou sua rápida estadia no Rio de Janeiro para exercitar sua arte *on the spot*. *Near Rio de Janeiro*, aquarela, 1816. British Museum.

lembramos do cenário em volta de San Cosimato, mas não podemos reconhecê-lo no efeito do colorido de Mr. Havell. Seu método despoetiza a natureza.[25]

No início dos anos 1840, então, Havell estava sendo criticado pelo uso que fazia da cor, o qual, foi dito, "despoetiza a natureza". Parece que a natureza "poetizada" dos críticos era aquela da terra natal, e não a de regiões meridionais. Significativamente, foi durante esse mesmo período que Havell fazia experimentos em fotogenia, em parceria com seu irmão Frederick James. Tendo aprendido o segredo de Henry Fox Talbot de fixar a imagem em 1839, os Havell criaram um processo "para o delineamento do trabalho do lápis do artista", um processo que eles afirmavam ser exatamente o reverso do de Talbot, no qual "você faz as forças da natureza trabalharem para você".[26] O que podemos inferir neste contexto é que um processo envolvendo a instrumentalização do olhar, comparável àquele identificado por Svetlana Alpers na arte holandesa do século XVII, estaria em desenvolvimento. Seja como for, uma diferença fundamental da câmara escura está agora em ação; como visto no capítulo 2, o observador, no limiar do século XIX, deixa o protegido quarto escuro no qual uma reflexão sobre o mundo "lá fora" era possível e trabalha ao ar livre, no reino incerto dos sentidos humanos. Como enfatiza Outram, os instrumentos nesse período eram tidos sobretudo como um meio de avivar as impressões dos sentidos, em vez de substituí-las. Assim, a idéia de uma "natureza despoetizada" dramatiza a relação entre arte e ciência; uma vez mais, a batalha entre descrição precisa e inspiração artística está em jogo.

Considerarei, agora, o que poderíamos chamar de "influências externas" no trabalho de Havell. O impulso de viajar para o exterior entre Havell e seus contemporâneos não pode ser, naturalmente, compreendido meramente em termos de aspirações intelectuais ou de buscas artísticas. Uma economia metropolitana deprimida, no período após Waterloo, acelerou a competição entre os artistas; ao mesmo tempo, uma nova leva de mestres consagrados, do continente, estava no mercado. Viajar para o exterior era, assim, um projeto apropriado para um homem na casa dos 30 anos que achasse que sua vida como artista estava sob a ameaça do fracasso. A decisão de Thomas Jones de viajar para Roma (mencionada acima) fornece um ponto de comparação. No caso de Havell, entretanto, devemos considerar, também, o relacionamento com seu tio, Robert Havell, que dirigia a Zoological Gallery em Oxford Street, em Londres, oferecendo obras de arte, espécimens e outros itens de interesse para os estudiosos da história natural. Entre outros livros sobre paisagens exóticas, os Havell — Daniel e Robert — publicaram o álbum *Views of India*, de Thomas Daniell e seu sobrinho William. Segundo Bernard Smith, os Daniell financiaram suas viagens através da Índia (entre 1786 e 1794) por meio da câmara escura, vendendo suas água-tintas no decorrer das jornadas;[27] o sucesso de suas publicações abriu caminho para outros artistas viajantes como William Havell, que puderam financiar suas viagens libertos das restrições impostas nas expedições científicas. Alguns anos mais tarde, os Havell estavam publicando vistas panorâmicas de vários locais do mundo. Em 1820, publicaram uma vista panorâmica de Madras, em água-tinta, a qual pode ter tido a participação de William.*

Outro artista-viajante, cujo trabalho pode ter inspirado Havell, foi William Hodges. Embora as paisagens do Pacífico de Hodges não tenham impressionado o meio artístico britânico, sua contribuição para a iconografia exótica foi reconhecida pelo naturalista prussiano Alexander von Humboldt, que viajou pela América do Sul de 1799 a 1804, em companhia do botânico Aimé Bonpland, como visto nos capítulos anteriores. Um relato de trinta volumes da expedição de Humboldt foi publicado em francês entre 1814 e 1825; a primeira tradução inglesa apareceu entre 1814 e 1829. A influência de Humboldt nas percepções da natureza tropical no trabalho de estudiosos da história natural foi analisada no capítulo 4. Aqui é a influência de Humboldt sobre os artistas que está em questão. Apesar de seus esforços com uma variedade de equipamentos, tais como o cianômetro (instrumento que mede a intensidade da cor azul do ar), Humboldt expressou sua frustração ante a total dificuldade em transferir adequadamente o impacto do cenário tropical para uma imagem visual. O naturalista estava profundamente consciente da natureza mediadora da percepção: "felizes são aqueles que viajam pelo mundo para vê-lo com seus próprios olhos, tentando entendê-lo, e colhendo as doces emoções que a natureza inspira!".[28] A tensão entre a precisão científica e o poder da imaginação foi claramente expressa por Humboldt em uma obra posterior, *Kosmos*:

---

* Aqui, as afirmações de Klonk sobre vistas panorâmicas são muito significativas: "A pintura panorâmica enfatizou a inclusão e não a seleção de detalhes notáveis como a teoria da arte acadêmica havia preconizado, e logo foi criticada por [uma] falta de conteúdo moral, principalmente por artistas que, desde a fundação da Royal Academy, haviam se esforçado para melhorar seu status baseados no valor intelectual de suas obras, não apenas por sua capacidade de fidelidade imitativa"; *Science and the Perception of Nature*, p.150.

19. Nas reuniões da Sketching Society, paisagens imaginárias eram criadas a partir de poemas. William Havell, *Towered Cities Pleased us Then* [citação do poema "L'Allegro", de Milton], lápis e aguada sobre cartão, sem data. Victoria and Albert Museum

> A arte da pintura paisagística, que é mais do que mera cópia, tem um tema mais material e é ligada, muito de perto, à Terra; ela requer um grande número e variedade de observações reais e sensíveis, as quais a mente deve abraçar e fertilizar com seu próprio poder, e então restituir aos sentidos, como uma nova obra de Arte. O estilo grandioso em paisagens é o produto de uma profunda compreensão da Natureza e este processo mental interno.[29]

Embora não haja clara evidência textual para sugerir que Humboldt teve influência direta na obra de Havell, é possível identificar uma afinidade entre as pinturas de Havell e as inquietações de Humboldt: a luz com a qual Humboldt se preocupava na sua *Personal Narrative*, cuja transparência, segundo ele, "contribui para os efeitos mágicos das harmonias e contrastes" do cenário tropical poderia, assim, ser interpretada como sendo a mesma luz que tanto perturbou os críticos de arte britânicos das pinturas tropicais de Havell. Ninguém expressou isso melhor do que o próprio Havell, numa carta ao comitê da British Institution, em 1815: "Meu primeiro desejo como um Pintor Paisagista Inglês é representar meu próprio belo país sem referir-me a outros pintores, antigos ou modernos; o segundo é pintar o esplendor da luz do dia e do brilho do sol, a glória da Arte e da Natureza."[30] O fato de Havell haver exibido tão poucas de suas paisagens tropicais indica a total dificuldade em conciliar essas duas iniciativas.*

Artistas errantes: Augustus Earle e Conrad Martens

Após retornar da Índia, William Havell pareceu satisfeito de instalar-se definitivamente em sua terra natal, exceto por sua viagem à Itália. Em contraste, seus contemporâneos Augustus Earle e Conrad Martens relutaram em voltar de suas viagens ao exterior; Earle foi obrigado, eventualmente, a fazê-lo devido a sua saúde debilitada, enquanto Martens permaneceu em Nova Gales do Sul, Austrália, pelo resto de sua vida. Nesta seção, analiso as paisagens que esses dois artistas viajantes produziram no seu encontro com o cenário brasileiro, si-

---

* Havell conservou os *souvenirs* de suas viagens até sua morte. O catálogo de venda da Christie e Manson (1858), de suas obras remanescentes, lista quatro *sketch-books* da viagem do *Alceste*, vinte e três volumes de desenhos chineses e uma aquarela acabada do Rio.

tuando-as no contexto das próprias trajetórias pessoais e profissionais deles. Focalizando esses dois indivíduos excepcionais, exploro o problemático status da arte dos viajantes e da pintura paisagística naturalista na Grã-Bretanha no início do século XIX.

Como vimos anteriormente no capítulo 4, Augustus Earle viajou a bordo do *Beagle* de dezembro de 1831 a agosto de 1832, durante sua segunda expedição de levantamento das costas meridionais da América do Sul. Essa não foi a primeira viagem de Earle à América do Sul. Ele havia viajado para o Brasil, primeiramente, em abril de 1820, com 26 anos, e permaneceu aqui (exceto pela visita à costa chilena e alguns meses em Lima) até fevereiro de 1824. Antes de sua primeira viagem ao Brasil, Earle havia visitado (1815-16) o norte da África, a Sicília, Malta e Gibraltar; e, em 1818, visitou Nova York, havendo se transferido, alguns meses depois, para Filadélfia, onde permaneceu até fevereiro de 1820, quando veio para o Brasil. Em 1824, Earle partiu do Rio para o Cabo da Boa Esperança, com destino a Calcutá. O navio no qual viajava, o *Duke of Gloucester*, foi forçado a ancorar ao largo da Ilha de Tristão da Cunha e Earle lá permaneceu por oito meses. Ele finalmente deixou a Ilha a bordo do *Admiral Cockburn*, chegando à Tasmânia em janeiro de 1825. Quatro meses mais tarde estava em Sydney, de onde excursionou assiduamente pelo interior. Em 1827 visitou a Nova Zelândia, lá permanecendo por seis meses. Tendo retornado a Sydney, viajou para as Ilhas Caroline, Guam, Manila, Cingapura e, finalmente, Madras, de onde sua saúde debilitada obrigou-o a voltar à Inglaterra, em 1830. Um ano mais tarde, Earle foi nomeado Artist Supernumerary no *Beagle*, mas seu precário estado de saúde obrigou-o a renunciar ao posto; voltou a Londres em novembro de 1833. Cinco anos mais tarde, faleceu em Londres, de "asma e fraqueza".[31]

Augustus Earle pintou principalmente em aquarela (um meio barato, portátil e fácil de usar), embora ele utilizasse óleo para pinturas finalizadas a serem expostas na Royal Academy.* A principal coleção de suas aquarelas está, agora, no acervo da National Library of Australia, em Canberra. Existem vinte e um

---

* De 1824 a 1837, Earle expôs somente três pinturas na Royal Academy: *Gate of Pernambuco* (1824), *Life on the Ocean, representing the usual occupation of the young officers in the steerage of a British frigate at sea* (1837), e *Divine Service, as it is usually performed on board a British frigate at sea* (1837): National Library of Australia (1994).

estudos em aquarela da primeira viagem de Earle ao Brasil, cujos temas variam de paisagens panorâmicas a retratos, de cenas da vida cotidiana dos escravos até a coroação do Imperador.* Uma das imagens mais notáveis desse grupo é uma aquarela intitulada *View from the Summit of the Cacavada* [sic] *Mountains, near Rio de Janeiro, 1821-1824* (Prancha IX). No topo do Corcovado, o artista é retratado com sua cartola, registrando seu espanto ante a vista da Baía de Guanabara. Essa vista panorâmica é dominada pela topografia e atmosfera do local. Nenhum vestígio da cidade pode ser visto; a vegetação é alegórica, representando mais o estado de espírito do artista do que espécimens tropicais. A técnica de Earle aqui segue a tradição do desenho topográfico: primeiro, o tema era traçado a grafite, e, então, pintado sobre um fundo da cor local, trabalhando do claro para o escuro; aguadas verdes e azuis predominavam para as médias distâncias, enquanto que o carvão de desenho, os marrons e marrons-acinzentados eram empregados para pintar em detalhes mais escuros de primeiro plano.[32] Em seus matizes e pinceladas, essa aquarela lembra as composições planas e lineares da obra dos primeiros artistas topográficos, bem como as distintivas aquarelas de Francis Towne (Figura 20). É importante notar, no contexto deste estudo, que as paisagens brasileiras de Earle permaneceram com ele até sua morte.** A única pintura a óleo que Earle exibiu na Royal Academy a ter um tema brasileiro retratava uma cena de costumes e não uma paisagem. Muito pouco sobreviveu do trabalho de Earle durante a viagem do *Beagle*; pode ser, de fato, que sua saúde debilitada tenha-lhe impossibilitado o uso de seu lápis e pincel.***

Embora contemporâneo do Varley Circle, tudo indica que Earle desenvolveu carreira fora de sua órbita. Filho de James Earle, um artista americano que havia se instalado por algum tempo na Inglaterra, Augustus tinha apenas

---

* Enquanto estava no Rio, Earle tornou-se amigo da escritora Maria Graham a quem presenteou com três ilustrações para seu livro *Slave Market at Rio de Janeiro* (discutida no capítulo 2), *Gate & Slave Market at Pernambuco* e *Dona Maria de Jesus.*

** Até o presente momento, não me foi possível localizar nenhuma outra pintura paisagística brasileira de Earle.

***No primeiro volume do diário oficial de Fitzroy do *Adventure* e da expedição de levantamento do *Beagle*, organizado por King, há duas gravuras do Rio baseadas nos desenhos de Earle — *Mole Palace and Cathedral, Rio de Janeiro* e *Corcovado Mountain, Rio de Janeiro.* O Departamento Hidrográfico, em Taunton, Inglaterra, possui uma vista das Ilhas de Abrolhos pintada por Earle.

20. As cores chapadas na representação da paisagem alpina denotam a claridade racional do artista-topógrafo Francis Towne. *The Source of the Arveiron: Mont Blanc in the Background*, aquarela, 1781. Victoria and Albert Museum

13 anos quando, pela primeira vez, expôs na Royal Academy, em 1806. Nos nove anos seguintes ele lá expôs continuamente. A partir de cerca de 1811, conheceu os pintores americanos Charles Robert Leslie (conhecido mais tarde por sua biografia de Constable, publicada em 1843) e Samuel Morse (famoso posteriormente pela criação do alfabeto morse), com quem ele bem pode ter visitado o estúdio de um companheiro americano, Benjamin West. Nessa época, West era presidente da Royal Academy, sendo reconhecido por seu generoso patrocínio a jovens artistas americanos. Embora Earle não tenha sido formalmente registrado na Academy, ele provavelmente lá teve aulas, através de sua afinidade com West. Em 1813, Morse e Earle fizeram juntos uma viagem para realizar estudos paisagísticos, durante a qual Earle, pela primeira vez, manifestou seu gosto por aventura e viagens. Como Bernard Smith aponta:

> Visitar pontos nunca visitados por artistas era o objetivo das extensas viagens de Earle. Durante um período de, aproximadamente, vinte anos, ele vagueou pelo mundo talvez mais extensivamente do que qualquer outro artista antes dele, e conseguiu ganhar a vida razoavelmente em parte porque, tendo sido amplamente treinado na Academy, podia dedicar-se ao retrato, à paisagem, ou às naturezas-mortas, como preferisse e em parte porque era uma pessoa de considerável engenhosidade e recurso.[33]

A obra de Earle claramente revela-nos traços dos desafios que as paisagens desconhecidas propuseram ao pintor. A experiência de navegar treinou seus olhos e mãos para retratar fenômenos meteorológicos desconhecidos, bem como alterações sutis na atmosfera e na luz. Enquanto estava em Sydney, Earle abriu uma galeria de arte, onde expôs seu próprio trabalho e deu aulas, chegando a obter uma editora litográfica, na qual publicou um álbum paisagístico, intitulado *Views of Australia*. Segundo Smith, a carreira de Earle na Austrália exemplifica a função do artista colonial de "elevar" o gosto colonial. Ao retratar sua nova terra através de uma adaptação das convenções européias, Earle estava elevando não só o gosto do colonizador australiano, mas a própria paisagem colonial como tema apropriado para a produção de uma obra de arte.

Gostaria de me voltar agora à obra de Conrad Martens, o artista que substituiu Augustus Earle durante a viagem do *Beagle*. Martens havia deixado a Inglaterra em maio de 1833, a bordo do *Hyacinth*, com a intenção de fazer uma viagem de circunavegação de três anos via América do Sul e Índia. Pintor profissional de 32 anos, ele já havia experimentado a dificuldade de encontrar patrocinadores para suas paisagens, uma tarefa difícil para quem não tivesse boas ligações com a aristocracia ou a classe média abastada.[34] Após fazer escalas em Gibraltar, na Madeira e nas Ilhas de Cabo Verde, Martens anotou em seu diário suas expectativas em relação ao Rio de Janeiro: "Uma agradável brisa constante e um bom curso, na verdade bom demais para mim, porque até agora eu tinha a esperança de que o bom vento continuasse, o que ultimamente aconteceu, e assim induzir o capitão a dirigir-se para o Rio de Janiero [sic], um lugar excelente para desenhar, assim me foi dito."[35] À vista da costa de Cabo Frio, ao norte do Rio, Martens recordou-se do naufrágio do *Thetis*, em 1830.* Reportagens sobre esse acontecimento haviam sido publicadas em Londres, e o artista John Christian Sketchy, posteriormente, retrataria a cena do naufrágio em duas pinturas a óleo, ambas intituladas *Salvage of Stores and Treasures from HMS* Thetis *at Cape Frio* (agora no National Maritime Museum, Londres). É possível que Martens tenha visto essas pinturas antes de partir em sua viagem em 1833. Quando finalmente chegou ao Rio, entretanto, o artista teve pouco tempo para apreciar o cenário; ouvindo falar que o *Beagle* havia perdido seu artista oficial, ele partiu imediatamente para Montevidéu a fim de oferecer seus serviços a Fitzroy. Mas Martens deixou o Rio com profundo pesar, como atestam suas anotações:

> Que lugar para um artista! Espero, ardentemente, que eu possa visitá-lo mais uma vez e que eu tenha mais tempo para deleitar-me com tão deliciosas cenas ... O Rio é um lugar no qual, em qualquer outra circunstância, eu permaneceria de extremo bom grado por algum tempo. O porto, acho, deve ser um dos mais bonitos do mundo. A região que circunda a cidade é, também, lindíssima, cheia de montanhas que não são altas, mas são abruptas e pitorescas em suas formas e ricamente arborizadas, aqui e ali há um pequeno lago tranqüilo que é perturbado

---

* O navio *Thetis* naufragou em Cabo Frio, em 5 de dezembro de 1830, quando deixava o Rio para retornar à Inglaterra, carregado de barras de ouro e prata, a maioria proveniente do Pacífico. Uma cópia do relato de Dickinson fora emprestada a Turner por William Buckland (anteriormente presidente da Geological Society), na tentativa de incitá-lo a pintar o resgate do tesouro, principalmente pelo sítio geológico particular de Cabo Frio. Tal sugestão, no entanto, foi rejeitada por Turner, que declarou haver "infortúnios pictóricos" [*pictorial misfortunes*] no acontecimento: o navio estava completamente submerso, e nenhum vestígio do tesouro podia ser visto; cf. James Hamilton, *Turner and the Scientists*, p.115.

21. "Que lugar para um artista!" – exclamava Conrad Martens ao deixar o Rio de Janeiro. Em seu *sketch-book*, ele colecionou suas breves impressões da paisagem carioca. *Sugar Loaf at Rio Janeiro*, lápis, sem data. Cambridge University Library

apenas pela graciosa canoa do nativo; invariavelmente feita do tronco de uma única e, algumas vezes, enorme árvore.[36]

Embora Martens tenha permanecido somente treze dias na cidade, seu lápis rapidamente registrou, em seus *sketch-books*, alguns dos locais que tanto o impressionaram, tais como a Enseada de Botafogo, o Corcovado e um prospecto incomum do Pão de Açúcar visto da Lagoa Rodrigo de Freitas (Figura 21).[37] Ao deixar o porto do Rio, em 18 de julho de 1833, Martens esboçou em aquarela a vista das ilhas Redonda e Rasa, com o perfil da Pedra da Gávea ao fundo (Figura 22), talvez preparando-se para o encontro com Fitzroy. Os esboços feitos durante essa curta permanência no Rio, somados a sua memória do local, forneceram a Martens um rico repertório de imagens exóticas que seriam traduzidas em pinturas acabadas posteriormente em sua carreira.

O trabalho de Martens claramente agradou Fitzroy, e o artista juntou-se ao *Beagle* em Montevidéu, no início de dezembro de 1833. Nove meses mais tarde, entretanto, os serviços de Martens foram dispensados, pois, devido ao transbordo do navio irmão (o *Adventure*) em Valparaíso, não havia mais uma

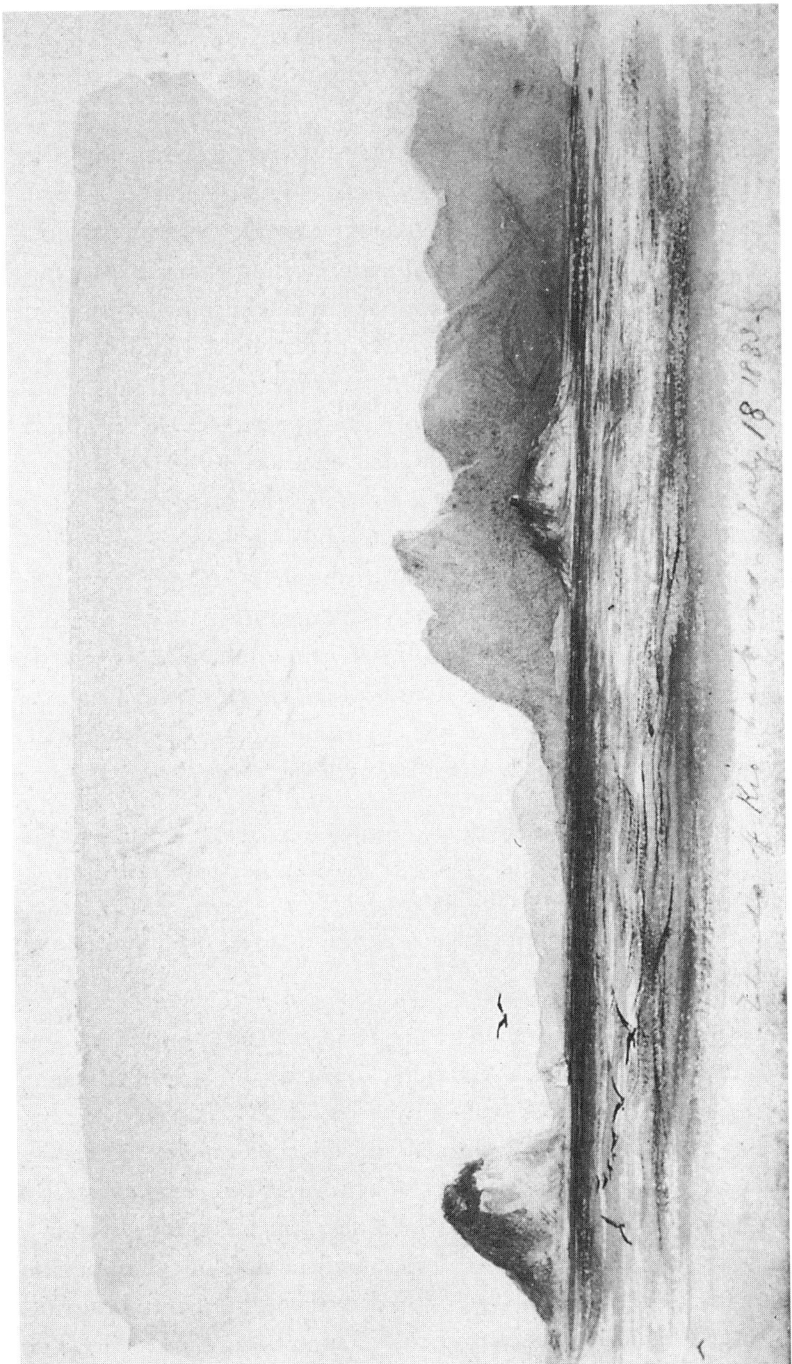

22. Conrad Martens despediu-se do Rio registrando em aquarela as ilhas Redonda e Rasa.
Islands of Rio Harbour, lápis e aquarela, 1833. Cambridge University Library

cabine livre para o artista.[38] Durante o breve período em que serviu no *Beagle*, Martens recebeu um bom treinamento na observação de fenômenos naturais, especialmente aqueles relacionados a meteorologia, geologia, botânica e astronomia. Seus companheiros de viagem, Darwin e Fitzroy, apresentaram-lhe os trabalhos de Charles Lyell e Alexander von Humboldt; por seu lado, a habilidade de Martens de capturar o *mood* de paisagens desconhecidas em suas imagens certamente deixou uma impressão duradoura na mente de Darwin.[39] Coube ao próprio Martens conciliar seu treinamento artístico com o modo de ver científico requerido numa expedição de levantamentos.

A fim de colocar o dilema artístico de Martens no contexto de sua época, precisamos considerar alguns detalhes da vida do artista antes de deixar a Inglaterra. Filho de um comerciante alemão, criado e educado em Veneza, Conrad e seus irmãos foram ensinados a apreciar a pintura, a literatura inglesa e a arquitetura. Os três irmãos tornaram-se pintores profissionais; Conrad estudou pintura paisagística com Copley Fielding, que expunha regularmente na Old Watercolour Society. Martens bem pode ter visitado muitas dessas exposições, onde teria visto as obras de Cotman, Thomas Girtin e John Robert Cozens. Com o encorajamento de Fielding, Martens provavelmente assistiu a algumas das palestras abertas anuais de Turner, que eram amplamente divulgadas pela Royal Academy. Como Susanna de Vries-Evans salienta:

> As primeiras tentativas de Martens de criar os efeitos de atmosfera romântica foram inspiradas pelas aulas de Fielding, por ter visto a obra de Turner em primeira mão e por ter lido Wordsworth, cuja poesia copiou em folhas de papel. Ele colocou algumas dessas cópias entre as páginas de seus livros de arte, junto com alguns de seus esboços.[40]

Quando Martens deixou a Inglaterra em 1833, havia adquirido uma ampla sensibilidade poética, contra a qual deveria lutar a fim de cumprir sua tarefa como artista oficial das expedições exploratórias do *Beagle*. Estava bem familiarizado com as regras do gosto do pitoresco: um dos poucos livros que levou com ele no *Beagle* foi sua cópia pessoal do *Observations Relative Chiefly to Picturesque Beauty*, de William Gilpin, uma obra que, como ressaltado no capítulo 2, enfatizava o potencial artístico e a especificidade do clima e topografia ingleses. O itinerário de Martens após ter sido deixado pelo *Beagle* em Valparaíso intensificou seu encontro com os trópicos. Lá juntou-se a uma excursão de pintura com o artista bávaro Johann Moritz Rugendas. Essa era a segunda viagem de Rugendas às Américas; em 1822, inspirado pelos diários de viagem de Spix e Martius e uma exposição dos desenhos brasileiros de Thomas Ender em Viena, ele integrou-se à expedição de Langsdorff à região mineira brasileira. Retornando à Europa em 1825, Rugendas conheceu Humboldt, que apresentou-o a Engelmann, um famoso editor em Paris. Engelmann assumiu a responsabilidade de publicar seu álbum de viagem numa edição bilíngüe em 1835. Com efeito, assim, um mundo mais amplo abriu-se para Martens: não somente devido a suas viagens através de uma paisagem nova *in situ* mas também através do encontro com uma tradição artística continental germânica *in visu.*

Cinco meses após seu encontro com Rugendas, Martens partiu para o Taiti. Lá permaneceu por várias semanas, fazendo diversos esboços, alguns dos quais foram posteriormente usados por Fitzroy para ilustrar o segundo volume da *Narrative*, pois o *Beagle* visitou alguns dos mesmos locais um ano depois.[41] Em 4 de março de 1835, Martens deixou o Taiti a bordo do *Black Warrior*, navegando via Bay of Islands na Nova Zelândia, para Sydney, onde desembarcou em 17 de abril. Martens imediatamente passou a desenhar nos arredores da cidade e mais além e, poucos meses depois, adquiriu um pônei, para perambular livremente. Em 1837, Martens casou-se e, segundo Bernard Smith, "à força de trabalho consistente e metódico conseguiu sustentar uma esposa e dois filhos inteiramente com o produto de suas pinturas, aulas, e a venda de suas litogravuras, até ser nomeado Assistant Parliamentary Librarian em Nova Gales do Sul, em 1863".[42] Martens permaneceu na Austrália até sua morte em 1878.

Segundo Susanna de Vries-Evans, Martens deixou um livro de contabilidade detalhado (agora na Dixson Library, em Sydney) que contém informações sobre a maioria das pinturas que ele vendeu, juntamente com seus preços e seus compradores. Uma lista recentemente compilada por Vries-Evans indica que seis pinturas retratando paisagens do Rio de Janeiro foram encomendadas a Martens. Infelizmente ainda não consegui localizar essas pinturas, mas o fato de elas haverem sido produzidas como pinturas acabadas indica não só que havia, em Sydney, mercado para esse tipo de paisagem, mas também que Martens alcançara uma posição na qual podia conciliar sua formação artística na Inglaterra com a experiência da viagem pelo mundo, aceitando o "exótico" como seu tema. Apesar de Martens não ter acusado diretamente essa influência tropical na sua celebrada *Lecture upon Landscape Painting*, pronunciada na Australian Library em 1856, é possível notarmos sinais de tal influência, como na orientação técnica — comum a *surveyors* marítimos —, de que "montanhas distantes devem ser traçadas mais altas do que a perspectiva *estritamente linear* permitiria, devido à impossibilidade de se obter uma perspectiva *aérea completa*, e como o único meio pelo qual uma idéia correta de sua magnitude pode ser dada".[43]

Nessa palestra, Martens recomendava o *Liber Studiorum*, de Turner, como um "livro para ser estudado com o maior proveito". Seguindo Turner, Martens afirmava que o paisagista deveria procurar retratar a amplitude e a grandeza da natureza, mais do que imitar objetos individuais, produzindo uma arte que brotava do "brilho da luz e da profundidade da sombra": a pintura paisagística era a "arte de imitar um efeito que a natureza produzira com meios muito além dos que *nós* temos à disposição". Esse sentimento de reverência pela natureza estava sendo expresso por alguém treinado nas Ilhas Britânicas, como Augustus Earle, que havia se empenhado em registrar os múltiplos "efeitos" de uma variedade de paisagens, das costas marítimas, desertos e montanhas da América do Sul às florestas subtropicais do Illawarra District, na Austrália.

Negociações paisagísticas

As paisagens tropicais de William Havell, Augustus Earle e Conrad Martens atestam, através da materialidade da tinta na tela ou do lápis no papel, o caráter interativo da arte. Essas paisagens não foram produtos da subjetividade pura; elas são parte o que esses artistas sabiam, parte o que viram, parte o que aprenderam através das viagens, e parte o que esqueceram. Se a obra de Turner foi um ponto chave de referência para Conrad Martens, por exemplo, deve ser lembrado que o próprio Turner estava tentando retratar uma luz que pode mais facilmente ser encontrada nas paisagens do Pacífico de Hodges do que na natureza britânica.[44] Essas pinturas tropicais são, acima de tudo, o resultado da constante conversação entre paisagens de lugares distantes e as paisagens das mentes dos próprios artistas; um processo de transculturação que requeria que eles conciliassem as paisagens *in situ* com as paisagens da memória *in visu*, buscando atender às exigências de seus públicos, fossem estas artísticas ou científicas.

Esse ponto levanta uma questão mais ampla no que diz respeito à relação entre arte e ciência no início do século XIX, período em que os limites entre uma esfera e a outra estavam longe de ser nitidamente estabelecidos. Como foi visto, o próprio Humboldt descreveu a pintura paisagística como "muito fortemente ligada à Terra; ela requer um grande número e variedade de observações reais e sensíveis, que a mente deve abraçar e fertilizar com seu próprio poder, e então restaurar aos sentidos como uma nova obra de Arte". De fato, para Humboldt, ninguém estaria melhor equipado para descrever uma certa "fisionomia da natureza" isto é, "o caráter natural" peculiar a cada latitude do que um paisagista talentoso. É o "gênio artístico", um produto do movimento romântico, uma figura apreciada na teoria da arte paisagística britânica, que mais se presta a imitar, não as formas particulares da natureza, mas o "efeito que a natureza produziu".* Como Kay Dian Kriz sugere, "o gênio artístico é, então, uma forma superior de tradutor cultural, vivamente sensível ao caráter e emoção subjacentes *inerentes* à natureza; ele possui o poder único de tornar esse sentimento acessível aos observadores menos sensíveis, via a materialidade da tinta na tela".[45]

Aqui mais uma vez está a complexidade do processo de "conhecer" as diferentes partes do mundo (mais particularmente a natureza tropical), e no como transmitir esse conhecimento a um público mais amplo é o que está em questão. No início do século XIX, está claro que esse processo não funcionava através da "influência" da ciência na arte ou vice-versa, mas sim através de constantes *feedbacks*, da arte para a ciência, da ciência para a arte, em um movimento espiral. Na arte dos pintores viajantes, práticas características do observador-em-trânsito, como a medição instrumental e a experiência de primeira mão, imbricavam-se com a sensibilidade artística metropolitana.

---

* O conceito de "gênio" vinha sendo amplamente discutido entre os herdeiros do Iluminismo (como Goethe e Fichte, por exemplo), principalmente na Alemanha, no contexto da filosofia da natureza [*Naturphilosophie*]. Para uma minuciosa discussão desse tema, ver Simon Schaffer, "Genius in Romantic natural philosophy", p.82-98.

CONCLUSÃO

As paisagens do olhar

O Rio de Janeiro é, hoje, uma cidade de aproximadamente 6 milhões de habitantes, sua paisagem entrecruzada por viadutos e túneis; muitos de seus morros foram arrasados, seus escombros utilizados para retificar as várias ilhas, praias e enseadas que rendilhavam a Baía. Sendo uma cidade em que os forasteiros, em sua grande maioria, chegam, e dela partem, por via aérea, o porto queda-se como reminiscência longínqua de sua vida passada. No rebuliço das ruas, envolto por arranha-céus e favelas, o pedestre dificilmente tem tempo para admirar as montanhas que emolduram a cidade, hoje cristalizadas nos clichês dos cartões-postais. Assim, gratifica-me ter encontrado as visões cariocas dos viajantes britânicos oitocentistas, pois elas permitiram-me ver a cidade com um olhar diferente. Vejo-a, agora, singular e múltipla: singular, como o original da obra de arte de Walter Benjamin, cuja "aura" é evocada pelo sítio ímpar, único, em que a cidade se desenvolve, ao qual é difícil, ainda hoje, de se permanecer indiferente. Muitas das representações do Rio aqui estudadas resultaram do desejo de capturar sua "aura", por vezes revelando sua inefabilidade. A paisagem carioca me é, agora, ao mesmo tempo, múltipla em dois sentidos. Primeiramente, nas várias "reproduções" que dela foram feitas, que contam histórias intrigantes da transformação do olhar europeu em andamento na virada do século XIX, no contexto da emergência da modernidade. Um olhar que se aproxima da natureza, que procura dar forma não apenas ao que é visto, como também ao que é experienciado pelo observador. Um olhar simultaneamente "para dentro" e "para fora", que deixou traços na iconografia carioca, seja na tentativa de captar a atmosfera local, seja no delineamento da vegetação ou dos perfis litorâneos.

A paisagem carioca me é múltipla, em segundo lugar, porque a iconografia britânica oitocentista deixa entrever que havia, naquele tempo, uma identidade maior entre o Rio de Janeiro e outros portos das Índias Orientais e dos Mares do Sul, uma identidade tropical que foi sendo apagada pelo mesmo olhar que outrora a documentou. Como observou Gilberto Freyre em *Ingleses no Brasil*, o "dessabor" das descrições britânicas da cidade do Rio de Janeiro, em comparação às concernentes à magnificência de sua natureza, trazia consigo a prefiguração do *slogan* comercial do "antes e depois", na medida em que a Grã-Bretanha visava ampliar o mercado para seus produtos industrializados; através do consumo de vidro, de ferro, e de outros bens afins, a cidade atrasada, com ares orientais, poderia vir a se equiparar às metrópoles européias, civilizadas. Interesses comerciais específicos à parte, a identidade do Rio de Janeiro com os demais portos da zona tropical imprime ao olhar britânico uma característica peculiar, que é inerente às suas rotas de navegação marítimas, inerente à sua expansão imperialista e colonial. A paisagem tropical híbrida, aparente nas vistas litorâneas cariocas do navegador Charles Browne, por exemplo, encontra eco nos jardins de aclimatação de Joseph Banks e nas subseqüentes atividades dos herborizadores de Kew Gardens e da Horticultural Society em terras brasileiras, bem como nos *sketch-books* de artistas-viajantes como William Havell, Augustus Earle e Conrad Martens, que, como os navios que os transportaram, circularam amplamente pelas regiões intertropicais do globo terrestre.

Este ponto remete-me à distribuição geográfica dos arquivos onde se encontra, atualmente, a iconografia pesquisada. Além das coleções existentes na Inglaterra, principalmente em Londres e no Brasil, muitas dessas em mãos de particulares, no Rio e em São Paulo, vale ressaltar que há um considerável acervo de imagens britânicas do Rio de Janeiro na Austrália (para não mencionar o panorama do Rio de Janeiro de Burchell, que se encontra na África do Sul). Tal fato é relevante por dois motivos. Primeiramente, porque reitera a idéia da circulação marítima intertropical, mencionada acima. Grande parte das imagens cariocas fazem parte de diários de bordo dos navegantes, que muitas vezes migraram para a jovem colônia britânica. Em segundo lugar, pelo fato de que artistas viajantes como Earle e Martens encontraram, na elite colonial, um mercado para as paisagens tropicais inexistente na metrópole britânica. A elevação do status da paisagem nativa como obra de arte e sua identificação com as demais regiões do hemisfério sul — possíveis através do pincel de artistas formados na Inglaterra — colaboraram para conferir à elite que se afirmava uma identidade distinta, porém legitimada pela técnica e convenções pictóricas da metrópole, como sugeri no capítulo 5.

Do ponto de vista teórico, a análise iconográfica fez com que eu me fascinasse ante o encontro com as paisagens cariocas britânicas, como Burchell, Darwin ou Earle perante a natureza brasileira e, ao mesmo tempo, entender essas imagens como resultado de técnica e arte, como artefatos humanos. As pinceladas, a intensidade do traço no papel amarelado, o tamanho das imagens, as anotações nas margens de seus estudos, todas essas características físicas forneceram-me percepção material, assim como densidade histórica. Permitiu-me entender, também, como a distância entre "nós" e os "outros" é cultural e socialmente construída — e não apenas produto de avanços tecnológicos —, como nos aproximamos ou nos afastamos de outras culturas em função de imperativos que vão além das meras distâncias espaciais, como as geografias imaginativas informam a construção de paisagens, ao mesmo tempo que se formam e se transformam — "transculturam-se" — a partir do encontro com as mesmas. Acima de tudo, compreendi quão embebidas em culturas são as representações da natureza — sejam elas um perfil litorâneo anexado a uma carta náutica, a descrição de uma helicônia ou uma vista panorâmica do Corcovado. Digo culturas no plural porque não se trata apenas de uma projeção na tela ou no papel de imagens prefiguradas segundo as convenções de representação — científicas ou artísticas — do observador europeu metropolitano, mas sim de uma constante negociação entre as imagens que os viajantes carregavam em suas mentes com as paisagens que se lhes apresentavam aos olhos, pelas quais eles viajavam através, com as quais eles tinham de travar um contato físico. O olhar do viajante que parte não é o mesmo do que retorna. Segundo Jack Goody, as operações mentais humanas — como no caso da leitura e da escrita e, acrescento, da pintura e do desenho — são quase intrinsecamente interativas; "o lá fora é também o aqui dentro". Por vezes, as paisagens aqui estudadas podem ser interpretadas como os *objetos transicionais* de D.W. Winnicott, que possibilitam ao indivíduo, através de um elemento de logro, ilusionista, subjetivo, seu relacionamento com objetos exteriores.[1] Ao compor as paisagens dos lugares distantes a partir das paisagens de suas mentes, o viajante é capaz de estabelecer uma mediação entre o totalmente novo e aquilo que lhe é familiar, atribuindo sentido ao vivenciado.

Concluir um estudo desta natureza significa abrir mão de tantas outras viagens, de tantos outros olhares. Mas espero ter contribuído para mostrar a validade do método do estudo iconográfico da paisagem, abrindo caminho para novas pesquisas no campo da cultura visual brasileira. E trata-se de um caminho com muitas ramificações possíveis. No que tange ao tema específico deste trabalho, a produção da escritora, artista e naturalista amadora Maria Graham deixa entrever que há ainda muita pesquisa a ser feita — se por um lado sua obra literária atraiu considerável escrutínio,[2] pouca atenção foi dirigida à relação entre as palavras e as imagens em sua obra (incluindo-se aí seus *sketch-books* e correspondência), bem como sua relação com as paisagens *in situ* visitadas pela viajante. Avançando no tempo, o imenso acervo fotográfico da cidade do Rio de Janeiro, simultâneo ao advento da fotografia, é fonte ainda muito pouco utilizada por acadêmicos brasileiros no que diz respeito a uma interpretação crítica dessas imagens.[*] No mesmo sentido, retrocedendo no tempo, a cartografia portuguesa abre-se como imenso campo de pesquisa para a investigação do olhar do colonizador sobre nossas terras.[**] Se transferirmos o olhar da paisagem do Rio de Janeiro para a da Amazônia, ampliam-se as possibilidades. Viajantes célebres como Alfred Russel Wallace e Henry Walter Bates, que lá estiveram nos anos de 1850, ou Richard Spruce, que viajou pela região durante 15 anos (1849-64), nos legaram documentos ainda bastante inexplorados do ponto de vista do estudo iconográfico da paisagem amazônica.[3]

Um segundo caminho, mais abrangente, seria considerar a influência da iconografia européia brasileira na construção da identidade nacional. Em 1928, segundo Fernando Aliata, o arquiteto paisagista Burle Marx "descobriu" o "exotismo da flora brasileira nas estufas do Jardim Botânico de Dahlem, em Berlim".[4] Burle Marx, como sabemos, desempenhou um papel chave no movi-

---

* O trabalho de Marc Ferrez (1984), por exemplo, é uma inestimável fonte de pesquisa iconográfica da paisagem carioca.

** Exemplo fascinante dessa cartografia pode ser encontrado nos catálogos das seguintes exposições realizadas no âmbito do XVII Congresso Internacional de História da Cartografia, em Lisboa, julho de 1997: "Tesouros da cartografia portuguesa" e "Cartografia e diplomacia no Brasil do século XVIII".

mento pioneiro de incorporar a flora e fauna locais ao paisagismo moderno.[5] Um século antes, o artista francês Jean Baptiste Debret pintava uma tela para celebrar a recém-criada nação brasileira. A pintura incluía palmeiras, frutos tropicais, indígenas e escravos, compondo uma visão da paisagem "nacional", embora Debret tivesse sido aconselhado a substituir as palmeiras que suportavam o trono do imperador por um motivo regular clássico. Segundo Flora Süssekind, o estilo neoclássico do pincel de Debret não apenas deveria exibir o lugar adequado da "natureza" brasileira, como também ensinar os "nativos" a representá-la. Foi nesse mesmo período que William Burchell completava seu panorama da cidade do Rio de Janeiro, atordoado com a curiosidade dos brasileiros. Como tantos outros viajantes europeus na primeira metade do século XIX, Debret e Burchell ofereceram aos brasileiros uma maneira de ver a sua própria paisagem. A natureza tropical emoldurada na estufa em Berlim, "descoberta" por Burle Marx, não difere muito da paisagem tropical representada pelos viajantes europeus oitocentistas. O que vemos é informado não apenas pela presença da natureza em si mesma, *in situ*, mas também pela memória de imagens que organizam e dão sentido aos elementos vistos. No processo de construção de uma identidade nacional brasileira — tanto para as elites imperiais e republicanas quanto para os intelectuais modernistas — as representações européias da natureza tropical forneceram um vocabulário iconográfico para os brasileiros falarem de si mesmos. Uma pesquisa que considere o papel das representações gráficas na produção de paisagens nacionais — *in visu* e *in situ* — talvez ilumine alguns dos dilemas em relação ao meio ambiente que estão presentes na construção da identidade brasileira ainda hoje.

Se este trabalho examina uma pequena parcela no processo da constituição do Rio de Janeiro como paisagem, ou seja, a contribuição e a complexidade do olhar britânico em seus diferentes projetos e experiências individuais, muito há ainda por se pesquisar no que tange ao olhar daqueles que aqui se encontravam. Artistas como Leandro Joaquim ou Miguelzinho Dutra, por exemplo, nos fornecem pistas da formação de um olhar "brasileiro".[6] Mas o que sabemos sobre os modos de ver das inúmeras populações africanas que aqui aportaram, responsáveis pelo funcionamento da cidade escravista? E sobre a influência indígena, ainda que miscigenada? Apesar de não terem produzido representações paisagísticas *stricto sensu*, valeria a pena garimpar, no que restou da cidade oitocentista — na decoração das igrejas e residências, no mobiliário, nas vestimentas e ornatos, ou mesmo no olhar a contrapelo das telas estrangeiras — os vestígios daqueles olhares que tentavam dar sentido à nova pátria imposta. Estudos recentes no campo da cultura visual têm demonstrado a importância de se considerarem as práticas de manifestação artística (aqui entendida como expressão simbólica) dos povos colonizados, juntamente com as práticas de "calibragem" da alteridade envolvidas nos regimes visuais da colonização, como o mapeamento e o ato de estetizar as terras dominadas (que implica a inclusão e obliteração intencional dos elementos da paisagem).[7] Essas práticas, longe de serem homogêneas, revelam tanto os modos pelos quais as diferentes culturas assimilam, transformam e conciliam novas formas de representação à luz das tradições herdadas como também aqueles momentos em que a autonomia dos povos aparentemente "subjugados" é tamanha, que pouca ou nenhuma troca cultural pode ser identificada nos artefatos produzidos. Como se vê, há ainda muitos caminhos a serem explorados através das paisagens brasileiras.

***

Uma última palavra, para voltar ao tema central deste trabalho. Como foi dito na introdução, as experiências dos viajantes britânicos oitocentistas pelas paisagens do Rio de Janeiro se foram para sempre. Ficaram as imagens. Talvez ainda hoje, a uma certa distância do litoral carioca, o homem adormecido dos navegantes de outrora nos surpreenda com um aceno.

Notas

Introdução

1. Greg Dening, *Performances*, p.42.

2. Devo meu primeiro *insight* em relação à ambigüidade inerente às paisagens a Luiz Fernando P.N. Franco; ver "O castelo de cartas".

3. J.S.A. Pizarro e Araújo, *Memórias históricas do Rio de Janeiro*, p.126; J. Luccock, *Notas sobre o Rio de Janeiro e partes meridionais do Brasil*, p.28-9.

4. Luciana L. Martins e Mauricio de A. Abreu, "Paradoxes of modernity".

5. Mauricio de A. Abreu, "Le Rio de Janeiro du début du dix-neuvième siècle et ses différentes temporalités".

6. Nicolau Sevcenko, "Dragons, butterflies and Brazils".

7. Ver especialmente Gilberto Ferrez, *A muito leal e heróica cidade de São Sebastião do Rio de Janeiro*; Paulo Berger, Herculano G. Mathias e Donato M. Jr., *Pinturas e pintores do Rio Antigo*; Carlos Roberto M. Levy et. al, *Iconografia e paisagem*. Uma crítica semelhante é desenvolvida por Ulpiano Bezerra de Meneses em "Morfologia das cidades brasileiras".

8. Ver, dentre outras obras e artigos, "Origens do pensamento geográfico no Brasil", de Lia O. Machado; *O Brasil não é longe daqui*, de Flora Süssekind; *Discurso do confronto*, de Eni P. Orlandi; *Estilo tropical*, de Roberto Ventura; *O espetáculo das raças*, de Lilia M. Schwarcz; e "Ciência e nação", de Lorelai Kury.

9. Nesse sentido, consultar o fecundo dossiê "Brasil dos viajantes", publicado na *Revista USP*, 1996, e *Gosto, sensibilidade e objetividade...*, de Valéria S. de Souza.

10. Vale ressaltar como Nancy Stepan, ao comparar o malogro dos relatos de viagem de Alfred Russel Wallace através da Amazônia (que "careciam de um charme tropical") com o sucesso de narrativas mais exuberantes de opulência dos trópicos, demonstra que essa admiração era construída culturalmente. Cf. "Tropical nature as a way of writing".

11. Carta datada de 2-6 de abril de 1832, in Frederick H. Burkhardt e Sydney Smith (orgs.), *The Correspondence of Charles Darwin*, p.219.

12. Ver Michel Foucault, *As palavras e as coisas*; Jonathan Crary, *Techniques of the Observer*; Deborah Poole, *Vision, Race and Modernity*; e Flora Süssekind, *O Brasil não é longe daqui.*

13. Essa crítica é desenvolvida por Peter Hans Reill em "Seeing and understanding".

Capítulo 1 – As vicissitudes do olhar

1. Greg Dening, *Performances*, p.109.

2. Cf. Mary L. Pratt, *Imperial Eyes*, e W.J.T. Mitchell, *Landscape and Power*.

3. Nicholas Thomas, "Introduction", p.2, e Luciana L. Martins e Mauricio de A. Abreu, "Paradoxes of modernity".

4. Leonard Bell, "To see or not to see", p.130.

5. Edward Said, *Orientalism*, p.203.

6. O estudo das representações de regiões situadas além da Europa e da América do Norte expandiu-se rapidamente nos últimos anos. Ver Richard Grove, *Green Imperialism*; Michael Osborne, *Nature, the Exotic, and the Science of French Colonialism*; Nicholas Thomas e Diane Losche (orgs.), *Double Vision*; e Joan Nogué e José L. Villanova (orgs.), *España en Marruecos.*

7. No que tange ao estudo da alteridade, o trabalho de Said é comparável ao de Tzvetan Todorov, embora este último seja muito menos conhecido no meio acadêmico anglo-americano. Para uma sucinta introdução ao tema das "geografias imaginativas", ver Felix Driver, "Imaginative geographies".

8. Cf. David Livingstone, "The moral discourse of climate".

9. Felix Driver, "Geography's empire", p.33.

10. Edward Said, *Orientalism*, p.340-1.

11. Deborah Poole, *Vision, Race and Modernity*, p.19-20.

12. Paul Carter, *The Road to Botany Bay*, p.173.

13. Ver também *Colonial Encounters*, de Peter Hulme.

14. Mary L. Pratt, *Imperial Eyes*, p.123-4.

15. Cf. Anne Godlewska, "From Enlightenment vision to Modern Science?"

16. Mary L. Pratt, *Imperial Eyes*, p.125.

17. Opondo-se à interpretação de Pratt, Nicolaas Rupke sugere, investigando as resenhas do trabalho de Humboldt em periódicos europeus do início do século XIX, que o livro de Humboldt que encontrou maior receptividade internacional na época foi o *Essai politique sur le royaume de la Nouvelle Espagne*, sobre a economia política do México.

18. Claudio Greppi, *Intorno a Humboldt*, p.108.

19. Ibid., p.107.

20. O tédio de viajar fornece um ponto para o início de uma intrigante comparação entre os trabalhos de Mary Louise Pratt e Claude Lévi-Strauss, desenvolvido por Sunpreet Arshi et al. em "Why travel?".

21. Deborah Poole, *Vision, Race and Modernity*, p.70.

22. Sobre Humboldt nos trópicos, ver também Michael Dettelbach, "Global physics and aesthetic empire", p.258-92.

23. Mary L. Pratt, *Imperial Eyes*, p.136-7.

24. Ibid., p.38.

25. O próprio termo "transculturação" foi "transculturado". Adaptado da resposta latino-americana dos anos 1940 de Fernando Ortiz às teorias norte-americanas, a transculturação está sendo atualmente redefinida a partir da perspectiva dos Estados Unidos. Ver Silvia Spitta, *Between Two Waters*; Frances Aparicio e Susana Chávez-Silverman, *Tropicalizations*; e Jerry Hoeg, "Cultural counterpoint".

26. Devo salientar que essa crítica aplica-se somente a *Os olhos do Império*. Em um trabalho anterior, "Fieldwork in common places", Pratt forneceu uma análise mais completa da escrita sobre etnografia, considerando contradições e incertezas que cercam as inter-relações da experiência pessoal, narrativa pessoal, cientificismo e profissionalismo.

27. Silvia Spitta, *Between Two Waters*, p.24.

28. Gillian Beer, *Open Fields*, p.59.

29. Bruno Latour, "Drawing things together", p.47.

30. Ibid., p.26.

31. Bruno Latour, *Science in Action*, p.218.

32. Cf. Richard Smith, *Chinese Maps*, p.160.

33. Jack Goody, *Representations and Contradictions*, p.26.

34. Michael Bravo, "Ethnographic Navigation and the Geographical Gift", p.221.

35. Greg Dening, *Islands and Beaches*, p.20.

36. Cf. Stephen Bann, "Travelling to collect", p.160.

37. Cf. David P. Miller, "Introduction", p.10. Além de *Visions of Empire* e *Open Fields*, ver também Nicholas Jardine, James A. Secord e Emma C. Spary, *Cultures of Natural History*; Henrika Kuklick e Robert E. Kohler, "Science in the field"; e Steven Shapin, "Placing the view from nowhere".

38. Michael Dettelbach, "Global physics and aesthetic empire", p.258.

39. Martin Kemp, "Implanted in our natures", p.199, 223.

40. Cf. Henrika Kuklick e Robert E. Kohler, "Science in the field", p.5.

41. Alfredo Cordiviola, "Richard Burton, travels and melancholy", p.126-7.

42. Gillian Beer, *Open Fields*, p.9.

Capítulo 2 – O olhar britânico oitocentista

1. William Swainson, "Sketch of a journey through Brazil in 1817 and 1818", p.371.

2. Ray Desmond, *The History of the Royal Botanic Gardens*, p.117.

3. Um exemplo elucidativo da prática de *trial and error* no cultivo de plantas exóticas na Inglaterra setecentista é fornecido por Mark Laird em seu estudo sobre o trabalho do naturalista-viajante Mark Catesby, "From Callicarpa to Catalpa".

4. Cf. Germain Bazin, *Paradeisos ou l'art du jardin*. Para uma visão sucinta do contexto europeu do colecionamento de plantas nos séculos XVIII e XIX, ver Marie-Noëlle Bourguet e Christophe Bonneuil, "De l'inventaire du monde à la mise en valeur du globe".

5. Cf. Joan L. Richards, "The probable and the possible in early Victorian England", p.52.

6. Cf. Sverker Sörlin, "National and international aspects of cross-boundary science", e Richard Drayton, "Apprendre des Français".

7. Harriet Ritvo, "Zoological nomenclature and the empire of Victorian science", p.334.

8. Sverker Sörlin, "National and international aspects of cross-boundary science", p.44-5.

9. Carta de 24 de novembro de 1832, de Montevidéu, in Frederick H. Burkhardt e Sydney Smith, *The Correspondance of Charles Darwin*, p.22-3.

10. William Herschel apud Greg Dening, *Readings/Writings*, p.8.

11. Cf. James Hamilton, *Turner and the Scientists*, e Martin Kemp, *The Science of Art.*

12. Jonathan Crary, *Techniques of the Observer*, p.9.

13. Ibid., p.6.

14. Jonathan Crary, "Modernizing vision", p.32.

15. Ibid., p.42.

16. Ibid., p.43.

17. Cf. Edward B. Poulton, *William John Burchell.*

18. Cf. Flora Süssekind, *O Brasil não é longe daqui*, p.122, e Dorinda Outram, "On being Perseus".

19. Deborah Poole, *Vision, Race and Modernity*, p.81.

20. Gillian Beer, *Open Fields*, p.59.

21. Cf. Dorinda Outram, "New spaces in natural history", p.261, 263.

22. Gillian Beer, *Open Fields*, p.59.

23. Cf. Nancy L. Stepan, "Tropical nature as a way of writing".

24. Sobre a influência de Humboldt nos artistas norte-americanos, ver Katherine E. Manthorne, *Tropical Renaissance.*

25. Cf. Jane R. Camerini, "Remains of the day".

26. Cf. Thomas A. Knight, "Introductory remarks relative to the objects which the Horticultural Society have in view"; David R. Stoddart, *On Geography and its History*; e Roy Porter, *London.*

27. Cf. Felix Driver, *Geography Militant.*

28. Cf. Gillian Beer, *Open Fields.*

29. I.L. Maclaren, "From exploration to publication", p.45.

30. Jane R. Camerini, "Remains of the day", p.357.

31. Carta de Maria Graham datada de 11 de abril de 1824, William Hooker, *Correspondence*, RBG Kew Archives.

32. Maria Graham, *Portfolio Rio de Janeiro*, RBG Kew Archives.

33. David E. Allen, "Tastes and crazes", p.394.

34. Cf. Martin Kemp, "Implanted in our natures".

35. Para uma discussão específica da emergência do naturalismo na pintura paisagística, ver Ernst Gombrich, "The Renaissance theory of art and the rise of landscape", p.107-21.

36. Ernst Gombrich, *Arte e ilusão*, p.xii.

37. Para uma crítica da abordagem de Gombrich, ver W.J.T. Mitchell, *Iconology*, p.75-94; Norman Bryson, "Semiology and visual interpretation", p.62-5; e David Summers, "Real metaphor", p.231-6.

38. Andrew Hemingway, *Landscape Imagery*, p.15.

39. Ibid., p.19.

40. Cf. Anne Lyles, "The transformation of the British landscape watercolour, c.1750-1805".

41. Cf. Nicholas Alfrey, "Landscape and the Ordnance Survey, 1795-1820", p.23.

42. Ibid., p.24.

43. Alexander von Humboldt, por exemplo, foi um grande entusiasta do mapeamento temático. Ver Anne M.C. Godlewska, "From Enlightenment vision to Modern Science".

44. Para uma introdução à discussão sobre o pitoresco, ver Stephen Daniels e Charles Watkins, *The Picturesque Landscape*; e Stephen Copley e Peter Garside, *The Politics of Picturesque*.

45. Stephen Daniels e Charles Watkins, *The Picturesque Landscape*, p.10.

46. Peter D. Funnell, "Visual appearances", p.90.

47. Para uma discussão aprofundada da obra de Payne Knight, ver Peter D. Funnell, *Richard Payne Knight 1751-1824*.

48. Andrew Hemingway, *Landscape Imagery*, p.70.

49. Hélène Roberts, "Trains of fascinating and of endless imagery".

50. Ibid., p.93.

51. Cf. Charlotte Klonk, *Science and the Perception of Nature*.

52. Andrew Hemingway, *Landscape Imagery*, p.296.

53. Bernard Smith, *European Vision and the South Pacific*, p.201.

54. Ibid., p.202.

55. Julian Jackson, "On picturesque descripition in books of travels", p.383.

56. Segundo Patricia Anderson, em *The Printed Image and the Transformation of Popular Culture, 1790-1860*, os magazines ilustrados foram o principal meio de difusão popular da imagem impressa. *The Illustrated London News*, por exemplo, começou a ser publicado em maio de 1842.

Capítulo 3 – Navegando em águas tropicais

1. Cf. J. Bach, "The maintenance of Royal Navy vessels in the Pacific Ocean", p.259-73.

2. G.S. Ritchie, *The Admiralty Chart*, p.208.

3. Gerald Graham, *The Politics of Naval Supremacy*, p.10.

4. David Mackay, *In the Wake of Cook*, p.52.

5. Simon Schaffer, "Visions of Empire", p.336.

6. Para uma visão abrangente do alcance geográfico da iconografia legada pelos navegadores britânicos, ver Bernard Smith, *European Vision*; I.S. Maclaren, "From exploration to publication"; Ana Maria Belluzzo, *The Voyager's Brazil*; e Michael Jacobs, *The Painted Voyage*.

7. Cf. Rudy Bauss, "Rio de Janeiro".

8. No diário de bordo do tenente William Bradley, do *Sirius*, integrante da frota que transportou a primeira leva de colonizadores britânicos (presidiários, na grande maioria) para a Austrália, em 1787 ("Primeira Frota", como ficaria conhecida), há cinco aquarelas do Rio, reproduzidas em facsímile na obra *A Voyage to New South Wales* (1869). O marujo George Raper,

também a bordo do *Sirius*, retratou a Primeira Frota ancorada na entrada da Baía de Guanabara; cf. Bernard Smith e Alwyne Wheeler, *The Art of the First Fleet.*

9. Para um relato detalhado sobre a circulação do Oceano Atlântico Sul, ver Charles H. Cotter, *The Physical Geography of the Oceans.* Essa rota é semelhante à recomendada, ainda hoje, a veleiros realizando cruzeiros ao redor do mundo; ver Jimmy Cornell, *World Cruising Routes.*

10. Interesses militares e econômicos mútuos, assim como um comum antagonismo com a Espanha, a Holanda e a França, resultaram nos tratados anglo-lusitanos de 1642, 1654, 1661 e 1703; cf. Rudy Bauss, "The critical importance of Rio de Janeiro to British interests".

11. Cf. Gerald S. Graham e R.A. Humphreys, *The Navy and South America, 1807-1823.*

12. Cf. Rudy Bauss, "Rio de Janeiro", p.78.

13. George Staunton, *An Authentic Account of an Embassy from the King of Great Britain to the Emperor of China*, p.57.

14. Cf. Barry M. Gough, "Sea power and South America", p.26-34.

15. Gerald S. Graham, *Great Britain in the Indian Ocean 1810-1850*, p.26.

16. Para um relato detalhado das mudanças dos limites das bases navais do Cabo e das Índias Orientais, ver Gerald Graham, ibid., p.455-9.

17. Barry M. Gough, "Sea power and South America", p.29.

18. Ibid., p.30.

19. Cf. Richard Drayton, *Apprendre des Français*, p.96-7.

20. Robert E. Gallagher, *Byron's Journal of His Circumnavigation 1764-1766*, p.25.

21. John Hawkesworth, *An Account of the Voyages undertaken by the Order of his Present Majesty for making Discoveries in the Southern Hemisphere*, p.7.

22. Archibald Day, *The Admiralty Hydrographic Service 1795-1919*, p.338-9.

23. Andrew David, *The Charts & Coastal Views of Captain Cook's Voyage*, p.16.

24. Marsden Horden, *King of the Australian Coast*, p.32.

25. R.A. Skelton, *Captain James Cook after Two Hundred Years*, p.22.

26. Gerald S. Graham, *The Politics of Naval Supremacy*, p.132-3.

27. Na coletânea *Ritual & Diplomacy*, organizada por Robert Bickers, os artigos abordam os problemas advindos da mútua incompreensão de rituais e práticas diplomáticos entre ambas as cortes, a chinesa e a britânica.

28. D.W. Waters, *The Rutters of the Sea*, p.32. Para um breve histórico dos roteiros, ver também John E. Munday, "Hydrographic views".

29. Norman Bryson, "Semiology and visual interpretation", p.65.

30. Bernard Smith, *European Vision and the South Pacific*, p.9.

31. Cf. L.S. Dawson, *Memoirs of Hydrography*, p.109.

32. Cf. Kimberly M. Sloan, *Alexander and John Robert Cozens*, p.22, 26.

33. Cf. Renzo Dubbini, *Geografie dello sguardo*, p.6.

34. Ver James Horsburgh, *A Treatise on Marine Surveying*, p.iii-xiii, reedição da obra de Murdoch Mackenzie, *A Treatise on Maritim [sic] Surveying.*

35. Ibid., p.vi-vii.

36. Alexander Dalrymple, *Essay on Nautic Surveying*, p.4.

37. Howard T. Fry, "Alexander Dalrymple and Captain Cook", p.57.

38. Paul Carter, *The Road to Botany Bay*, p.25.

39. Howard T. Fry, "Alexander Dalrymple and Captain Cook", p.239.

40. Murdoch Mackenzie, *A Treatise on Maritim Surveying*, p.3.

41. R.O. Morris, *Charts and Surveys in Peace and War*, p.5.

42. Instruções do Almirantado já haviam sido promulgadas em outubro de 1759, como "Instructions to the Respective Maj^{s} Ships" (PRO, Adm 2/83, 516-8). Na versão de 1804, o documento anexo de seis páginas intitulado "Form of Remark Books", solicitava informação detalhada sobre o seguinte: Localização; Direções para a Navegação à Vela; Marcos para Ancoragem, Suprimento de Lenha e Água; Abastecimento; Fortificações e Locais para Desembarque; Comércio e Transporte de Mercadorias; Habitantes (da revisão final da carta circular impressa, enviada pelo Almirantado a Dalrymple a fim de obter sua aprovação; 6 de fevereiro de 1804. PRO, Adm 1/3522). Ver também Archibald Day, *The Admiralty*, p.337-8.

43. George Basalla, "The voyage of the Beagle without Darwin", p.42, 48.

44. Beaufort iniciou as instruções relativas à topografia querendo desvincular-se da tradição dos antigos *mapmakers*: "Ao se representarem morros, que em geral exigem muito trabalho e são, com freqüência, descritos a partir de caprichos ou então da memória após o lapso de meses...". Extratos das *Instructions to Hydrographic Surveyors*, carta de Beaufort a Collinson, 3 de fevereiro de 1840 (NMM Archives, MSS, CLS/47).

45. Carta de Beaufort a Collinson, 30 de abril de 1844 (NMM Archives, MSS, CLS/47). É possível que Richard Collinson, a quem Beaufort se dirigia, não tenha prestado a devida atenção às instruções do hidrógrafo; quatro anos antes, ele já aconselhara Collinson: "Todos os mapas e plantas devem ser acompanhados das vistas – as que devem ser anexadas aos primeiros devem ser tomadas à distância que permita a um estranho reconhecer a terra, ou pilotar em direção a certos pontos... Tais vistas nunca podem ser em número demasiado – seus desenhos exigem só uns poucos minutos, e constituem um grande recurso para esse Departamento em caso de dúvida e, quando bem selecionadas, são extremamente satisfatórias para todos os navegadores." Carta de Beaufort a Collinson, 3 de fevereiro de 1840 (NMM Archives, MSS, CLS/47).

46. Beaufort sugeria que o *surveyor* "atribua mais nomes – se não houver nomes chineses suficientes, atribua nomes de sua própria autoria". Carta a Collinson, 30 de abril de 1844 (NMM Archives, MSS, CLS/47). Ver também Archibald Day, *The Admiralty*, p.49-64.

47. George Basalla, "The voyage of the *Beagle*", p.42-4.

48. Cf. Derek Howse e Michael Sanderson, *The Sea Chart*, p.127.

49. Cf. R.O. Morris, *Charts and Surveys in Peace and War*, p.13.

50. Cf. Archibald Day, *The Admiralty*, p.53-6.

51. Cf. Bernard Smith, "The artwork", p.198.

52. *Alceste's muster-table* (PRO Adm 37/5729).

53. Contudo, de acordo com *Eden's muster-table*, Browne teria ingressado no navio em 25 de abril de 1818, o que torna duvidosa a informação contida na primeira página (PRO Adm 37/6205).

54. John M'Leod, *Narrative of a Voyage, in His Majesty's late Ship* Alceste, *to the Yellow Sea*, p.6.

55. *Narrative of the Proceedings of a Small Party...* (Jozi, RGS Archives, LBR MS 407). A British Library conserva um *sketch-book* feito por Charles Browne durante a viagem do *Leven*, que contém uma vista de Cabo Frio e outra do litoral ao norte do Rio (Add MSS 20,090).

56. *Eden's Muster-Tables*, 1818-21 (PRO Adm 37/6205 a 6207).

57. W.J. Hamilton, "Geography", p.192.

58. W.J.T. Mitchell, *Iconology*, p.43.

59. Cf. Ulster Museum Botanic Gardens, *James Glen Wilson R.N. (1827-1863)*; e Andrew David, *The Voyage of* HMS Herald.

60. Ver também Robert Pearce, *Aquarelas feitas durante a viagem ao Brasil do* HMS Favorite *em 1819 e 1820*.

61. John Purdy, *The Brasilian Navigator*, p.146.

62. O recurso a feições humanas para a descrição de contornos naturais, assim como para nomeá-los, constituía prática bastante comum entre navegadores. Conforme registrou o reverendo Walsh ao descrever a entrada do porto do Rio de Janeiro: "Os morros ao fundo que assinalam o horizonte apresentavam um rústico perfil humano com o rosto voltado para cima, com nariz e queixo aquilinos e, por essa razão, denominado pelos ingleses o rosto de Lord Hood... Conforme a atenção das pessoas se volta para a craniologia e a fisiognomonia, elas extraem pessoas de renome científico das rochas e dos morros. A cabeça de Lord Hood é vista no Rio de Janeiro, a de Nelson em Edimburgo e a do dr. Johnson nas rochas graníticas de Land's End, na Cornualha." (*Notices of Brazil in 1828 and 1829*, p.129).

63. Cf. Jean Baptiste Debret, *Voyage pittoresque et historique au Brésil*. O historiador da arte Martin Warnke vê na imagem de Debret uma forma horizontal "que lembra o Cristo morto", o que "reforça a impressão de um poder paralisado" (*Political Landscape*, p.89).

64. Anne Secord, "Artisan botany", p.392-3.

65. *Oxford Dictionary*, p.678.

Capítulo 4 – "A luta pela exuberância"

1. David Arnold, *The Problem of Nature*, p.142-3, 168. Nesse sentido ver o número especial do *Singapore Journal of Tropical Geography* – "Constructing the tropics" – organizado por Driver e Yeoh.

2. Greg Dening, *Readings/Writings*, p.22.

3. Cf. Peter Mason, *Infelicities*.

4. Kenneth Lemmon, *The Golden Age of Plant Hunters*, p.40-1.

5. Cf. Richard Grove, *Green Imperialism*, p.73-80.

6. Embora vários "jardins medicinais" notáveis tenham aparecido anteriormente, o primeiro jardim botânico (com o propósito explícito de testar plantas novas e exóticas para objetivos médicos botânicos) foi estabelecido em Pádua, em 1545, seguido pelos de Pisa (c.1547), Zurique (1560), Bolonha (1567), Leiden e Amsterdam (1587), Montpellier (1593) e Heidelberg (1597). Ver Richard Grove, *Green Imperialism*, p.76; Raymond P. Stearns, *Science in the British Colonies of America*, p.44-8, e David N. Livingstone, *The Geographical Tradition*, p.68-9, particularmente sobre o papel da magia na evolução da ciência moderna.

7. Cf. Martin Rix, *The Art of the Botanist*, p.56.

8. Como Rix aponta, no entanto, "foi estimado que um terço dos discípulos de Lineu morreu durante as expedições (ibid., p.79). Ver também David Arnold, *The Problem of Nature*, p.165.

9. Cf. Amy R.W. Meyers e Margaret B. Pritchard, *Empire's Nature.*

10. David E. Allen, *The Naturalist in Britain*, p.37.

11. Cf. Richard Drayton, "Apprendre des Français", p.100-1.

12. Carta de Banks a Aiton, Soho Square, 7 de junho de 1814 (RBG Kew Archives).

13. Kenneth Lemmon, *The Golden Age*, p.120.

14. Cf. W.G. McMinn, *Allan Cunningham*, p.67.

15. Carta de Banks a Cunningham e Bowie, Revesby Abbey, 18 de setembro de 1814 (RBG Kew Archives).

16. Idem.

17. Diário de viagem de Cunningham e Bowie, anotações do dia 19 de janeiro de 1815 (RBG Kew Archives).

18. Carta de Cunningham e Bowie para Banks, Rio de Janeiro, 12 de fevereiro de 1815 (RBG Kew Archives).

19. Diário de George Barclay, escrito a bordo do *HMS Sulphur*, anotações do dia 19 de fevereiro de 1836 (RBG Kew Archives).

20. W.G. McMinn, *Allan Cunningham*, p.9.

21. Carta de Cunningham a Aiton, 19 de dezembro de 1818, in W.G. McMinn, ibid., p.10.

22. Para o completo itinerário da viagem de John Forbes, ver *Kirkia.*

23. *Instructions to Mr John Forbes employed by the Horticultural Society of London, on a mission in His Majesty's Ship* Leven, *commanded by Captain William Owen, to the Eastern Coast of Africa, and other places, in the year 1822, and following years (3 January 1822) and Additional Instructions to Mr John Forbes* (RHS Archives).

24. As cópias dos diários deveriam ser enviadas, respectivamente: de Lisboa (o diário de Lisboa); do Rio (os da Madeira, de Tenerife e Cabo Verde); do Cabo (os do Rio e do Cabo). Ver *Instructions* (RHS Archives).

25. A biblioteca consistia dos seguintes volumes: *Species Plantarum*, de Wildenow (apenas o décimo volume); *Synopsis Plantarum*, de Persoon; *Mélanges de botanique, Flora cochinchinensis*, de Loureiro (2 vols.); *Hortus Bengalensis*, de Roxburgh; *Sucets Hortus Suburbanus*, o manual de Bullock sobre como preservar pássaros etc.; *Genera Plantarum*, de Jussieu; *Taxidermy, Samouelle Entomologist's Compendium* e *A General System of Nature*, de Lineu, editado por Turton, 7 vols. (RHS Archives).

26. Carta de Forbes a Joseph Sabine, Lisboa, 4 de março de 1822 (RHS Archives).

27. Carta de Forbes a Sabine, Rio de Janeiro, 8 de junho de 1822 (RHS Archives).

28. Idem.

29. Diário de Forbes, 3 de maio de 1822 (RHS Archives).

30. Carta de Forbes a Sabine, Rio de Janeiro, 3 de junho de 1822 (RHS Archives).

31. Diário de Forbes (RHS Archives).

32. Carta de Sabine a Forbes, 2 de maio de 1822 (RHS Archives).

33. Jozi (LBR MSS 407, RGS Archives).

34. Carta de Forbes a Sabine, Simons Town, 12 de maio de 1823 (RHS Archives).

35. Carta de Forbes a Sabine, Baía de Algoa, 29 de junho de 1823 (RHS Archives).

36. Carta de Sabine a Forbes, 12 de janeiro de 1824 (RHS Archives).

37. Relatório de Owen, citado em uma carta de Sabine ao reverendo John Ramsay, 16 de março de 1824 (RHS Archives).

38. Para um relato sobre a conexão entre medicina, botânica e o desenvolvimento de uma rede internacional de herborizadores, ver David Mackay, *In the Wake of Cook*, p.12-5.

39. O reconhecimento da habilidade do botânico pelos marinheiros comuns é ilustrado na narrativa da viagem de David Nelson, um botânico de Kew, a bordo do *Discovery*, 1776-80. Ver Kenneth Lemmon, *The Golden Age*, p.74-106.

40. Anne L. Larsen, *Not since Noah*, p.198.

41. Cf. Martin Rix, *The Art of Botanist*, p.82.

42. Carta de William Hooker a Swainson, Glasgow, 25 de novembro de 1821 (LSL Archives).

43. Para um estudo sobre as contribuições ambientalistas de Burchell, ver Richard Grove, *Green Imperialism*, p.343-64.

44. Cf. Helen M. McKay, *The South African Drawings of William Burchell*, vol.2, p.xiii.

45. Helen M. McKay, *William John Burchell*, p.689-95.

46. W.J. Burchell, *Travels in the Interior of South Africa*, p.152.

47. Ibid., p.194, 371.

48. Ibid., p.396.

49. Para um itinerário detalhado da viagem de Burchell no Brasil, ver Lyman B. e Ruth C. Smith, "Itinerary of William John Burchell in Brazil, 1825-1830", p.492-506.

50. Cf. Edward B. Poulton, *The Collections of William John Burchell.*

51. Cf. Jane Pickering, "William John Burchell's travels in Brazil, 1825-1830".

52. Carta de Burchell a Salisbury, Rio de Janeiro, 5 de setembro de 1826 (MS 376, LSL Archives).

53. Carta de Burchell a William Hooker, Rio de Janeiro, 8 de julho de 1826 (RBG Kew Archives).

54. Carta de Burchell a Salisbury, Rio de Janeiro, 11 de agosto de 1825 (MS 376, LSL Archives).

55. Carta de Burchell a William Hooker, Rio de Janeiro, 8 de julho de 1826 (RBG Kew Archives).

56. Edward B. Poulton, *William John Burchell*, p.43-4.

57. Carta de Burchell a William Hooker, Fulham, 18 de abril de 1830 (RBG Archives).

58. Jane Camerini, "Wallace in the field", p.61.

59. Carta de Burchell a William Hooker, Fulham, 1º de novembro de 1830 (RBG Kew Archives).

60. Edward B. Poulton, *The Collections of William John Burchell*, p.10.

61. Edward B. Poulton, *William John Burchell*, p.53-4.

62. Carta de Burchell a Salisbury, Rio de Janeiro, 5 de setembro de 1826 (LSL Archives).

63. Carta de Burchell a William Hooker, Fulham, 11 de dezembro de 1830 (RBG Kew Archives).

64. Carta de Burchell à sra. Burchell, Rio de Janeiro, 29 de agosto de 1826 (OUM Archives).

65. Carta de Burchell a sua mãe, São Paulo, 10 de junho de 1827 (OUM Archives).

66. David Allen, *The Naturalist in Britain*, p.79.

67. O *Dictionary of National Biography* (1893) afirma que Robert Burford, de Leicester Square, executara um panorama do Rio a partir das pinturas de Burchell. Isso, entretanto, não parece plausível, pois o panorama de Burford é de 1823, ao passo que o de Burchell é datado de 1825. Ver Herbert C. Andrews, "The Leicester Square and Strand panoramas", p.75, e Gilberto Ferrez, *Rio de Janeiro's Most Beautiful Panorama*, p.7.

68. Cf. Michael Dettelbach, "Humboldtian science", p.289-90.

69. Carta de J.S. Henslow a Darwin, Cambridge, 24 de agosto de 1831, in Frederick Burkhardt e Sydney Smith, *The Correspondence*, p.129). A título de esclarecimento estou adotando, no que tange às datas e locais da correspondência de Darwin, a mesma convenção utilizada por Burkhardt e Smith, ou seja, a informação entre colchetes quando foi por eles estimada. Para uma abrangente abordagem biográfica da viagem de Darwin, ver *Charles Darwin*, de Janet Browne.

70. Adrian Desmond e James Moore, *Darwin*, p.101.

71. Cf. Keith S. Thomson, HMS *Beagle*, p.116.

72. Cf. J.J. Parodiz, *Darwin in the New World*, p.4-5.

73. Francis Darwin, *The Life and Letters of Charles Darwin*, vol.1, p.61.

74. Ibid., p.63-4.

75. Carta de Darwin a Caroline Darwin, Cambridge, 28 de abril de 1831, in Frederick Burkhardt e Sydney Smith, *The Correspondence*, p.121-2.

76. Carta de R.W. Darwin, Bahia ou Salvador, 8 de fevereiro-1º de março de 1832, in ibid., p.202. Aqui podemos notar a ressonância do famoso caso clínico do cirurgião William Cheselden, cujo relato da bem-sucedida operação de remoção da catarata dos olhos de um jovem e suas observações sobre o subseqüente desenvolvimento da visão do rapaz, publicado nas *Philosophical Transactions*, de 1728, despertou grande interesse e especulações a respeito da natureza das impressões visuais, alimentando discussões filosóficas sobre a teoria da visão, por toda a Europa, até o início do século XIX; cf. Peter Funnell, "Visible appearances", p.86.

77. Down House Notebook 1.10 apud Richard Darwin Keynes, *Charles Darwin's* Beagle *Diary*, p.53.

78. Carta de Darwin a Caroline Darwin, Botafogo, 25-26 de abril [de 1832]; Carta de Darwin a J.S. Henslow, Rio de Janeiro, 18 de maio-16 de junho de 1832, in Frederick Burkhardt e Sydney Smith, *The Correspondence*, p.226, 237. "À medida que os raios de sol penetravam na massa emaranhada, eu me vi forçado a recordar as duas gravuras francesas a partir dos desenhos de Maurice Rugendas e Le Compte de Clavac [sic]; nesses, o infinito número de lianas e plantas parasitas, e o contraste de árvores florescentes com troncos mortos e apodrecidos estão bem representados" (Darwin apud Nora Barlow, *Diary of the Voyage of* HMS Beagle, p.47.).

79. Humboldt também refere-se às paisagens de Count Clarac e de Rugendas, em *Kosmos*.

80. Carta de Darwin a W.D. Fox, Botafogo, maio [de 1832], in Frederick Burkhardt e Sydney Smith, *The Correspondence*, p.232.

81. Cf. E.H. McCormick, "Introduction: Biographical sketch".

82. Carta de Darwin a J.M. Herbert, Botafogo, junho de 1832, in Francis Darwin, *Life and Letters*, p.238-9.

83. Notas dos dias 5, 6 e 9 de maio de 1832, in Richard Darwin Keynes, *Charles Darwin's* Beagle *Diary*, p.64.

84. James Krasner, *The Entangled Eye*, p.47-8.

85. A cópia que Darwin levava consigo no *Beagle* era uma tradução inglesa dos volumes 1 e 2 da *Personal Narrative*, terceira edição, reunidos em um tomo, com a dedicatória: "J.S. Henslow para seu amigo C. Darwin na sua partida da Inglaterra para uma viagem de volta ao mundo. 21 de setembro de 1831".

86. Alexander von Humboldt, *Personal Narrative*, p.23.

87. A busca de indícios no estudo da natureza pode ser relacionada ao "paradigma indiciário" do método científico analisado por Carlo Ginzburg em "Morelli, Freud and Sherlock Holmes", p.22-3.

88. Dorinda Outram, "On being Perseus", p.285.

89. Carta a Frederick Watkins, Montevidéu, 18 de agosto de 1832, in Frederick Burkhardt e Sydney Smith, *The Correspondence*, p.260.

90. Katherine E. Manthorne, *Tropical Rennaissance*, p.176.

91. Cf. Henrika Kuklick e Robert E. Kohler, "Science in the field", p.4.

92. Dorinda Outram, "On being Perseus", p.292.

93. David Allen, "Tastes and crazes", p.394.

94. Sue Minter, *The Greatest Glass House*, p.3.

95. Martin Kemp, "Taking it on trust", p.133.

96. Cf. Janet Browne, "Botany in the boudoir and garden", p.160, 166.

97. Cf. Marie-Nöelle Bourguet, "The explorer".

Capítulo 5 – A pintura inquieta da paisagem tropical

1. Lionel Lindsay, *Conrad Martens*, p.4-6.

2. Exemplos do mapeamento dos locais preferidos por artistas na Inglaterra e na Itália (Roma, em particular) podem ser encontrados, respectivamente, em Peter Howard, "Painter's prefered places", e Sarah Faunce, "Rome and its environs".

3. Andrew Hemingway estrutura seu estudo sobre a pintura paisagística britânica oitocentista a partir dessas categorias.

4. Ver, dentre outros estudos: Anne Lyles, "The transformation of the British landscape watercolour"; Kay D. Kriz, *The Idea of the English Landscape Painter*; Charlotte Klonk, *Science and the Perception of Nature*; e Andrew Hemingway, *Landscape Imagery*.

5. Kay D. Kriz, *The Idea of the English Landscape Painter*, p.109.

6. Ver especialmente: Stephen Daniels, *Fields of Vision*; W.J.T. Mitchell, *Landscape and Power*; e Andrew Hemingway, *Landscape Imagery*.

7. Conrad Martens, *Journal of a Voyage from England to Australia, 1833-1835*, p.8.

8. David B. Brown, *Oil Sketches from Nature*, p.17.

9. Cf. Claudio Greppi, "On the spot", e Andrew Hemingway, *Landscape Imagery*, p.19-23.

10. Cf. Philip Conisbee, Sarah Fauce e Jeremy Strick, *In the Light of Italy*, p.15.

11. *London Packet or New Lloyd's Evening Post*, n.1174, abril 1877, p.25-8 apud Bernard Smith, "William Hodges and English plein-air painting", p.151.

12. Bernard Smith, "William Hodges", p.145.

13. Anne Lyles, "The transformation of the British landscape watercolour", p.21.

14. Charlotte Klonk, *Science and the Perception of Nature*, p.67.

15. *Alceste's Muster-Table* (PRO Adm 37/5730).

16. Cf. Felicity Owen, "Life and work of William Havell", p.14-5.

17. Cf. Felicity Owen, idem, e Anne Lyles e Robin Hamlyn, *British Watercolours from the Oppé Collection*, p.208.

18. *Examiner*, 7 de maio de 1815, p.302. Como Andrew Hemingway aponta, Richard Payne Knight era um dos membros do Comitê, confirmação da reprovação de Knight à pintura paisagística naturalista, conforme discutido no capítulo 2.

19. Cf. John L. Roget, *A History of the "Old Watercolour Society"*, p.450.

20. Charlotte Klonk, *Science and the Perception of Nature*, p.101.

21. David B. Brown, *Oil Sketches from Nature*, p.24.

22. Cf. Jean Hamilton, *The Sketching Society 1799-1851*, p.7.

23. *Examiner*, 1827 [Exposição da Watercolour Society], apud Felicity Owen, "Life and work", p.42.

24. *Blackwood's Edinburgh Magazine*, 1840 [Exposição da Royal Academy].

25. *Blackwood's Edinburgh Magazine*, 1842 [Exposição da Royal Academy].

26. Felicity Owen, "Life and work", p.17.

27. Cf. Bernard Smith, *European Vision*, p.200-1.

28. Alexander von Humboldt, *Personal Narrative*, p.297.

29. Alexander von Humboldt, *Kosmos*, p.86-7.

30. *Examiner*, 7 de maio de 1815 apud Felicity Owen, "Life and work", p.43.

31. Cf. Jocelyn Hackforth-Jones, *Augustus Earle, Travel Artist*, p.147-50.

32. Ibid., p.20.

33. Bernard Smith, *European Vision*, p.252.

34. Susanna de Vries-Evans, *Conrad Martens on the* Beagle *and in Australia*, p.29.

35. Conrad Martens, *Journal of a Voyage*, p.8.

36. Ibid., p.9.

37. Richard Keynes compilou uma lista de quatro *sketch-books* que Martens levava consigo durante a viagem do *Beagle*: Os de números 1 e 3 fazer parte agora do acervo de documentos de Darwin na Cambridge University Library (Add MS 7983/7984); os de números 2 e 4, bem como diversos desenhos avulsos, pertencem aos descendentes da sra. Macarthur Onslow (uma das alunas de Martens) que vivem em Camden Park, perto de Sydney. A Dixson Library, em Sydney, possui alguns *sketch-books* menores e, recentemente, o manuscrito *Journal of a Voyage*

from England to Australia 1833-35, catalogado como anônimo na State Library of New South Wales, foi identificado como sendo de Martens; cf. Richard D. Keynes, *The* Beagle *Record*.

38. Richard D. Keynes, ibid., p.2.

39. Como Bernard Smith indica em *European Vision and the South Pacific*, um dos exemplos de Darwin do inter-relacionamento entre presa e predador e seu hábitat, em *Descent of Man*, muito deveu-se à sensibilidade artística de Martens.

40. Susanna de Vries-Evans, *Conrad Martens*, p.18.

41. Richard D. Keynes, *The* Beagle *Record*, p.3.

42. *European Vision*, p.310-11.

43. Lionel Lindsay, *Conrad Martens*, p.34-5.

44. Claudio Greppi, "On the spot", p.15.

45. Kay D. Kriz, *The Idea of the English Landscape Painter*, p.87.

Conclusão – As paisagens do olhar

1. Cf. Clare Winnicott, Ray Shepherd e Madeleine Davies, *D.W. Winnicott's Home is Where We Start From*, p.133-4.

2. Ver, por exemplo, June Hahner, *Women through Women's Eyes*; Flora Süssekind, *O Brasil não é longe daqui*; Mary L. Pratt, *Imperial Eyes*; Elizabeth Mavor, *The Captain's Wife*.

3. Sobre Wallace e Bates no Brasil, ver Alfred R. Wallace, *A Narrative of Travels on the Amazon and Rio Negro*; Henry W. Bates, *The Naturalist on the River Amazons*; John Dickinson, "Henry Water Bates"; Jane R. Camerini, "Wallace in the field"; Nancy L. Stepan, "Tropical nature as a way of writing". Sobre Spruce, ver M.R.D. Seaward e S.M.D. Fitzgerald, *Richard Spruce (1817-1893)*.

4. Fernando Aliata, "The pictorial technique of 'ecological painting'", p.519.

5. Cf. Nancy L. Stepan, "Tropical modernism".

6. Ver, respectivamente, Amândio M. dos Santos, "Os painéis elípticos de Leandro Joaquim na pintura do Rio de Janeiro setecentista", e Ulpiano T.B. de Meneses, "Morfologia das cidades brasileiras".

7. Cf. Terry B. Smith, "Land into landscape, colony into settlement".

FONTES

MANUSCRITOS E ICONOGRAFIA

British Library, Londres, Inglaterra

Barrow's Travels in China & Cochin China – desenhos originais por Alexander, Daniell & Co. (Add MS 33,931)

Drawings of Headlands, etc., por C.W. Browne (Add MSS 20,090)

Mapas e cartas náuticas: *New and Most Correct Chart of the Entrance and Harbour of Rio de Janeiro* (Maps SEC.IX.(541))

The African Pilot (Maps 188.0.2.(17))

The Brazil Pilot (Maps 59.e.30)

British Museum, Londres, Inglaterra

Augustus Earle, *Slave Market*

Lady Callcott [Maria Graham], *Drawings v.2* (199. b. 8)

William Havell, *Near Rio de Janeiro* (British Roy PV/1943-11-13-103)

Near Rio de Janeiro (British Roy PV/1943-11-13-104)

Cambridge University Library, Cambridge, Inglaterra

Darwin Papers: *Conrad Martens Sketch-book* (Add MS 7983/7984)

J.S. Battye Library, Perth, Austrália

John Septimus Roe Logbook (Acc 301A/1)

Linnean Society of London, Londres, Inglaterra

Richard A. Salisbury, *Miscellaneous Letters* (MS 376)

William Swainson, *Scientific Correspondence*

National Library of Australia, Canberra, Austrália

Augustus Earle, *View from the Summit of the Cacavada [sic] Mountains, Rio de Janeiro*

National Maritime Museum, Londres, Inglaterra

Beaufort Papers (MSS, CLS/47)
Sketches from Memory, made in Jan. and Feb. 1818, by C.W. Browne R.N. of His Majesty's late Ships, Alceste *and* Julia (PAF8529-8569)

Oxford University Museum, Oxford, Inglaterra
Burchell Papers, Private Correspondence

Public Record Office, Londres, Inglaterra
Admiralty Papers (PRO Adm 1/3522, PRO Adm 2/83, PRO Adm 37/5729-5730, PRO Adm 37/6205-6207)

Reading Museum and Art Gallery, Reading, Inglaterra
William Havell, *On the Coromandel Coast, South India*
The Braganza Shore, Rio de Janeiro

Royal Botanic Gardens, Kew, Londres, Inglaterra
Kew Collectors: Allan Cunningham e James Bowie; George Barclay (Brazil V)
Maria Graham, *Portfolio Rio de Janeiro*, 1824-1825
William Burchell, *St. Helena Plants*
William Hooker, *Correspondence*

Royal Geographical Society, Londres, Inglaterra
Antonio Jozi. *Narrative of the Proceedings of a Small Party, sent by Captain Owen, of HMS* Leven, *in July 1823, under the Command of Lieut. C.W. Browne RN, to Explore the Course of the River Zambezi, on the Eastern Coast of Africa* (LBR. MS. 407)
Mapas e cartas náuticas: *The African Pilot* (14.c.128)

Royal Horticultural Society, Londres, Inglaterra
Forbes' Papers and Correspondence

Victoria and Albert Museum, Londres, Inglaterra
William Havell, *Garden Scene on the Braganza Shore, Rio de Janeiro* (P. 47-1948)
Towered Cities Pleased us Then (E.1513-1939)
Francis Towne, *The Source of the Arveiron: Mont Blanc in the Background* (P.20-1921)

BIBLIOGRAFIA

Abel, Clarke. *Narrative of a Journey in the Interior of China, and of a Voyage to and from that Country, in the years 1816 and 1817, containing an Account of the Most Interesting Transactions of Lord Amherst's Embassy to the Court of Pekin and Observations on the Countries which it Visited.* Londres: Longman, 1818.

Abreu, Mauricio de Almeida. "A cidade, a montanha e a floresta", in Mauricio de Almeida Abreu (org.), *Natureza e sociedade no Rio de Janeiro.* Rio de Janeiro: Secretaria Municipal de Cultura, Turismo e Esportes, Departamento Geral de Documentação e Informação Cultural, Divisão de Editoração, 1992.

————. "Le Rio de Janeiro du début du dix-neuvième siècle et ses différentes temporalités", *Bulletin de l'Association de Géographes Français*, n. 73, p.30-8, 1996.

Alfrey, Nicholas. "Landscape and the Ordnance Survey, 1795-1820", in Nicholas Alfrey, Stephen Daniels (org.), *Mapping the Landscape: Essays on Art and Cartography*. Nottingham: University Art Gallery, 1990.

Aliata, Fernando. "The pictorial technique of 'ecological painting': The gardens of Roberto Burle Marx", in: Monique Mosser, Georges Teyssot (orgs.), *The History of Garden Design*. Londres: Thames and Hudson, 1991.

Alison, Archibald. *Essays on the Nature and Principles of Taste*. Edinburgh, 1790.

Allen, David E. *The Naturalist in Britain: A Social History*. Londres: Penguin Books, 1976.

————. "Tastes and crazes", in Nicholas Jardine, James A. Secord, Emma C. Spary (orgs.), *Cultures of Natural History*. Cambridge: Cambridge University Press, 1996.

Alpers, Svetlana. *The Art of Describing: Dutch Art in the Seventeenth Century*. Londres: Penguin Books, 1989.

Anderson, Patricia. *The Printed Image and the Transformation of Popular Culture, 1790-1860*. Oxford: Clarendon Press, 1991.

Andrews, Herbert C. "The Leicester Square and Strand panoramas: their proprietors and artists", *Notes and Queries*, 2 de agosto de 1930, p.75-8.

Anônimo. "John Forbes", *Kirkia*, vol.1, 1961, p.133-7.

Anônimo. "Temple of Vesta, Tivoli", *Blackwood's Edinburgh Magazine*, n.48, 1840, p.377.

Anônimo. *The African Pilot*. Londres: Laurie and Whittle, 1806.

Anônimo. *The Brazil Pilot: or, a Description of the Coast of Brazil*. Londres: Longman, Hurst, Rees & Orme, and Arrowsmith, 1809.

Anônimo. "The Convent of Santo Cosimato, near Rome", *Blackwood's Edinburgh Magazine*, n.52, 1842, p.30.

Anônimo. "The Late Mr. Bowie", *The Cape Standard*, 6 de julho de 1869.

Anônimo. "The Sugarloaf Mountain, Rio de Janeiro", *The Illustrated London News*. 18 de fevereiro de 1865, p.153.

Aparicio, Frances R.; Chávez-Silverman, Susana (orgs.). *Tropicalizations: Transcultural Representations of Latinidad*. Hanover: University Press of New England, 1997.

Arnold, David. *The Problem of Nature: Environment, Culture and European Expansion*. Oxford: Blackwell, 1996.

Arshi, Sunpreet et al. "Why travel? Tropics, en-tropics and apo-tropics", in George Robertson et al. (orgs.), *Traveller's Tales: Narratives of Home and Displacement*. Londres: Routledge, 1994.

Bach, J. "The maintenance of Royal Navy vessels in the Pacific Ocean, 1825-1875", *The Mariner's Mirror*, vol.56, 1970, p.259-73.

Bann, Stephen. "Travelling to collect: the booty of John Bargrave and Charles Waterton", in George Robertson et al. (orgs.), *Traveller's Tales: Narratives of Home and Displacement*. Londres: Routledge, 1994.

Barlow, Nora (org.). *Diary of the Voyage of HMS* Beagle, vol.1. Londres: William Pickering, 1986.

Barrell, John. *The Idea of Landscape and the Sense of Place, 1730-1840: An Approach to the Poetry of John Clare.* Cambridge: Cambridge University Press, 1972.

Barrow, John. *A Voyage to Cochinchina, in the years 1792 and 1793.* Londres: Cadell and Davies, 1806.

Basalla, George. "The voyage of the *Beagle* without Darwin", *The Mariner's Mirror,* vol.49, 1963, p.42-8.

Bates, Henry Walter. *The Naturalist on the River Amazons: A record of adventures, habits of animals, sketches of Brazilian and Indian life, and aspects of nature under the Equator, during eleven years of travel,* 2 vols. Londres: John Murray, 1863.

Bauss, Rudy. "The critical importance of Rio de Janeiro to British interests, with particular attention to Australia in her formative years, 1787-1805", *Journal of the Royal Australian Historical Society,* vol.65, 1979, p.145-72.

————. "Rio de Janeiro: Strategic base for global designs of the British Royal Navy, 1777-1815", in Craig L. Symonds (org.), *New Aspects of Naval History.* Annapolis, Md: Naval Institute Press, 1981.

Bazin, Germain. *Paradeisos ou l'art du jardin.* Bienne: Chêne, 1988.

Beer, Gillian. *Open Fields: Science in Cultural Encounter.* Oxford: Clarendon Press, 1996.

Belcher, Edward. *A Treatise on Nautical Surveying; containing an Outline of the Duties of the Naval Surveyor; with Cases applied to Naval Evolutions and Miscellaneous Rules and Tables useful to the Seaman or Traveller.* Londres: Pelham Richardson, 1835.

Bell, Leonard. "To see or not to see: conflicting eyes in the travel art of Augustus Earle", in J.F. Codell e D.S. Macleod (orgs.), *Orientalism Transposed: The Impact of the Colonies on British Culture.* Aldershot: Ashgate, 1998.

Belluzzo, Ana Maria de Moraes. *The Voyager's Brazil: Imagery of the New World,* vol.1, *A Place in the Universe,* vol.2 e *The Construction of Landscape,* vol.3. São Paulo: Metalivros, 1995.

Benjamin, Walter. *Reflections: Essays, Aphorisms, Autobiographical Writings.* Nova York: Schocken Books, 1986.

Berger, Paulo; Mathias, Herculano Gomes; Mello Júnior, Donato. *Pinturas e pintores do Rio Antigo.* Rio de Janeiro: Kosmos, 1990.

Bernardin de Saint Pierre. *Paul et Virginie.* Lausanne, 1787.

Bickers, Robert A. (org.). *Ritual & Diplomacy: The Macartney Mission to China 1792-1794.* Londres: The British Association for Chinese Studies/Wellsweep Press, 1993.

Bourguet, Marie-Noëlle. "The explorer", in M. Vovelle (org.), *Enlightenment Portraits.* Chicago: University of Chicago Press,1997.

Bourguet, Marie-Noëlle; Bonneuil, Christophe (orgs.). "De l'inventaire du monde à la mise en valeur du globe. Botanique et colonisation (fin XVIIe siècle-début XXe siècle), présentation". *Revue Française d'Histoire d'Outre-Mer,* vol.86, n.322-323, 1999, p.7-38.

Bradley, William. *A Voyage to New South Wales: The Journal of Lieutenant William Bradley RN of HMS* Sirius, *reproduced in facsimile from the original manuscript, with a portfolio of charts.* Sydney: Public Library of New South Wales/Ure Smith Pty, 1969.

Bravo, Michael T. "Ethnographic navigation and the geographical gift", in David N. Livingstone e Charles W.J. Withers (orgs.), *Geography and Enlightenment.* Chicago: University of Chicago Press, 1999.

Brown, David Blayney. *Oil Sketches from Nature: Turner and his Contemporaries*. Londres: Tate Gallery, 1991.

Browne, Janet. *Charles Darwin: Voyaging*. Volume I of a Biography. Londres: Pimlico, 1995.

————. "Botany in the boudoir and garden: the Banksian context", in D.P. Miller e P.H. Reill (orgs.), *Visions of Empire: Voyages, Botany, and Representations of Nature*. Cambridge: Cambridge University Press, 1996.

Bryson, Norman. "Semiology and visual interpretation", in Norman Bryson, Michael A. Holly, Keith Moxey (orgs.), *Visual Theory: Painting and Interpretation*. Cambridge: Polity Press, 1996.

Burchell, William J. *Travels in the Interior of Southern Africa*, 2 vols. Londres: Longman, 1822-24.

————. *Travels in the Interior of Southern Africa*. Londres: Batchworth Press, 1953.

Burke, Edmund. *Philosophical Enquiry into the Origins of our Ideas of the Sublime and Beautiful*. 1757.

Burkhardt, Frederick H.; Smith, Sydney (orgs.). *The Correspondence of Charles Darwin*, vol.1. Cambridge: Cambridge University Press, 1985.

Camerini, Jane R. "Wallace in the field", in Henrika Kuklick e Robert E. Kohler (orgs.), Science in the Field, *Osiris*, vol.11. Chicago: Chicago University Press, 1996.

————. "Remains of the day: early Victorians in the field", in Bernard Lightman (org.). *Victorian Science in Context*. Chicago: University of Chicago Press, 1997.

Cannon, Susan Faye. *Science in Culture: The Early Victorian Period*. Folkestone: Dawson and Science History Publications, 1978.

Carter, Paul. *The Road to Botany Bay: An Essay in Spatial History*. Londres: Faber & Faber, 1988.

Christian, Jessica. "Paul Sandby and the Military Survey of Scotland", in Nicholas Alfrey, Stephen Daniels (orgs.), *Mapping the Landscape: Essays on Art and Cartography*. Nottingham: University Art Gallery, 1990.

Christie and Manson. *Catalogue of the Whole of the Remaining Works of that Talented and Respected Artist, William Havell*. Londres: W. Clowes & Sons, 1858.

Clayton, Daniel W. *Islands of Truth: Vancouver Island from Captain Cook to the Beginnings of Colonialism*. Vancouver: The University of British Columbia, 1995 (tese de doutorado).

Comissão Nacional dos Descobrimentos Portugueses. *Cartografia e diplomacia no Brasil do século XVIII*. Lisboa: Comissão Nacional dos Descobrimentos Portugueses, 1997.

————. *Tesouros da cartografia portuguesa*. Lisboa: Comissão Nacional dos Descobrimentos Portugueses/INAPA, 1997.

Conisbee, Philip; Faunce, Sarah; Strick, Jeremy (orgs.). *In the Light of Italy: Corot and Early Open-Air Painting*. New Haven: Yale University Press, 1996.

Conisbee, Philip. "The early history of open-air painting", in Philip Conisbee, Sarah Faunce, Jeremy Strick (orgs.), *In the Light of Italy: Corot and Early Open-Air Painting*. New Haven: Yale University Press, 1996.

Copley, Stephen; Garside, Peter (orgs.). *The Politics of the Picturesque: Literature, Landscape, and Aesthetics since 1770*. Cambridge: Cambridge University Press, 1994.

Cordiviola, Alfredo. "Richard Burton, travels and melancholy", in Bernard McGuirk, Solange Ribeiro de Oliveira (orgs.), *Brazil and the Discovery of America: Narrative, History, Fiction 1492-1992.* Lewiston: The Edwin Mellon Press, 1996.

Cornell, Jimmy. *World Cruising Routes.* Londres: Aldard Coles Nautical, 1995.

Cotter, Charles H. *The Physical Geography of the Oceans.* Londres: Hollis & Carter, 1965.

Crary, Jonathan. "Modernizing vision", in Hal Foster (org.), *Vision and Visuality.* Seattle: Bay Press, 1988.

————. *Techniques of the Observer: On Vision and Modernity in the Nineteenth Century.* Cambridge, Mass.: MIT Press, 2ª ed.,1995.

Dalrymple, Alexander. *Essay on Nautical Surveying: originally published in 1771, now much extended by Dalrymple.* Londres: William Ballintine, 1806.

Daniels, Stephen. *Fields of Vision: Landscape, Imagery & National Identity in England & the United States.* Cambridge: Polity Press, 1993.

Daniels, Stephen; Watkins, Charles (orgs.). *The Picturesque Landscape: Visions of Georgian Herefordshire.* Nottingham: University of Nottingham/Hereford City Art Gallery/University Art Gallery, 1994.

Darwin, Francis. *The Life and Letters of Charles Darwin: Including an Autobiographical Chapter,* 3 vols. Londres: John Murray, 1888.

David, Andrew. *The Charts & Coastal Views of Captain Cook's Voyages: The Voyage of the* Endeavour, *1768-1771,* vol.1. Londres: Hakluyt Society, 1988.

————. *The Voyage of HMS* Herald. Melbourne: Melbourne University Press, 1995.

Dawson, L.S. *Memoirs of Hydrography including Brief Biographies of the Principal Officers who have Served in HM Naval Surveying Service between the years 1750 and 1885,* parte 1: 1750-1830. Londres: Cornmarket Press [reimpressão do facsímile], 1969.

Day, Archibald. *The Admiralty Hydrographic Service 1795-1919.* Londres: HMSO, 1967.

Debret, Jean Baptiste. *Voyage Pittoresque et Historique au Brésil, ou Sejour d'un Artiste Français au Brésil, depuis 1816 jusqu'en 1831 inclusivement, Époques de l'Avénement et l'Abdication de S.M. D. Pedro 1er, Fondateur de l'Empire Brésilien,* vol.2. Paris: Firmin Didot Frères, 1834.

Dening, Greg. *Islands and Beaches: Discourse on a Silent Land: Marquesas 1774-1880.* Havaí: University Press of Hawaii, 1980.

————. *Performances.* Chicago: University of Chicago Press, 1996.

————. *Readings/Writings.* Melbourne: Melbourne University Press, 1998.

Desmond, Adrian; Moore, James. *Darwin.* Londres: Michael Joseph, 1991.

Desmond, Ray. *The History of the Royal Botanic Gardens.* Londres: The Harvill Press & The Royal Botanic Gardens, Kew, 1995.

Dettelbach, Michael. "Global physics and aesthetic empire: Humboldt's physical portrait of the tropics", in David P. Miller e Peter H. Reill (orgs.), *Visions of Empire: Voyages, Botany, and Representations of Nature.* Cambridge: Cambridge University Press, 1996.

————. "Humboldtian science", in Nicholas Jardine, James A. Secord e Emma C. Spary (orgs.), *Cultures of Natural History.* Cambridge: Cambridge University Press, 1996.

Dickinson, John. "Henry Water Bates – the naturalist of the River Amazons", *Archives of Natural History,* vol.19, n.2, 1992, p.209-18.

Dickinson, Thomas. *A Narrative of the Operations for the Recovery of the Public Stores and Treasure sunk in HMS* Thetis*, at Cape Frio, on the Coast of Brazil, on the 5th December, 1830, to which is prefixed a concise account of the loss of that ship*. Londres: Longman, 1836.

Dictionary of National Biography. Londres: Oxford, 1893.

Dossiê "Brasil dos Viajantes", *Revista USP*, n.30, 1996.

Drayton, Richard. "Apprendre des Français: la science et le deuxième empire britannique (1783-1830)", *Revue Française d'Histoire d'Outre-Mer*, vol.86, n.322-323, 1999, p.91-118.

Driver, Felix. "Geography's empire: histories of geographical knowledge", *Environment and Planning D: Society and Space*, 1992, n.10, p.23-40.

————. "Imaginative geographies", in Paul Cloke, Philip Crang e Mark Goodwin (orgs.), *Introducing Human Geographies*. Londres: Arnold, 1999.

————. *Geography Militant: Cultures of Exploration and Empire*. Oxford: Blackwell, 2001.

Driver, Felix; Yeoh, Brenda (orgs.). "Constructing the tropics", *Singapore Journal of Tropical Geography*, vol.21, n.1, 2000.

Dubbini, Renzo. *Geografie dello sguardo: Visione e paesaggio in età moderna*. Turim: Einaudi, 1994.

Faunce, Sarah. "Rome and its environs: painters, travelers, and sites", in Philip Conisbee, Sarah Faunce e Jeremy Strick (orgs.), *In the Light of Italy: Corot and Early Open-Air Painting*. New Haven: Yale University Press, 1996.

Fauser, Hildegard. "O barão Georg Heinrich von Langsdorff", in Maria de Fátima G. Costa et al, *O Brasil de hoje no espelho do século XIX*. São Paulo: Estação Liberdade, 1995.

Ferrez, Gilberto. *A muito leal e heróica cidade de São Sebastião do Rio de Janeiro*. Paris: R. de Castro Maya/C.G. de Paula Machado/F. Machado Portella/Banco Boavista, 1965.

————. *Rio de Janeiro's Most Beautiful Panorama (1825) by William John Burchell*. Rio de Janeiro: IHGB, 1966.

————. *O Brasil do Primeiro Reinado visto pelo botânico William John Burchell 1825/1829*. Rio de Janeiro: Fundação João Moreira Salles/Pró-Memória, 1981.

————. *O Rio Antigo do fotógrafo Marc Ferrez*. São Paulo: João Fortes/Ex-Libris, 1984.

Florentino, Manolo. *Em costas negras: uma história do tráfico de escravos entre a África e o Rio de Janeiro*. São Paulo: Companhia das Letras, 1997.

Foucault, Michel. *As palavras e as coisas: uma arqueologia das ciências humanas*. São Paulo: Martins Fontes, 1987.

Franco, Luiz Fernando P.N. "O castelo de cartas", in Cléia Schiavo e Jayme Zettel (orgs.), *Memória, cidade e cultura*. Rio de Janeiro: Eduerj/IPHAN, 1997.

Freyre, Gilberto. *Ingleses no Brasil: aspectos da influência britânica sobre a vida, a paisagem e a cultura do Brasil*. Rio de Janeiro: José Olympio, 1948.

Fry, Howard T. "Alexander Dalrymple and Captain Cook: the creative interplay of two careers", in Robin Fisher e Hugh Johnston (orgs.), *Captain Cook and His Times*. Londres: Croom Helm, 1979.

Funnell, Peter D. "Visible appearances", in Michael Clarke e Nicholas Penny (orgs.), *The Arrogant Connoisseur: Richard Payne Knight 1751-1825*. Manchester: Manchester University Press, 1982.

———. *Richard Payne Knight 1751-1824: Aspects of Aesthetics and Art Criticism in Late Eighteenth and Early Nineteenth Century England.* Oxford: Oxford University, 1985 (tese de doutorado).

Gallagher, Robert E. *Byron's Journal of His Circumnavigation 1764-1766.* Cambridge: Hakluyt Society, 1964.

Galton, Francis et al. "Hints to travellers", *Journal of the Royal Geographical Society*, vol.24, 1854, p.328-58.

Gardner, George. *Travels in the Interior of Brazil, principally through the Northern Provinces, and the Gold and Diamond Districts, during the years 1836-1841.* Londres: Reeve, Brothers, 1846.

Gilpin, William. *Observations on the River Wye; and several parts of South Wales, etc., relative chiefly to picturesque beauty made in the summer of the year 1770.* Londres, 1782.

Ginzburg, Carlo. "Morelli, Freud and Sherlock Holmes: Clues and scientific method", *History Workshop Journal*, n.9, 1980, p.36.

Godlewska, Anne Marie Claire. "From Enlightenment vision to Modern Science? Humboldt's visual thinking", in David N. Livingstone e Charles W.J. Withers (orgs.), *Geography and Enlightenment.* Chicago: University of Chicago Press, 1999.

Gombrich, Ernst H. "The Renaissance theory of art and the rise of landscape", in Ernst H. Gombrich, *Norm and Form: Studies in the Art of the Renaissance.* Londres: Phaidon, 1966.

———. *Arte e ilusão: Um estudo da psicologia da representação pictórica.* São Paulo: Martins Fontes, 1986.

Goody, Jack. *Representations and Contradictions: Ambivalence Towards Images, Theatre, Fiction, Relics and Sexuality.* Oxford: Blackwell, 1997.

Gough, Barry M. "Sea power and South America: The "Brazils" or South American station of the Royal Navy 1808-1837", *American Neptune*, vol.50, 1990, p.26-34.

———. *The Royal Navy and the Northwest Coast of North America 1810-1914: A Study of British Maritime Ascendancy.* Vancouver: University of British Columbia, 1971.

Graham, Gerald S. *The Politics of Naval Supremacy: Studies in British Maritime Ascendancy.* Cambridge: Cambridge University Press, 1965.

———. *Great Britain in the Indian Ocean 1810-1850.* Oxford: Clarendon Press, 1967.

Graham, Gerald S.; Humphreys, R.A. *The Navy and South America, 1807-1823: Correspondence of the Commanders-in-Chief on the South American Station.* Londres: Navy Records Society, 1962.

Graham, Maria. *Journal of a Voyage to Brazil and Residence There, during part of the years 1821, 1822, 1823.* Londres: Longman e John Murray, 1824.

Greppi, Claudio. *Intorno a Humboldt (nove interventi 1992/1996).* Ferrara: Università degli Studi di Ferrara, 1996.

———. "'On the spot': L'artista viaggiatore e l'inventario iconografico del mondo (1772-1859)", *Geotema*, 1997, p.137-49.

Grove, Richard. *Green Imperialism: Colonial Expansion, Tropical Island Edens and the Origin of Environmentalism, 1600-1860.* Cambridge: Cambridge University Press, 1996.

Hackforth-Jones, Jocelyn. *Augustus Earle, Travel Artist: Paintings and Drawings in the Rex Nan Kivell Collection, National Library of Australia.* Londres: Scolar Press, 1980.

Hahner, June. *Women through Women's Eyes: Latin American Women in Nineteenth-Century Travel Accounts*. Wilmington/Delaware: Scholarly Resources, 1998.

Hall, Basil. *Account of a Voyage of Discovery to the West Coast of Corea and the Great Loo-Choo Island, with an Appendix containing charts of various Hydrographical and Scientific Notices*. Londres: John Murray, 1818.

Hall, Stuart. "The West and the rest: Discourse and power", in Stuart Hall e Bram Gieben (orgs.), *Formations of Modernity*. Cambridge: Polity Press/The Open University, 1992.

Hamilton, James. *Turner and the Scientists*. Londres: Tate Gallery, 1998.

Hamilton, Jean. *The Sketching Society 1799-1851*. Londres: Victoria & Albert Museum, 1971.

Hamilton, W.J. "Geography", in R.A. Main, *Manual of Scientific Enquiry, prepared for the use of Officers in Her Majesty's Navy and Travellers in General*. Londres: John Murray, 2ª ed., 1859.

Haslam, D.W. "Photographs for Sailing Directions", *The Hydrographic Journal*, n.15, 1979, p.55-6.

Hawkesworth, John. *An account of the Voyages undertaken by the order of his present Majesty for making Discoveries in the Southern Hemisphere, and Successively Performed by Commodore Byron, Captain Wallis, Captain Carteret, and Captain Cook, in the Dolphin, the Swallow, and the Endeavour: Drawn up from the Journals which were Kept by the Several Commanders, and from the Papers of Joseph Banks, Esq*, vol.1. Londres: W. Strahan & T. Cadell, 1773.

Hemingway, Andrew. *Landscape Imagery & Urban Culture in Early Nineteenth-Century Britain*. Cambridge: Cambridge University Press, 1992.

Henderson, James. *A History of Brazil, comprising its geography, commerce, colonization, aboriginal inhabitants*. Londres: Longman, 1821.

Hoeg, Jerry. "Cultural counterpoint: Antonio Benitez Rojo's postmodern transculturation", *Journal of Latin American Studies*, vol.6, n.1, 1997, p.65-75.

Horden, Marsden. *King of the Australian Coast: The Work of Phillip Parker King in the Mermaid and Bathurst 1817-1822*. Melbourne: Melbourne University Press, 1997.

Horsburgh, James. *Directions for Sailing to and from the East Indies, China, New Holland, Cape of Good Hope, and the Interjacent Ports*, vol.1. Londres, 1809-11.

————. *A Treatise on Marine Surveying*. Londres: Black, 1819.

Howard, Peter. "Painters' prefered places", *Journal of Historical Geography*, vol.11, n.2, 1985, p.138-54.

Howse, Derek; Sanderson, Michael. *The Sea Chart: An Historical Survey based on the Collections in the National Maritime Museum*. Newton Abbot: David & Charles, 1973.

Hulme, Peter. *Colonial Encounters: Europe and the Native Caribbean 1492-1797*. Londres: Routledge, 1992.

Humboldt, Alexander von. *Voyages aux régions équinoxiales du Nouveau Continent*, 30 vols. Paris: Dufour, 1814-25.

————. *Personal Narrative of Travels to the Equatorial Regions of the New Continent*, 7 vols. Londres: Longman, 1814-29.

————. *Vues des Cordillères, et monuments des peuples indigènes de L'Amérique*, tomo 1. Paris: A La Librairie Grecque-Latine-Allemande, 1816.

———. *Kosmos: a General Survey of the Physical Phenomena of the Universe*, 2 vols. Londres: Hippolyte Bailliere, 1848.

———. *Quadros da natureza*, 2 vols. Rio de Janeiro: W.M. Jackson, 1950.

———. *Personal Narrative*. Londres: Penguin Books, 1995.

Jackson, Julian. "On picturesque description in books of travels", *Journal of the Royal Geographical Society*, vol.5, 1835, p.381-7.

Jacobs, Michael. *The Painted Voyage: Art, Travel and Exploration 1564-1875*. Londres: British Museum, 1995.

Jardine, Nicholas; Secord, James A.; Spary, Emma C. (orgs.). *Cultures of Natural History*. Cambridge: Cambridge University Press, 1996.

Karasch, Mary C. "Rio de Janeiro: from colonial town to imperial capital (1808-1850)", in R.Ross e G.J. Telkamp (orgs.), *Colonial Cities: Essays on Urbanism in a Colonial Context*. Dordrecht: Martinus Nijhoff Publishers, 1985.

Kemp, Martin. *The Science of Art: Optical themes in western art from Brunelleschi to Seurat*. New Haven: Yale University Press, 1990.

———. "Taking it on trust: form and meaning in naturalistic representation", *Archives of Natural History*, n.17, 1990, p.127-88.

———. "'Implanted in our natures': humans, plants, and the stories of art", in David P. Miller e Peter H. Reill (orgs.), *Visions of Empire: Voyages, Botany, and Representations of Nature*. Cambridge: Cambridge University Press, 1996.

Keynes, Richard Darwin. *The* Beagle *Record*. Cambridge: Cambridge University Press, 1979.

——— (org.). *Charles Darwin's* Beagle *Diary*. Cambridge: Cambridge University Press, 1988.

King, Philip Parker. *Narrative of the Surveying Voyages of his Majesty's Ships* Adventure *and* Beagle, *between the Years 1826 and 1836*, vol.1. Londres: Henry Colborn, 1839.

Klonk, Charlotte. *Science and the Perception of Nature: British Landscape Art in the Late Eighteenth and Early Nineteenth Centuries*. New Haven: Yale University Press, 1996.

Knight, Richard Payne. *An Analytical Inquiry into the Principles of Taste*. Londres, 1805.

Knight, Roger J.B. *Guide to the Manuscripts in the National Maritime Museum: The Personal Collections*. Londres: Mansell, 1977.

Knight, Thomas Andrew. "Introductory remarks relative to the objects which the Horticultural Society have in view", *Transactions of the Horticultural Society*, vol.1, 1812, p.1-7.

Krasner, James. *The Entangled Eye: Visual Perception and Representation of Nature in Post-Darwinian Narrative*. Oxford: Oxford University Press, 1992.

Kriz, Kay Dian. *The Idea of the English Landscape Painter: Genius as Alibi in the Early Nineteenth Century*. New Haven: Yale University Press, 1997.

Kuklick, Henrika; Kohler, Robert E. (orgs.). "Science in the field", *Osiris*, vol.11. Chicago: Chicago University Press, 1996.

Kury, Lorelai. "Ciência e nação: história natural na obra de E.J. da Silva Maia", *História, Ciências, Saúde – Manguinhos*, vol.2, 1998, p.267-91.

Laird, Mark. "From Callicarpa to Catalpa: the impact of Mark Catesby's plant introductions on English gardens of the eighteenth century", in Amy R.W. Meyers e Margaret Beck

Pritchard (orgs.), *Empire's Nature: Mark Catesby's New World Vision.* Chapel Hill e Londres: University of North Carolina Press, 1998.

Larsen, Anne Laurine. *Not since Noah: The English Scientific Zoologists and the Craft of Collecting, 1800-1840.* Princeton: Princeton University, 1993 (tese de doutorado).

Latour, Bruno. *Science in Action: How to Follow Scientists and Engineers through Society.* Cambridge, Mass.: Harvard University Press, 1987.

————. "Drawing things together", in Michael Lynch e Steve Woolgar (orgs.), *Representation in Scientific Practice.* Cambridge, Mass.: MIT Press, 1990.

Lemmon, Kenneth. *The Golden Age of Plant Hunters.* Londres: Phoenix House, 1968.

Levy, Carlos Roberto Maciel et al. *Iconografia e paisagem: coleção Cultura Inglesa.* Rio de Janeiro: Pinakotheke, 1994.

Lindsay, Lionel (org.). *Conrad Martens: The Man and his Art.* Sydney: Angus and Robertson, ed. rev., 1968.

Livingstone, David N. "The moral discourse of climate: historical considerations on race, place and virtue", *Journal of Historical Geography*, vol.17, n.4, 1991, p.413-34.

————. *The Geographical Tradition: Episodes in the History of a Contested Enterprise.* Oxford: Blackwell, 1992.

Luccock, J. *Notas sobre o Rio de Janeiro e partes meridionais do Brasil.* Belo Horizone: Itatiaia/São Paulo: Edusp, 1975.

Lyles, Anne. "The transformation of the British landscape watercolour c.1750-1805", in Anne Lyles e Robin Hamlyn, *British Watercolours from the Oppé Collection, with a selection of drawings and oil sketches.* Londres: Tate Gallery, 1997.

Lyles, Anne; Hamlyn, Robin. *British Watercolours from the Oppé Collection, with a selection of drawings and oil sketches.* Londres: Tate Gallery, 1997.

McCormick, E.H. "Introduction: Biographical sketch", in E.H. McCormick (org.), *Augustus Earle's Narrative of a Residence in New Zealand: Journal of a Residence in Tristan da Cunha.* Oxford: Clarendon Press, 1966.

Machado, Lia Osorio. "Origens do pensamento geográfico no Brasil: meio tropical, espaços vazios e idéia de ordem (1870-1930)", in Iná Elias Castro, Paulo Cesar da Costa Gomes e Roberto Lobato Corrêa, *Geografia: conceitos e temas.* Rio de Janeiro: Bertrand Brasil, 1995.

Mackay, David. *In the Wake of Cook: Exploration, Science & Empire, 1780-1801.* Londres: Croom Helm, 1985.

McKay, Helen M. "William John Burchell, scientist", *South African Journal of Science*, vol.32, 1935, p.689-95.

————. *The South African Drawings of William Burchell*, vol.2.: Landscape sketches. Johannesburg, Witwatersrand University Press, 1952.

Mackenzie, Murdoch. *A Treatise on Maritim [sic] Surveying.* Londres: Edward and Charles Dilly, 1774.

Maclaren, I.S. "From exploration to publication: The evolution of a 19th-century Arctic narrative", *Arctic*, vol.47, n.1, 1994, p.43-53.

M'Leod, John. *Narrative of a Voyage, in His Majesty's late Ship* Alceste, *to the Yellow Sea, along the Coast of Corea, and through its numerous hitherto undiscovered islands, to the Island of*

Lewchew; with an account of her shipwreck in the straits of Gaspar. Londres: John Murray, 1817.

McMinn, W.G. *Allan Cunningham: Botanist and Explorer.* Victoria: Melbourne University Press, 1970.

Manthorne, Katherine Emma. *Tropical Rennaissance: North American Artists Exploring Latin America, 1839-1879.* Washington: Smithsonian Institution Press, 1989.

Martens, Conrad. "Lecture upon landscape painting", in Lionel Lindsay (org.), *Conrad Martens: The Man and his Art.* Sydney: Angus and Robertson, ed. rev., 1968.

————. *Journal of a Voyage from England to Australia 1833-35, transcript by Michael Organ.* New South Wales: State Library of New South Wales Press, 1994.

Martins, Luciana L.; Abreu, Mauricio A. "Paradoxes of Modernity: Imperial Rio de Janeiro, 1808-1821". 1999 (mimeo).

Mason, Peter. *Infelicities: Representations of the Exotic.* Baltimore e Londres: Johns Hopkins University Press, 1998.

Mavor, Elizabeth. *The Captain's Wife: The South American Journals of Maria Graham, 1821-1823.* Londres: Weidenfeld and Nicolson, 1993.

Meneses, Ulpiano T. Bezerra de. "Morfologia das cidades brasileiras: introdução ao estudo histórico da iconografia urbana", *Revista USP*, n.30, 1996, p.145-55.

Meyers, Amy R.W., Pritchard, Margaret Beck (orgs.). *Empire's Nature: Mark Catesby's New World Vision.* Chapel Hill e Londres: University of North Carolina Press, 1998.

Miller, David Philip. "Introduction", in David Philip Miller e Peter H. Reill (orgs.), *Visions of Empire: Voyages, Botany, and Representations of Nature.* Cambridge: Cambridge University Press, 1996.

Minter, Sue. *The Greatest Glass House: The Rainforests Recreated.* Londres: HMSO, 1990.

Mitchell, W.J.T. *Iconology: Image, Text, Ideology.* Chicago: The University of Chicago Press,1987.

———— (org.). *Landscape and Power.* Chicago: The University of Chicago Press, 1994.

————. "Introduction [e] Imperial landscape". In: W.J.T. Mitchell (org.), *Landscape and Power.* Chicago: The University of Chicago Press, 1994.

Morris, R.O. *Charts and Surveys in Peace and War: The History of the Royal Navy's Hydrographic Service 1919-1970.* Londres: HMSO, 1995.

Munday, John E. "Hydrographic views: Sea officers as topographical artists", *Anais Hidrográficos*, vol.33, 1976, p.219-27.

National Library of Australia. *The Wandering Artist: Augustus Earle's Travels around the World, 1820-29.* Canberra: National Library of Australia, c.1994.

Nogué, Joan e Villanova, José Luis (orgs.). *España en Marruecos (1912-1956): Discursos geográficos e intervención territorial.* Lleida: Milenio, 1999.

Orlandi, Eni Pulcinelli. *Discurso do confronto: Velho e Novo Mundo.* São Paulo: Cortez/Unicamp, 1990.

Osborne, Michael, A. *Nature, the Exotic, and the Science of French Colonialism.* Bloomington, Ind.: Indiana University Press, 1994.

Outram, Dorinda. "New spaces in natural history", in Nicholas Jardine, James A. Secord e Emma C. Spary (orgs.), *Cultures of Natural History*. Cambridge: Cambridge University Press, 1996.

————. "On being Perseus: new knowledge, dislocation, and Enlightenment exploration", in David N. Livingstone e Charles W.J. Withers (orgs.), *Geography and Enlightenment*. Chicago: University of Chicago Press, 1999.

Owen, Felicity. "Life and work of William Havell", in Reading Museum, *William Havell 1782-1857*. Reading: Reading Museum & Art Gallery, 1981.

Oxford Advanced Learner's Dictionary. Oxford: Oxford University Press, 1989.

Oxford Dictionary, vol.II, parte II. Oxford: Clarendon Press, 1893.

Pagden, Anthony. *European Encounters with the New World*. New Haven: Yale University Press, 1993.

Paradis, James. "Darwin and landscape", in: James Paradis e Thomas Postlewait (orgs.), *Victorian Science and Victorian Values: Literary Perspectives*. New Brunswick: Rutgers University Press, 1985.

Parodiz, J.J. *Darwin in the New World*. Leiden: E.J. Brill, 1981.

Pearce, Robert. *Aquarelas feitas durante a viagem ao Brasil da HMS* Favorite *em 1819 e 1820*. Rio de Janeiro: Kosmos, 1991.

Perry, T.M. "Charts and views", in Bernard Smith e Alwyne Wheeler (orgs.), *The Art of the First Fleet*. New Haven: Yale University Press, 1988.

Pickering, Jane. "William John Burchell's travels in Brazil, 1825-1830, with details of the surviving mammal and bird collections", *Archives of Natural History*, vol.25, n.2, 1998, p.237-66.

Pinkerton, John. *A General Collection of the Best and Most Interesting Voyages and Travels in All Parts of The World; many of which are now first translated into English*. Londres: Longman, 1813.

Pizarro e Araújo, J.S.A. *Memórias históricas do Rio de Janeiro*, vol.7. Rio de Janeiro: Imprensa Nacional, 1945.

Poole, Deborah. *Vision, Race and Modernity: A Visual Economy of the Andean Image World*. Princeton: Princeton University Press, 1997.

Porter, Roy. *London: A Social History*. Londres: Hamish Hamilton, 1994.

Poulton, Edward B. *The collections of William John Burchell*. Oxford: Oxford University Museum, 1903.

————. *William John Burchell*. Londres: Spottiswoode, 1907.

Powell, Cecilia. *Italy in the Age of Turner: "The Garden of the World"*. Londres: Dulwich Picture Gallery, 1998.

Pratt, Mary Louise. "Fieldwork in common places", in James Clifford e George E. Marcus (orgs.), *Writing Culture: The Poetics and Politics of Ethnography*. Los Angeles: University of California Press, 1986.

————. *Imperial Eyes: Travel Writing and Transculturation*. Londres: Routledge, 1992.

Price, Uvedale. *An Essay on the Picturesque as compared with the Sublime and Beautiful: and on the use of studying pictures for the purpose of improving real landscape*. Londres, 1794-98.

Purdy, John. *The Brasilian Navigator: or Sailing Directory for all the Coasts of Brasil, etc.* Londres, 1844.

Reading Museum. *William Havell, 1782-1857: Paintings, Watercolours, Drawings and Prints.* Reading: Reading Museum & Art Gallery, 1981.

Reill, Peter Hanns. "Seeing and understanding: a commentary", in David Philip Miller e Hanns Peter Reill (orgs.), *Visions of Empire: Voyages, Botany, and Representations of Nature.* Cambridge: Cambridge University Press, 1996.

Richards, Joan L. "The probable and the possible in early Victorian England", in Bernard Lightman (orgs.), *Victorian Science in Context.* Chicago: The University of Chicago Press, 1997.

Ritchie, G.S. *The Admiralty Chart: British Naval Hydrography in the Nineteenth Century.* Edinburgh: Pentland Press, ed. rev., 1995.

Ritvo, Harriet. "Zoological nomenclature and the empire of Victorian science", in Bernard Lightman (org.), *Victorian Science in Context.* Chicago: The University of Chicago Press, 1997.

Rix, Martin. *The Art of the Botanist.* Guildford: Lutterworth Press, 1981.

Roberts, Hélène. "'Trains of fascinating and of endless imagery': Associationist art criticism before 1850", *Victorian Periodicals Newsletter*, n.10, v.3, p.91-105, 1977.

Robinson, A.H.W. *Marine Cartography in Britain: A History of the Sea Chart to 1855.* Leicester: Leicester University Press,1962.

Roget, John Lewis. *A History of the "Old Watercolour Society" now the Royal Society of Painters in Watercolours*, vol.1. Londres: Longman, 1891.

Rupke, Nicolaas. "A Geography of Enlightenment: The critical reception of Alexander von Humboldt's Mexico work", in David N. Livingstone e Charles W.J. Withers (orgs.), *Geography and Enlightenment.* Chicago: University of Chicago Press, 1999.

Said, Edward. *Orientalism: Western Conceptions of the Orient.* Londres: Penguin Books, 2ª ed., 1995.

Sambrook, James. "Introduction", in James Thomson, *The Seasons.* Oxford: Clarendon Press, 1981.

Santos, Amândio Miguel dos. "Os painéis elípticos de Leandro Joaquim na pintura do Rio de Janeiro setecentista", *Gávea.* Revista de História da Arte e Arquitetura, vol.11, n.11, 1994, p.130-51.

Schaffer, Simon. "Genius in Romantic natural philosophy", in Andrew Cunningham e Nicholas Jardine (orgs.), *Romanticism and the Sciences.* Cambridge: Cambridge University Press, 1990.

————. "Visions of Empire: Afterword", in David Philip Miller e Peter Hanns Reill (orgs.), *Visions of Empire: Voyages, Botany, and Representations of Nature.* Cambridge: Cambridge University Press, 1996.

Schwarcz, Lilia Moritz. *O espetáculo das raças.* São Paulo: Companhia das Letras, 1993.

Seaward, M.R.D.; Fitzgerald, S.M.D. *Richard Spruce (1817-1893): Botanist and Explorer.* Londres: Royal Botanic Gardens, Kew, 1996.

Secord, Anne. "Artisan botany", in Nicholas Jardine, James A. Secord e Emma C. Spary (orgs.), *Cultures of Natural History.* Cambridge: Cambridge University Press, 1996.

Serres, Dominick; Serres, John T. *Liber Nauticus, and Instructor in the Art of Marine Drawing.* Londres: Edward Orme, 1805.

Sevcenko, Nicolau. "Dragons, butterflies and Brazils", *Journal of Latin American Cultural Studies*, vol.5, n.2, 1996, p.217-25.

Shapin, Steven. "Placing the view from nowhere: historical and sociological problems in the location of science", *Transactions of the Institute of British Geographers*, vol.23, 1998, p.5-12.

Skelton, R.A. *Captain James Cook after Two Hundred Years.* Londres: British Museum, 1969.

Sloan, Kimberly Mae. *Alexander and John Robert Cozens: The Poetry of Landscape.* New Haven: Yale University Press, 1986b.

Smith, Bernard. "William Hodges and English plein-air painting", *Art History*, vol.6, n.2, 1983, p.143-52.

————. *European Vision and the South Pacific.* New Haven: Yale University Press, 2ª ed., 1988.

————. "The artwork", in Bernard Smith e Alwyne Wheeler, *The Art of the First Fleet.* New Haven: Yale University Press, 1988.

Smith, Bernard; Wheeler, Alwyne. *The Art of the First Fleet.* New Haven: Yale University Press, 1988.

Smith, Lyman B.; Smith, Ruth C. "Itinerary of William John Burchell in Brazil, 1825-1830", *Phytologia*, vol.14, n.8, 1967, p.492-506.

Smith, Richard J. *Chinese Maps: Images of "All under Heaven".* Hong Kong: Oxford University Press, 1996.

Smith, Terry. "Land into landscape, colony into settlement: Australia, 1750-1818". Trabalho apresentado no *I Colóquio Internacional de História da Arte* — CBHA/CIHA, São Paulo, 1999.

Sörlin, Sverker. "National and international aspects of cross-boundary science: scientific travel in the 18th century", in Elisabeth Crawford, Terry Shinn e Sverker Sörlin (orgs.), *Denationalizing Science: The Contexts of International Scientific Practice.* Dordrecht, Londres: Kluwer Academic Publishers, 1992.

Souza, Valéria Salgueiro de. *Gosto, sensibilidade e objetividade na representação da paisagem urbana nos álbuns ilustrados pelos viajantes europeus: Buenos Aires, Rio de Janeiro e México, 1820-1852*, 2 vols. São Paulo: FFLCH-USP, 1995 (tese de doutorado).

Spitta, Silvia. *Between Two Waters: Narratives of Transculturation in Latin America.* Houston, Texas: Rice University Press, 1995.

Stafford, Barbara Maria. *Voyage into Substance: Art, Science, Nature, and the Illustrated Travel Account, 1760-1840.* Cambridge, Mass.: MIT Press, 1984.

Stagl, Justin. "The methodising of travel in the 16th century: A tale of three cities", *History of Anthropology*, vol.4, 1990, p.303-38.

Staunton, George. *An Authentic Account of an Embassy from the King of Great Britain to the Emperor of China*, vol.1. Londres, 1797.

Stearns, Raymond Phineas. *Science in the British Colonies of America.* Chicago: University of Illinois Press, 1970.

Stepan, Nancy Leys. "Tropical modernism: designing the tropical landscape", *Singapore Journal of Tropical Geography*, vol.21, n.1, 2000.

———. "Tropical nature as a way of writing", in A. Lafuente, A. Elena e M.L. Ortega (orgs.). *Mundialización de la Ciencia y Cultura Nacional.* Madri: Doce Calles, 1993.

Stoddart, David R. "Darwin and the seeing eye: Iconography and meaning in the *Beagle* years". *Earth Sciences History*, vol.14, n.1, 1995, p.3-22.

———. *On Geography and its History.* Oxford: Blackwell, 1988.

Summers, David. "Real metaphor: Towards a redefinition of the 'conceptual' image", in Norman Bryson, Michael A. Holly e Keith Moxey (orgs.), *Visual Theory: Painting and Interpretation.* Cambridge: Polity Press, 1996.

Süssekind, Flora. *O Brasil não é longe daqui: o narrador, a viagem.* São Paulo: Companhia das Letras, 1990.

Swainson, Geoffrey M. (org.). *William Swainson, Naturalist and Artist.* Palmerston North: Swift, 1992.

Swainson, William. "Sketch of a journey through Brazil in 1817 and 1818", *Edinburgh Philosophical Journal*, vol.1, jun.-out. 1819, p.369-73.

Thomas, Nicholas. "Introduction", in Nicholas Tomas e Diane Losche (orgs.), *Double Vision: Art Histories and Colonial Histories in the Pacific.* Cambridge: Cambridge University Press, 1999.

Thomas, Nicholas; Losche, Diane (orgs.). *Double Vision: Art Histories and Colonial Histories in the Pacific.* Cambridge: Cambridge University Press, 1999.

Thomson, Keith S. *HMS* Beagle*: The Story of Darwin's Ship.* Nova York: W.W. Norton, 1995.

Thornton, Robert J. *The Temple of Flora: Or, Garden of Nature*, parte 3 de *New Illustration.* Londres, 1807.

Ulster Museum Botanic Gardens. *James Glen Wilson R.N. (1827-1863): Landscape and Marine Painter.* Belfast: Ulster Museum Botanic Gardens, 1980.

Ventura, Roberto. *Estilo tropical: história cultural e polêmicas literárias no Brasil.* São Paulo, Companhia das Letras, 1991.

Vries-Evans, Susanna de. *Conrad Martens on the Beagle and in Australia.* Brisbane: Pandanus Press, 1993.

Wallace, Alfred Russel. *A Narrative of Travels on the Amazon and Rio Negro, with an Account of the Native Tribes, and Observations on the Climate, Geology, and Natural History of the Amazon Valley.* Londres: Reeve and Company, 1853.

Walsh, Robert. *Notices of Brazil in 1828 and 1829*, vol.1. Londres: Frederick Westley and A.H. Davis, 1830.

Warnke, Martin. *Political Landscape: The Art History of Nature.* Londres: Reaktion Books, 1994.

Waters, D.W. *The Rutters of the Sea. The Sailing Directions of Pierre Garcie: A Study of the First English and French Printed Sailing Directions.* New Haven: Yale University Press, 1967.

Winnicott, Clare; Shepherd, Ray; Davis, Madeleine (orgs.). *D.W. Winnicott's Home is Where We Start From.* Londres: Penguin, 1987.

Yeo, Richard. *Defining Science: William Whewell, Natural Knowledge, and Public Debate in Early Victorian Britain.* Cambridge: Cambridge University Press, 1993.

ÍNDICE ONOMÁSTICO

AGRADECIMENTOS

O Rio de Janeiro dos Viajantes tem como origem a minha tese de doutorado, junto ao Programa de Pós-Graduação em Geografia da UFRJ, defendida em 1998. Seis anos após o início deste trabalho, são várias as entidades e pessoas a quem devo muito. A Capes financiou parte da pesquisa e a Arts and Humanities Research Board possibilitou a transformação da tese em livro. Em Londres, onde desenvolvi o trabalho, agradeço ao Grupo de Geografia Social e Cultural de Royal Holloway (Universidade de Londres), que me acolheu como pesquisadora associada, oferecendo uma atmosfera estimulante e amigável. Tenho de mencionar com gratidão o valoroso incentivo e a generosidade intelectual de Denis Cosgrove e Felix Driver, que acompanharam este projeto dos primeiros passos até o final. A Orly Derzie, Jeremy Foster e Paul Kelsch devo longas conversas e a partilha de interesses. A Sue May agradeço o auxílio com as ilustrações. Meus agradecimentos se estendem aos bibliotecários e arquivistas das diversas instituições — principalmente britânicas — que me franquearam acesso aos acervos pesquisados. Em diversas fases do processo contei com o interesse crítico e sugestões de vários professores, amigos e colegas. A Mauricio Abreu, Andrew Cook, Andrew David, Catherine Delano-Smith, Klaus Dodds, Yara Evans, Inês Aguiar de Freitas, Claudio Greppi, Lia Osorio Machado e Antonio Carlos Robert de Moraes meu profundo agradecimento. A Ana Cristina Zahar e sua equipe devo a estimulante parceria na preparação deste volume. Agradeço também a Homero Teixeira por financiar a viagem que tornou este livro possível. Tive a sorte de crescer familiarizada com a eclética biblioteca de Rubens Martins, meu pai. A esse convívio devo minha curiosidade intelectual. Por fim, um especial "*thank you*" à minha mãe, Silvia Martins, que me auxiliou com a tradução de boa parte desse texto, leu e releu os originais e submeteu-os a uma providencial correção. As falhas e inconsistências aqui presentes, no entanto, são de minha inteira responsabilidade.

L.M.

Londres, junho de 2000

Este livro foi composto por Textos & Formas, em Agaramond, e impresso por Cromosete Gráfica e Editora.